Kostentransparenz im institutionellen Asset Management

Uwe Rieken · Volker Braunberger · Oliver Dräger
(Hrsg.)

Kostentransparenz im institutionellen Asset Management

Springer Gabler

Herausgeber
Uwe Rieken
FAROS Consulting GmbH & Co. KG,
Pension & Asset Advisory
Frankfurt am Main, Deutschland

Oliver Dräger
FAROS Consulting GmbH & Co. KG,
Pension & Asset Advisory
Frankfurt am Main, Deutschland

Volker Braunberger
Saarbrücken, Deutschland

ISBN 978-3-658-12831-9   ISBN 978-3-658-12832-6   (eBook)
DOI 10.1007/978-3-658-12832-6

Die Deutsche Nationalbibliothek verzeichnet diese Publikation in der Deutschen Nationalbibliografie; detaillierte bibliografische Daten sind im Internet über http://dnb.d-nb.de abrufbar.

Springer Gabler

Gedruckt auf säurefreiem und chlorfrei gebleichtem Papier

Springer Gabler ist Teil von Springer Nature
Die eingetragene Gesellschaft ist Springer Fachmedien Wiesbaden GmbH
Die Anschrift der Gesellschaft ist: Abraham-Lincoln-Str. 46, 65189 Wiesbaden, Germany

Geleitwort

Das nun vorliegende Werk „Kostentransparenz im institutionellen Asset Management" ist gleich in mehrfacher Hinsicht wichtig und extrem förderlich für die Weiterentwicklung eines Finanzsektors, den man im deutschsprachigen Raum, der immer noch von der Idee, manche würden sagen, der Illusion, leistungsstarker staatlicher Alterssicherungs- und Rentensysteme geprägt ist, durchaus als Wachstumsmarkt bezeichnen kann.

Das Buch setzt sich mit einem zunächst trivialen Thema auseinander – Kosten. Kosten fallen überall an, sind Ziel von Sparmaßnahmen. Sie zu reduzieren, wo man nur kann, ist fast schon ein Hygienefaktor. Warum also ein Band über Kosten im Asset Management?

1. *Kosten sind ein Treiber der Performance*
   Was zunächst wie eine Binsenweisheit klingt, wird gerne in der Asset Management-Industrie vergessen, vielleicht gar geflissentlich übersehen. In jeder Business School wird gelehrt, wie wichtig Umsätze und Erträge sind. Häufig wird dabei das Bild der Bruchrechnung verwendet: der Zähler ist der Umsatz, der Nenner sind die Kosten. Zähler über Nenner = Ertrag. Das ist aber nicht gleichbedeutend mit „der Nenner zählt nicht" d. h. Kosten zählen nicht. Wie wichtig Kostenmanagement ist, zeigen Restrukturierungen und Sanierungen von Unternehmen, wenn das Management von einer strengen Kostendisziplin redet. Kostendisziplin scheint aber nicht das Lieblingsthema der Asset Management-Industrie zu sein. Dazu noch eine weitere Binsenweisheit: Was nützt die beste Performance gegenüber einer Benchmark? Was bringen Abnormal Returns aus der Performance eines Portfolios, wenn sie von laufenden Kosten meines Dienstleisters wieder „aufgefressen" werden? Vielleicht noch nicht einmal, weil es der Dienstleister auf eine hohe Marge abgesehen hat, sondern weil er schlichtweg seine Prozesse nicht im Griff hat.

2. *Kosten spiegeln Prozess- und Transaktionskosten*
   Prozesse und Transaktionen sind stets abhängig von ihrer Qualität und von der Kompetenz und Qualifikation der Ausführenden. Dort liegt die Daseinsberechtigung der DVFA. Der Berufsverband steht für Qualifizierung und Qualifikation von Investment Professionals. Als Berufsverband arbeitet die DVFA aktiv daran, dass aus der

Berufsgruppe der Investment Professionals endlich eine echte Profession wird. Dies ist keine Wortklauberei! Arbeiten aus dem Bereich der Professionsforschung zeigen eindeutig, dass es Universalien der Professionalität gibt, ganz gleich, ob es sich dabei um Mediziner oder Rechtsanwälte handelt, die auch in der Finanzwirtschaft gelten sollten. Die aber, wie die vergangenen Jahre zeigen, alles andere als selbstverständlich zu sein scheinen (Erstaunlich ist in diesem Zusammenhang, wie wenig sich die im Großen und Ganzen redlich arbeitende Asset Management-Industrie von den wesentlich schlechter beleumundeten Banken distanziert, oder zumindest abzugrenzen versucht hat. In der Bevölkerung ist der Unterschied zwischen einer Bank und einem Asset Manager häufig gar nicht bekannt).

Für die DVFA bedeutet Professionalität von Marktakteuren im institutionellen Anlagemanagement, dass sich die Professionals jederzeit über zwei wichtige, wenngleich oft stillschweigende Annahmen von Kunden im Klaren sind. Kunden von Professionals erwarten, dies ist eines der von der Professionsforschung untersuchten Standardmerkmale von Professionen, dass Professionals über zwei eng miteinander verbundene Kompetenzen verfügen: zum einen ethische Kompetenz, die sich mithin darin zeigt, dass die Bedürfnisse und Anliegen des Kunden immer und ohne Ausnahme vor den wirtschaftlichen Interessen des Professionals rangieren; zum anderen technische Kompetenz, d. h. dass der Anbieter über Wissen, Fähig- und Fertigkeiten verfügt, die den Bedürfnissen des Abnehmers zuträglich sind.

Ich überlasse es an dieser Stelle dem geneigten Leser zu entscheiden, wie er oder sie denn feststellen könnte oder würde, dass ein professioneller Dienstleister über ethische und technische Kompetenz verfügt. Nur beide Kompetenzen zusammen sind überhaupt sinnvoll. Ethische ohne technische Kompetenz ist Hilflosigkeit mit guten Absichten. Technische ohne ethische Kompetenz ist aus Sicht der DVFA einer der wesentlichen Treiber der Exzesse gewesen, die uns in die Finanzkrise geführt haben, und mit denen einige Banken sich noch heute fast schon wöchentlich in der Presse wiederfinden.

Was hat das mit Kosten zu tun? Kostenmanagement, mithin auch niedrigere Kosten, sind häufig „Part & Parcel" von Prozessmanagement, ergo Effektivität, ergo Zeichen technischer Kompetenz. Dabei kann man sich (als Kunde) auch die Frage stellen, ob es denn fair und ethisch vertretbar ist, wenn mein Dienstleister mir Kosten „aufs Auge drückt", die seiner eigenen Ineffektivität geschuldet sind.

3. *Transparenz zahlt in gestiegene Kostensensitivität ein*
Wir leben, so der Philosoph Byung-Chul Han, in einer Transparenzgesellschaft. Diese ist dadurch gekennzeichnet, dass es nicht darauf ankommt, ob denn ein Nutzer oder Nachfrager für die Ergebnisse gestiegener Transparenz überhaupt vorhanden ist, sondern dass es darauf ankommt, sich als transparent zu zeigen, weil Transparenz mit Vertrauenswürdigkeit gleichgesetzt wird. Transparenz ist nicht widerspruchsfähig. Damit will ich sagen, dass derjenige, der sich gegen Transparenz ausspricht, sich angreifbar macht, sich dem Vorwurf aussetzt, er hätte etwas zu verbergen. Ich würde dieser Auffassung sehr klar und deutlich widersprechen wollen, auch auf die Gefahr hin, dass ich

mich damit angreifbar mache. Nehmen Sie Finanzmarktregulierung. Hilft es, wenn Banken und Asset Manager durch Regulierungsakte faktisch zu Big-Data-Providern werden, weil sie quartalsweise über 30.000 Zeilen Risikokennzahlen bei der Aufsicht abliefern? Hat das Beratungsprotokoll zu mehr Transparenz beim Privatanleger geführt?

Das Gros der Regulierungswerke in der Finanzindustrie hat Transparenz zum Ziel, und zwar Transparenz als Mittel des Verbraucherschutzes.

Es hilft aber nicht, über das paternalistische Auftreten des Staates oder die schleichende Entmündigung des Konsumenten zu klagen. Gehen wir davon aus, dass sich das regulatorische Paradigma kurz- bis mittelfristig nicht ändern wird. Ich befürchte, dass irgendwann auch im institutionellen Bereich die Regulierung auf vollständige und lückenlose Kostentransparenz drängen wird. Will die Industrie warten? Oder wäre es nicht besser, wenn sich die Industrie auf Usancen und Praktiken verständigt, um damit der zweitbesten „Lösung" – Regulierung auf hohem technischen Niveau mit begrenztem Nutzen für den Konsumenten – zu entgehen?

4. *FinTech, RoboAdvise und InvestTech zeigen, wo noch kostenproduzierende Ineffizienzen zu finden sind*

Man muss kein Prophet sein, um absehen zu können, dass wir uns inmitten eines technischen Paradigmenwechsels befinden. Globale Finanzplätze buhlen um die Gunst von FinTech-Unternehmen. Börsenbetreiber öffnen Inkubatoren mit Interieurs, die an der Gestaltung von Büros im Silicon-Valley orientiert sind. Praktisch keine große Bank, die nicht irgendwo an einem trendigen Ort ein Labor für Big Data, Blockchain oder Sentiment Analysis aufgemacht hat.

Ob das schon der Anfang des post-humanen Finanzmarktes ist, sei dahingestellt. Dass wir bald ein ähnliches Sterben von FinTech Start-ups sehen werden wie seinerzeit zum Ende des Neuen Marktes, gilt auch schon als ausgemacht. Dennoch: der ganze Hype um FinTech-Unternehmen, oft verbunden mit der (ernsthaft gestellten) Frage, ob wir denn zukünftig noch Banken brauchen, wenn wir alle unsere GEZ-Rechnungen per Blockchain überweisen, oder unsere Oma per „Nach-Rechts-Wischen" Tickets für den Poetry Slam kauft, verstellt den Blick auf das Wesentliche: andere Industrien haben frühzeitig auf digitale Technologien gesetzt – Stichwort: Industrie 4.0 – und ganz enorme Effizienzgewinne eingefahren, indem Prozesse gekürzt und Transaktionskosten reduziert wurden. Man denke daran, wie Amazon oder Apple mit ihren Online-Shops etablierte, aber veränderungsaverse Industrien revolutioniert haben. Nichts ist mehr so wie vorher. InvestTech Start-ups werden die Asset Management Industrie nicht verdrängen, sie werden aber Prozesse verändern und, weil sie das Verhalten der zukünftigen Generationen besser verstehen, für andere Erwartungen von seiten der Nutzer sorgen. So viel scheint klar.

Die Asset Management-Industrie hat das Problem in gewisser Weise ja schon seit Jahren mit am Tisch: passives Investieren. In Zeiten, in denen selbst die besten aktiven Manager Schwierigkeiten haben, den Markt zu schlagen, rücken automatisch Kosten in die Betrachtung. Dabei dürfte nicht nur ein Rolle spielen, ob am Ende eine magere Rendite aus einem aktiven Management noch von Management Fees und anderen, häufig nicht genauer spezifizierten Kosten aufgezehrt wird. Nein, ich bin davon überzeugt, dass auch indirekte Kosten, nennen wir sie neudeutsch „Cost-of-Being-in-Business-With" eine Rolle spielen. Wenn ich passive Produkte ohne viel Aufwand, Administration und menschliches Zutun (das immer mit Zeitaufwand einhergeht) wesentlich schlanker handhaben kann als aktives Management, dann kostet das vielleicht ein paar Basispunkte Performance. Aber es zählt mehr, dass die Transaktionsaufwände niedriger sind und mein organisatorischer Aufwand geringer.

Vincent van Gogh wird folgendes Zitat zugeschrieben: „Ich mache mir immer wieder Vorwürfe, dass meine Malerei nicht wert ist, was sie kostet". Wenn die Asset Management-Industrie nicht auch an diesem Punkt ankommen will, dann muss sie sich der Frage stellen, wie sie a) Kosten handhabt, b) wo sich über Effizienzsteigerungen noch Kosten reduzieren lassen, c) wie sie Kosten ausweist, und d) wie sie – dieser Punkt scheint mir vor der Drohkulisse der digitalen Wettbewerber und des hohen Marktanteils der passiven Investments ganz besonders wichtig – ihre technische Kompetenz und ihren Mehrwert erzählt, verkauft und damit begreifbar macht, warum Kosten so sind, wie sie sind.

Dieses Buch leistet einen wichtigen Beitrag zur Beantwortung dieser Fragen. Es wäre wünschenswert, wenn es zu einem Standardwerk der Asset Management-Industrie werden würde.

November 2016

Ralf Frank
DVFA
Frankfurt am Main, Deutschland

Autor

Ralf Frank ist Geschäftsführer und Generalsekretär der DVFA. Zuvor hielt er verschiedene Positionen bei einem amerik. Investitionsgüterhersteller und als Senior-Berater bei einer europäischen Unternehmensberatung. Er studierte in Brüssel, Essen, Manchester und Sheffield und hat einen Abschluss MA in Kommunikationswissenschaft und Politologie (Essen) sowie einen MBA (Sheffield).

Die **Deutsche Vereinigung für Finanzanalyse und Asset Management (DVFA)** ist der Berufsverband der Kapitalmarktexperten. Sie wurde 1960 gegründet und hat heute rund 1.400 persönliche Mitglieder von mehr als 400 Investmenthäusern, Banken, Fondsgesellschaften oder unabhängigen Kapitalmarktdienstleistern.

Vorwort

Hier noch ein kurzer Wegweiser durch das vorliegende Buch, das zum ersten Mal in größerem Umfang kostenrelevante Themen für das institutionelle Asset Management in Deutschland zusammenführt – ohne dabei aber den Blick "über den Tellerrand", also Kostendebatten in anderen europäischen Ländern zu vergessen.

Den Anfang machen wir in Kap. 1 mit einem konkreten Beispiel direkt aus dem institutionellen Alltag: **Dr. Thomas M. Treptow** beschäftigt sich in seinem Beitrag mit den Stellhebeln bei der Gestaltung von Management- und Performancegebühren bei Versorgungseinrichtungen abstrahiert von der **Kirchlichen Zusatzversorgungskasse** (KZVK), der er vorsteht.

Danach geben in Kap. 2 zunächst **Bernd Haferstock, Andreas Hilka** und **Herwig** Kinzler, Mitglieder des Fachausschusses Kapitalanlage der **Arbeitsgemeinschaft für betriebliche Altersversorgung e. V.** (aba), einen Überblick über die komplexe Landschaft der betrieblichen Altersversorgung in Deutschland. Dabei beschreiben sie, wie die unterschiedlichen Durchführungswege die Kapitalanlage und damit die Kostenthematik beeinflussen.

In Kap. 3 fasst **Prof. Dr. Diether Döring** den Blick noch etwas weiter und beleuchtet die Kostenfrage vor dem Hintergrund einer wachsenden Versorgungslücke im Alter.

Der zweite Abschnitt des Buches bringt uns vom spezifischen Feld der betrieblichen Altersversorgung in das allgemeinere Gebiet der Management- und Verwaltungskosten in der institutionellen Kapitalanlage.

Oliver Dräger von **FAROS Consulting** macht in Kap. 4 den Einstieg mit Überlegungen zur Steuerbarkeit von Kosten, deren Transparenz sowie der Vergleichbarkeit von Kosten. Er unterstützt seine Ausführungen durch praxisnahe Auswertungen aus einer Investorenbefragung.

Näher mit dem Modell der erfolgsabhängigen Entlohnung von Managern beschäftigt sich zunächst in Kap. 5 **Martin Schliemann** von der **Frankfurt Finance Audit** Wirtschaftsprüfungsgesellschaft. Er listet pro und kontra dieser Vergütungsform und ihrer verschiedenen Ausformungen auf und stellt sich die Frage welches Modell für wen geeignet ist.

Der Performance-Relevanz von Transaktionskosten widmet sich in Kap. 6 **Ralf Mein-erzag** von der Wertpapierhandelsbank **Steubing**, wobei er besonders Augenmerk auf die technischen Möglichkeiten zur Kostenreduktion sowie die Wichtigkeit der Broker-Auswahl legt.

In Kap. 7 berichten **Patrick Roll** und **Michael Czybik** von **Union Investment** aus der Praxis wie Fondsanbieter die Kostenthematik steuern können. Sie legen auch dar, wie sich die Debatte in den vergangenen Jahren geändert hat und welche Herausforderungen zu bewältigen sind.

Zur Frage der „Kosten aus rechtlicher und regulatorischer Sicht" liefert **Dr. Christian Schmies,** Partner in der Anwaltskanzlei **Hengeler Mueller,** in Kap. 8 einen Überblick über Verhaltenspflichten für Asset Manager in Bezug auf Kosten, Kostenklauseln in Verträgen sowie Transparenzanforderungen und Informationspflichten.

In ihrem Beitrag in Kap. 9 befassen sich **Norbert Stabenow** und **Alexander Poppe** von der **HSBC INKA** mit verschiedenen Aspekten der Kosten der Fondsverwaltung und mit der fairen Gestaltung der Verwaltungsvergütung einer KVG.

Der finale Abschnitt im Band ist dem europäischen Vergleich gewidmet. Die sowohl in den Niederlanden als auch in Deutschland tätige **KAS BANK** bringt in Kap. 10 diese länderübergreifende Expertise auch in ihren Artikel ein: Der Beitrag von **Frank Vogel** beinhaltet einerseits ein Interview mit dem Management des niederländischen Pensionsfonds der Achmea-Gruppe. Andererseits führt er aus, wo die Hürden zu mehr Kostentransparenz in Deutschland liegen.

Zur Kostendebatte in den Niederlanden haben wir **Eric Veldpaus** vom niederländischen **Institutional Benchmarking Institute** und **Tomas Wijffels** von der **Pensioenfederatie** eingeladen, in Kap. 11 über die Entstehung der Gesetzgebung zur Kostentransparenz und deren Umsetzung zu berichten.

Auch in der Schweiz gibt es umfassende rechtliche Grundlagen für die Kostentransparenz in der betrieblichen Altersversorgung. Details dazu legen in Kap. 12 **Benita von Lindeiner** und **Ueli Mettler** von der Schweizer Beratungsfirma **c-alm** dar.

In Großbritannien wird noch über die Sinnhaftigkeit von Offenlegungspflichten für Kosten diskutiert. Akademische Überlegungen dazu und zur Kategorisierung von Kosten in Kap. 13 in einem Artikel von **David Blake**, Direktor des **Pensions Institute** an der Cass Business School in London.

Das Herausgeberteam wünscht eine spannende und interessante Lektüre!

November 2016   Barbara Ottawa
                                       Freie Journalistin für Investment & Pensions Europe
                                          und für das vorliegende Buch in der redaktionellen
                                                                       Betreuung tätig
                                                                    Wien, Österreich

Inhaltsverzeichnis

Teil I
Kosten aus Sicht der betrieblichen Altersversorgung

Management- und Performancegebühren im Fondsmanagement von Versorgungseinrichtungen

Thomas M. Treptow

Einleitung

Im Spezialfondsmanagement von Versorgungseinrichtungen wird das Portfoliomanagement häufig an spezialisierte Asset Manager übertragen. Als Vergütung erhalten diese regelmäßig leistungsunabhängige Managementgebühren und häufig leistungsabhängige Performancegebühren. Für eine faire Vereinbarung dieser Gebühren ist das Wissen um die vorhandenen Stellhebel bei deren Gestaltung eine wichtige Voraussetzung.

1.1 Fondsmanagement von Versorgungseinrichtungen

Das Geschäftsmodell von kapitalgedeckten Versorgungseinrichtungen, die insbesondere Rentenleistungen garantieren, ist regelmäßig derart definiert, dass die zugesagten Versorgungs- oder Versicherungsleistungen über die einzuzahlenden Beiträge in der Anwartschaftszeit und den daraus resultierenden Kapitalanlageerträgen in Anwartschafts- und Rentenbezugszeit finanziert werden. Zwischen Erhalt und Auszahlung werden die Beiträge verzinslich angelegt. Dies erfolgt durch das Kapitalanlagemanagement der Einrichtung. Diese fungiert als institutioneller Investor der entsprechenden finanziellen Mittel.

Im Mittelpunkt dieses langfristig orientierten Kapitalanlagemanagements steht die sogenannte strategische Asset Allokation. Diese bestimmt vereinfacht gesagt die Aufteilung des gesamten Kapitalanlagevolumens auf die einzelnen, unterschiedlichen Anlageklassen. Dabei handelt es sich um intern homogen und extern heterogen abgegrenzte Klassen gleichartiger Investments, wie beispielsweise Aktien, Staatsanleihen,

T.M. Treptow (⊠)
Kirchliche Zusatzversorgungskasse des Verbandes der Diözesen Deutschlands (KZVK), Köln, Deutschland
E-Mail: Thomas.Treptow@kzvk.de

© Springer Fachmedien Wiesbaden GmbH 2017
U. Rieken et al. (Hrsg.), *Kostentransparenz im institutionellen Asset Management*,
DOI 10.1007/978-3-658-12832-6_1

Unternehmensanleihen und Private Equity-Investments, um nur eine Auswahl zu nennen. In Theorie und Praxis ist dabei allgemein akzeptiert, dass die strategische Asset Allokation den Großteil der Variabilität der Kapitalanlageerträge im Kapitalanlagemanagement erklären kann und damit grundsätzlich und auch für Versorgungseinrichtungen die zentrale Entscheidung im längerfristigen Kapitalanlagemanagement darstellt.

In einer alternativen Sicht auf die Kapitalanlagen lassen sich die Durchführungsarten, über die die jeweiligen Investments vorgenommen werden, unterscheiden. Ein einzelnes Investment kann dabei für den Direktbestand einer Einrichtung oder über Fonds erworben werden. Bei der Anlage im Direktbestand ist die Einrichtung direkt und unmittelbar für die Bewirtschaftung der Investition verantwortlich. Das Investment ist direkt und unmittelbar Gewinn- und Verlust- sowie bilanzwirksam.

Bei der Anlage in Fonds lassen sich Publikumsfonds und Spezialfonds unterscheiden. Während sich Publikumsfonds an eine breite und unbegrenzte Anlegerschaft richten und damit regelmäßig im Privatkundengeschäft zum Einsatz kommen und deswegen stark reguliert sind, werden Spezialfonds für spezielle Anleger oder vergleichsweise kleine Anlegergruppen aufgelegt. Dies ist häufig auch nur für einen Anleger der Fall.

Mit einer stärkeren Betonung auf den Aspekten der Risikomischung und den zulässigen Vermögensgegenständen, in die ein Spezialfonds investieren kann, und der Ausgestaltung der Anlagegrenzen entspricht der Begriff des Spezialfonds dem offenen inländischen Spezial-AIF, Alternativer Investmentfonds, mit festen Anlagebedingungen, wie er durch das Kapitalanlagegesetzbuch definiert ist.

Die Situation eines Kapitalanlagemanagements, das gleichzeitig in seinen Direktbestand und in Spezialfonds investiert, fällt dabei häufig mit einer implementierten Core-Satellite-Strategie zusammen. Bei dieser wird regelmäßig der Großteil der Anlagen, der auf eher konservative Art und Weise und mit etablierten Anlageklassen den Grundstock der erwarteten Gesamtverzinsung erwirtschaften soll, in der Direktanlage selbst operativ gemanagt. Andere Teilstrategien, die regelmäßig im jeweiligen Anlagevolumen deutlich kleiner sind als der Kern, werden dabei jeweils in einzelnen Spezialfonds oder den Subsegmenten eines Masterfonds, den jeweiligen Satelliten, verfolgt. Historisch und traditionell besteht der Kern bei Versorgungseinrichtungen häufig aus dem klassisch konventionellen Block festverzinslicher, liquider Wertpapiere, teilweise erweitert, falls vorhanden, um den Immobilienbestand.

Versorgungseinrichtungen, denen es ressourcenseitig beispielsweise an einer entsprechenden Größe mangelt, oder die sich aus geschäftsstrategischen Gründen gegen ein eigenes direktes Kapitalanlagemanagement entschieden haben, investieren teilweise ausschließlich in Fonds. Auch dabei kommt häufig eine Core-Satellite-Strategie zum Einsatz, bei der jetzt auch der Kern über einen oder mehrere Spezialfonds investiert wird.

Mit der Anlage in Spezialfonds, die nachfolgend für den Fall nur eines Investors betrachtet werden soll, ist für institutionelle Investoren eine Vielzahl von Vorteilen verbunden.

Neben den grundsätzlichen Vorzügen von Fondsinvestments, wie beispielsweise der Diversifikation der Anlagetitel innerhalb des Fonds, der Nutzung von Spezialisierungsvorteilen des Fonds-Portfoliomanagements, dem Zugang zu Investments, die bei direkter

Investition für den Investor nicht möglich wären, der Nutzung von Ausgleichseffekten in der Zeit, einer reglementierten Preisfeststellung und dem Bezug auf das Kapitalanlagesetzbuch, treten weitere Vorteile für Investoren in Spezialfonds.

Im Fall eines Ein-Anleger-Spezialfonds kann der Investor seine individuelle Anlagestrategie des Fonds exakt nach seinen Präferenzen entwickeln und anschließend umsetzen. Auch bei Auslagerung des Portfoliomanagements an einen Asset Manager behält er anschließend seine weitreichenden Mitsprache- und Entscheidungsrechte, insbesondere bezüglich solch wichtiger Themen wie beispielsweise der Ausschüttungspolitik. Individuelle Regelungen lassen sich dabei auch für das Reporting und das Risikomanagement implementieren. Solange dabei die gesetzlichen Regelungen eingehalten werden, hat der Investor weitreichende Gestaltungsrechte, die er auch im Verhältnis zum Asset Manager seines Spezialfonds nutzen kann. Im Vergleich zu einer allgemeinen Fondsanlage, bei der die entsprechende Investorenindividualität nicht gegeben ist, hat der Investor erwartungsgemäß geringere Kosten zu tragen.

Mehrere Spezialfonds in einer Struktur oder Subsegmente eines Masterfonds lassen sich dabei zum Zweck des Reportings, der Performanceermittlung und des Risikomanagements homogen und vergleichbar abbilden. Dies erleichtert die Steuerungsaufgabe für den Investor.

Unterschiedliche Teilanlagestrategien lassen sich dabei in verschiedenen Fonds umsetzen. Dabei erlaubt der zusätzliche Einsatz einer Master-KVG, Kapitalverwaltungsgesellschaft, die Trennung der Wertkette zwischen Verwahrung (Depotbank), Administration (Master-KVG) und Portfoliomanagement (Vermögensverwalter beziehungsweise Asset Manager).

Die Master-KVG setzt dabei für einen Investor die verschiedenen Sondervermögen der jeweiligen Spezialfonds auf. In diesen kann der Investor anschließend seine jeweiligen Teilanlagestrategien realisieren. Über spezialfondsspezifische Auslagerungen, häufig in Form sogenannter Outsourcing-Mandate, kann dann das Portfoliomanagement im Sinn einer vereinbarten Anlagestrategie auf einen dritten Asset Manager übertragen werden.

Für die nachfolgende Betrachtung von Management- und Performancegebühren, die für die Leistung der Asset Manager zu zahlen sind, macht es dabei keinen Unterschied, ob alternativ zur Master-KVG-Struktur die Subsegmente eines Masterfonds auf dritte Asset Manager übertragen werden.

Im Rahmen der Auslagerung werden die entsprechenden Outsourcing-Mandate an spezialisierte Asset Manager vergeben. Deren Expertise und Möglichkeiten bezüglich der vom Investor gewünschten Anlagestrategie des jeweiligen Mandats soll dabei eine erfolgreiche Kapitalanlage ermöglichen.

Für das Management von Spezialfonds in der vorgestellten idealtypischen Struktur fallen dabei **verschiedene Kostenarten** an. Dazu zählen insbesondere die Kosten für die drei Elemente der Wertkette im Fondsmanagement: Verwahrung, Administration und Portfoliomanagement.

Daneben existieren weitere Kostenarten, wie beispielsweise Brokergebühren für die entsprechende Orderausführung und Kosten aus dem Wertebereich der jeweiligen Transaktionen. Letzteres bezieht sich auf den Market Impact, definiert als die marginale

Wirkung, die eine Order auf die Preisbildung hat, zu der diese dann ausgeführt wird und vergleichbare Kosten, die sich daraus ergeben, dass sich ein Zeitbedarf zwischen der Entscheidung des Portfoliomanagements und der Realisierung der zugehörigen Order zu einem bestimmten Kurs ergibt.

Management- und Performancegebühren für die Asset Manager stellen einen Großteil der gesamten Kostenbelastung für den Investor dar. Sie werden zumindest bei Erstvergabe des Mandats vor den ersten eigenen Möglichkeiten einer Leistungsbeurteilung des Asset Managers vereinbart. Auch aus diesem Grund sind Kenntnisse über ihren Charakter und die dabei vorhandenen Einflussmöglichkeiten für den Investor wichtig. Nachfolgend sollen daher die Management- und Performancegebühren, die beim Investor für die Leistungen der Asset Manager anfallen, betrachtet und ihre Gestaltungsmöglichkeiten für den Investor skizziert werden.

1.2   Stellhebel bei Management- und Performancegebühren

Managementgebühren erhebt ein Asset Manager als Prozentsatz des Anlagevolumens unter Management. Performancegebühren sollen den Asset Manager an einer möglichen Outperformance beteiligen.

Bei beiden Gebührenarten sind wesentliche Stellhebel für die Gestaltung und dabei häufig auch Kostensenkungspotenziale für den Investor gegeben.

Mit beiden Gebührenarten erhält ein Asset Manager eine Vergütung für die Umsetzung der vereinbarten Anlagestrategie im entsprechenden Spezialfonds. Diese Kosten, eines annahmegemäß aktiven Managements, können theoretisch mit den Kosten der Informationsgewinnung, -analyse und -nutzung begründet werden. Mit Bezug auf praxisorientierte Argumente wird dem Asset Manager eine überlegene Expertise für die entsprechende Anlagestrategie unterstellt. Diese besteht in seinen Spezialisierungsvorteilen, beispielsweise durch die Fokussierung auf eine oder wenige Anlageklassen, beziehungsweise vorhandene Marktzugangsmöglichkeiten im weitesten Sinne.

Theoretische und angewandte praxisorientierte Argumente erklären somit, warum bei einfacher qualifizierten Anlagestrategien, zum Beispiel dem Management eines europäischen Bondportfolios, geringere Gebühren gezahlt werden als bei komplexeren Anlagestrategien, wie beispielsweise dem Management eines Portfolios von Infrastruktur-Fremdkapitaltiteln.

1.2.1   Managementgebühren

Bei der Erstvergabe eines Spezialfondsmandats an einen Asset Manager verhandelt dieser regelmäßig eine Managementgebühr als Prozentsatz des Anlagevolumens. Bei Ausschreibung eines Mandats ist regelmäßig das Anlagevolumen bekannt. Auf dieser Grundlage kalkuliert der Asset Manager die absolute Managementgebühr, die er als

Umsatzerlöse mit dem Mandat realisieren möchte. Um dem Investor einen Anreiz zu liefern, weiteres Anlagevolumen zu dotieren, insbesondere wenn später gute Ergebnisse erzielt wurden, sind Asset Manager regelmäßig bereit, Gebührenstaffeln in Abhängigkeit vom mandatierten Anlagevolumen mit sinkenden Provisionssätzen zu vereinbaren.

Im nachfolgenden Beispiel zahlt der Investor für seine erstvergebenen 100 Mio. EUR und bis zu gegebenenfalls weiteren dotierten 100 Mio. EUR zunächst 0,9 % beziehungsweise 90 Basispunkte (bp). Für die nächsten 100 Mio. EUR zahlt er 60 bp und für ein darüber hinausgehendes Volumen 30 bp des jeweiligen Anlagevolumens unter Management (siehe Tab. 1.1).

Analytisch lässt sich der durch Managementgebühren verursachte Teil der Gesamtkostenfunktion des Investors, der die absoluten Managementgebühren abbildet, MG, in Abhängigkeit vom Anlagevolumen A, für den hier vorliegenden Fall von drei Intervallen wie folgt darstellen:

$$MG(A) = MIN\left[p_1 A; p_1 S_1\right]$$

$$+MIN\left[MAX\left[p_2(A - S_1); 0\right]; p_2(S_2 - S_1)\right]$$

$$+ MAX\left[p_3(A - S_2); 0\right]$$

mit:

$A:$ = Anlagevolumen unter Management des Mandats

p_n = n-ter Provisionssatz (unter der Annahme $p_{n+1} < p_n$)

$S_n:$ = Wert der n-ten Schwelle (im Beispiel exemplarisch $S_1 = 200$ Mio. EUR)

beziehungsweise mit den Werten des obigen Beispiels:

$$MG(A) = MIN\left[p_1 A; 1.800.000\right]$$

$$+MIN\left[MAX\left[p_2 A - 1.200.000; 0\right]; 600.000\right]$$

$$+MAX\left[p_3 A - 900.000; 0\right]$$

Unter Berücksichtigung der Gebührenstaffel und der Managementgebührenfunktion lässt sich direkt erkennen, dass der Asset Manager beim Anlagevolumen der Erstvergabe 900.000 EUR, bei einer Verdopplung dieses Anlagevolumens 1.800.000 EUR und bei einer Verdreifachung 2.400.000 EUR als Umsätze aus Managementgebühren realisiert.

Tab. 1.1 Gebührenstaffel in Abhängigkeit vom Anlagevolumen	Assets under Management (Mio. EUR)	Provisionssatz (%)
	< 200	0,90
	200 bis 300	0,60
	> 300	0,30

Nun ist die Erkenntnis, dass geringere Kosten für den Investor vorteilhafter sind als höhere, trivial. Jedoch lassen sich anhand der Verläufe der Gebührenfunktion die vorhandenen Stellhebel für die Verhandlung von Managementgebühren noch einmal genauer diskutieren.

Die nachfolgende Abbildung zeigt den Verlauf der vereinbarten Managementgebühr, wenn alternativ nur ein Provisionssatz, 90 bp, unabhängig vom Anlagevolumen, vereinbart ist, und den Verlauf bei obiger Gebührenstaffel beziehungsweise in diesem Fall noch die sich ergebenden durchschnittlichen Provisionssätze bei steigendem Anlagevolumen (siehe Abb. 1.1).

Im Fall der vereinbarten Gebührenstaffel steigen ab einem Anlagevolumen von 200 Mio. EUR die absoluten Managementgebühren nur noch degressiv und es ergibt sich im Vergleich zu einem durchgängigen Provisionssatz ein konkaver Verlauf der Gebührenfunktion. Daraus folgt ab diesem Anlagevolumen ebenfalls ein sinkender durchschnittlicher Managementgebührensatz.

Für den Investor ist es grundsätzlich **vorteilhaft, eine Gebührenstaffel zu vereinbaren.** Im Vergleich zur „naiven" Vereinbarung eines Provisionssatzes, unabhängig davon wie hoch das dotierte Anlagevolumen ist, können geringere absolute Kosten für höhere Anlagevolumina realisiert werden.

Da die jeweiligen Provisionssätze nur für die jeweiligen Intervalle der Anlagevolumina gelten, ergibt sich für zunehmendes Anlagevolumen, das sich über mindestens zwei Intervalle erstreckt, ein geringerer durchschnittlicher Provisionssatz als für das erstmandatierte Anlagevolumen.

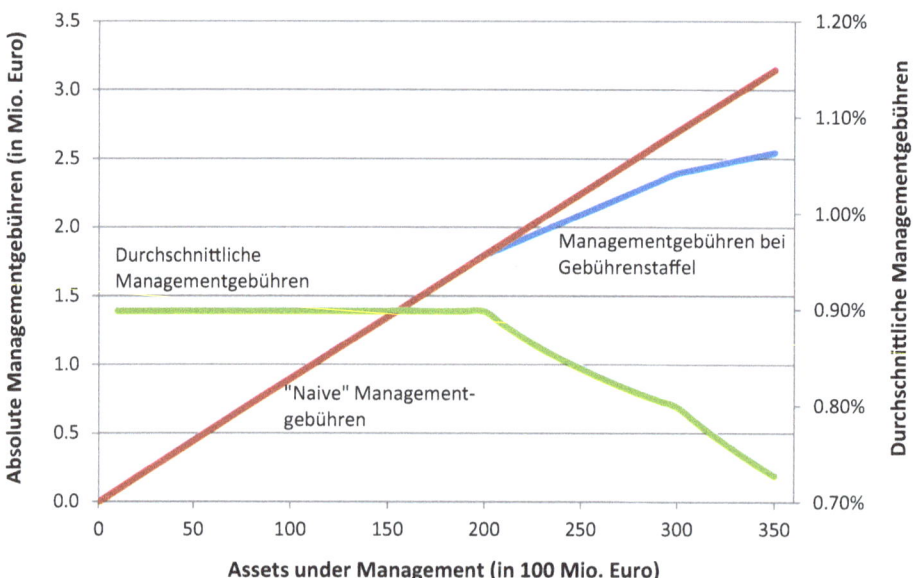

Abb. 1.1 Absolute und durchschnittliche Managementgebühren

Der für das erstmandatierte Anlagevolumen vereinbarte Provisionssatz, der dem Asset Manager in dem für ihn konservativsten Fall gerade die Kosten dieses Mandats decken soll, beschert ihm bei höherem Anlagevolumen regelmäßig attraktive Zusatzgewinne. Dies rechtfertigt es aus Investorensicht, für höhere Anlagevolumina geringere Provisionssätze zu verlangen.

Neben der direkten Vorteilhaftigkeit geringer Provisionssätze, ergibt sich eine umso vorteilhaftere Kostenentwicklung für den Investor, umso betraglich niedriger, jeweilige Schwellen, bei der der Provisionssatz weiter sinkt, vereinbart werden. Dies ist gleichbedeutend mit der Zielsetzung, alle Intervallbreiten möglichst gering zu vereinbaren. Hier kann es je nach Verhandlungssituation für den Investor vorteilhaft sein, eine höhere Anzahl von Intervallen zu fordern. Verhandlungsvorteile ergeben sich für den Investor in diesem Zusammenhang weiterhin, da er sein prognostiziertes zukünftiges Anlagevolumen in einem entsprechenden Mandat besser einschätzen kann als der Asset Manager.

In der Kalkulation des Asset Managers nimmt der Provisionssatz auf das erstmalig mandatierte Anlagevolumen eine zentrale Bedeutung ein. Gewinnt er das Mandat, erhält er mit Bezug auf die einzelne Abrechnungsperiode, regelmäßig ein Jahr, ein vergleichsweise sicheres Umsatzvolumen. In einer Situation, in der er die Anlagestrategie bereits in anderen Mandaten erfolgreich verfolgt, weitet er mit einem tendenziell begrenzten Aufwand sein Anlagevolumen und damit seine Umsätze bei nur begrenzten marginalen Kosten aus. Gleiches gilt, wenn zu einem späteren Zeitpunkt bei dem gleichen Mandat das Anlagevolumen wesentlich erhöht werden kann. Bei einer eher einfachen Anlagestrategie könnte man beispielsweise vermuten, dass bei einem exemplarischen Anlagevolumen von 100 Mio. EUR ein Provisionssatz von 20 bis 30 bp ausreichend wäre, um den Break Even des Mandats für den Asset Manager zu überschreiten.

Für die Höhe des Provisionssatzes bei Erstvergabe des Mandats sollte der Investor neben einem Anbietervergleich daher berücksichtigen, wie komplex die verfolgte Anlagestrategie ist und wie häufig der Asset Manager diese bereits, mit welchem Anlagevolumen, an anderer Stelle mandatiert hat.

Im obigen Beispiel wäre bei einer angenommenen Standard-Anlagestrategie einer Standard-Anlageklasse der Provisionssatz für die ersten 200 Mio. EUR zu hoch vereinbart. Andererseits sinken in unserem Beispiel die späteren Provisionssätze, zumindest im Vergleich mit dem, was im aktuellen Marktumfeld marktdurchsetzbar erscheint, unrealistisch stark. Ebenfalls sind in unserem Beispiel die Intervalle für den Investor unvorteilhaft breit. Eine Senkung der durchschnittlichen Managementgebühren ergibt sich erst bei einer Verdopplung des erstvergebenen Anlagevolumens, der nächste wesentliche Effekt erst bei einer Verdreifachung.

Insgesamt bleibt zu berücksichtigen, dass Managementgebühren regelmäßig erst spät im Prozess der Mandatsvergabe konkret verhandelt werden. Dann haben beide Seiten jedoch häufig bereits eine Vielzahl von Themen geklärt und das Interesse des Investors an einer Mandatsvergabe ist regelmäßig bereits offengelegt.

1.2.2 Performancegebühren

Die bisher betrachteten Managementgebühren erhält der Asset Manager im Wesentlichen unabhängig von seiner Leistung. Zwar wird eine anhaltende Minderleistung schlussendlich zum Entzug des Mandats führen. Andererseits dauert es regelmäßig eine Mehrzahl von Perioden bis zu dieser letzten Maßnahme der Performancebeurteilung gegriffen wird.

Grundsätzlich und speziell für Mandate mit komplexeren Anlagestrategien verhandeln Asset Manager regelmäßig eine Performancegebühr. Diese soll gewährt werden, wenn der Asset Manager eine bestimmte Zielperformance übertroffen hat. Regelmäßig soll dann der Asset Manager an der die Zielperformance übersteigenden Performance, Outperformance, beteiligt werden.

Der Investor ist regelmäßig bereit, eine entsprechende Performancegebühr zu vereinbaren, um einen entsprechenden Leistungsanreiz zu geben. Performancegebühren werden daher häufig auch als ein Instrument gesehen, um wesentliche Interessen von Investor und Asset Manager in Übereinkunft zu bringen.

Bemessungsgrundlage für die Performancegebühren ist dabei nicht das Anlagevolumen, wie im Fall der Managementgebühren, sondern die erwirtschaftete Performance. Während Managementgebühren damit auf die Entstehung des Anlageerfolgs wirken, stellen Performancegebühren Ergebnisverwendung dar.

Eine typische Performancevereinbarung mit Einperiodenbezug weist dabei exemplarisch die folgende Struktur auf. Der Asset Manager partizipiert anteilig in Höhe der sogenannten Partizipationsrate, pr, an einer erzielten Rendite vor Performancegebühren, R_{vPG}, die über einer vorher definierten Performanceschwelle, S, liegt.

$$PG = MAX \left[pr \ * \ (R_{vPG} - S) \ ; \ 0 \right]$$

Die Performanceschwelle kann dabei über die Performance einer Benchmark in der betrachteten Periode oder über einen absoluten Wert definiert sein. Will man beispielsweise den Asset Manager mit 20 % an der Outperformance beteiligen, die bei einer Performance von über 5 % erzielt wurde, ergibt sich

$$PG = MAX[0,20 \ * \ (R_{vPG} - 0,05) \ ; \ 0]$$

Die nachfolgende Abb. 1.2 zeigt die entsprechende Regelung in Abhängigkeit von der erzielten Rendite vor Performancegebühren.

Bei einem Anlageerfolg, der unter der Performanceschwelle liegt, erhält der Asset Manager keine zusätzliche Vergütung. Erwirtschaftet er eine darüber hinausgehende Performance, partizipiert er an dieser, im hier gegebenen Beispiel mit 20 %.

Beide Darstellungen zeigen, dass das Auszahlungsprofil der Performancegebühr einer Call-Option entspricht. Die für den Asset Manager damit grundsätzlich gegebene Möglichkeit, die Wahrscheinlichkeit der Vereinnahmung von Performancegebühren zu erhöhen, stellt für ihn einen Anreiz dar, das Kapitalanlagerisiko des Mandats zu steigern. Dem sollte der Investor auf verschiedene Arten entgegenwirken. Einerseits sollten die

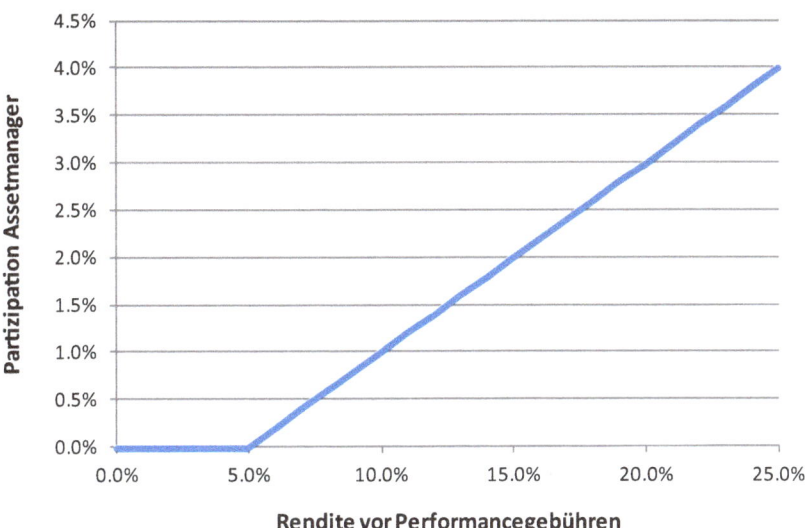

Abb. 1.2 Verlauf Performancegebühren

ohnehin zu vereinbarenden Risikovorgaben des Mandats passend ausgestaltet sein. Des Weiteren kann die Partizipation des Asset Managers an einer Outperformance durch die Vereinbarung einer entsprechenden Obergrenze, R_o, erreicht werden.

$$PG = MAX\left[MIN\left[pr(R_{vPG} - S); \; pr\,(R_o - S)\right]; \; 0\right]$$

Für eine Outperformance über R_o hinaus findet damit keine weitere Partizipation mehr statt. Für das obige Beispiel und unter der weiteren Annahme, dass die 20 %ige Beteiligung an einer Outperformance lediglich bis zu einer Rendite von 15 % und damit einer Outperformance von insgesamt 10- %-Punkten gewährt werden soll, ergibt sich

$$PG = MAX[MIN[0,20 \; * \; (R_{vPG} - 0,05)\,; \; 0,02]\,; \; 0]$$

Erzielt in diesem Fall der Asset Manager eine Performance unterhalb von 5 % erhält er keine Performancegebühr. Bei einer Performance zwischen 15 % und 5 % erhält er einen 20 %igen Anteil an dieser Differenz. Bei einem Anlageerfolg von über 15 % bleibt seine Beteiligung konstant bei 2 %.

Abb. 1.3 zeigt den grafischen Verlauf der entsprechenden Regelung und dabei die Begrenzung der Partizipation durch die vereinbarte Obergrenze.

Der Investor sollte daher, unter Berücksichtigung der Anreize, die er beim Asset Manager vermutet, eine **möglichst hohe untere Performanceschwelle,** eine dazu passende, **möglichst geringe obere Performancegrenze** und eine **möglichst geringe Partizipationsrate** vereinbaren. Eine hohe untere Performanceschwelle ist auch deswegen wichtig,

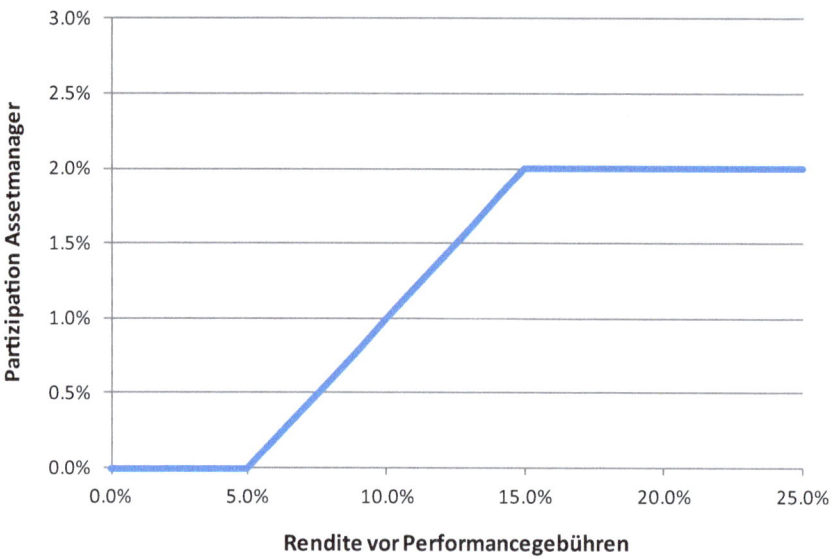

Abb. 1.3 Performancegebühr bei Outperformanceobergrenze

damit nicht bereits bei erwarteter Standardleistung des Asset Managers Teile des Anlageerfolgs an diesen abgetreten werden müssen. Dabei sind auch hier die **bestehenden Wechselwirkungen zu beachten.** Beispielsweise kann eine hohe Partizipationsrate für ein geringes Performanceintervall, in der sie wirkt, verkraftbar sein. Gleiches gilt, wenn die Wahrscheinlichkeit einer Outperformance als gering eingeschätzt werden kann. Dies kann rational nur durch eine fundamentale Begründung legitimiert werden, wenn also der Anlagestrategie keine höhere Outperformance zugesprochen werden kann. Die willkürliche Begrenzung von vorhandenem Outperformancepotenzial kann, zumindest wenn sie nicht mit einer wesentlichen Risikoerhöhung einhergeht, nicht das Ziel des Investors sein.

1.3   Abschließende Bemerkungen

Management- und Performancegebühren der Asset Manager im Rahmen von Outsourcingmandaten im Spezialfondsmanagement sind nur ein Kriterium für die gesamthafte Beurteilung des Erfolgs eines Fondsmanagements.

Bereits die ausgeführten, einperiodigen Grundmodelle dieser Gebührenarten weisen eine gewisse Komplexität auf. Diese erhöht sich weiter, wenn entsprechende Vereinbarungen, insbesondere bei Performancegebühren, einen Mehrperiodenbezug aufweisen.

Jede Vereinbarung steht dabei vor der Herausforderung ihrer praktischen Implementierung. Dabei sind nicht nur die jeweiligen Berechnungsvorschriften sondern auch die eingehenden Parameter, beziehungsweise wie diese berechnet werden, eindeutig zu vereinbaren.

Ausgewählte Aspekte in diesem Zusammenhang, die lediglich die Komplexität andeuten sollen, sind die **Definition der Performance** bzw. der betrachteten Renditekennziffer, in welcher Frequenz beziehungsweise über welche **Teilperioden der Gesamtabrechnungsperiode** diese in die Berechnung eingeht, wie der **Umgang mit intraperiodischen Zahlungsflüssen** und auch wie der **Umgang mit Einflussnahmen** auf die Anlagestrategie oder konkrete Anlageentscheidungen durch den Investor erfolgt.

In einer bestehenden institutionalisierten Struktur kann und wird die Master-KVG oder KVG zwar hier entsprechende Aufgaben, wie insbesondere die technische Umsetzung und den kontinuierlichen Betrieb übernehmen, dies entbindet den Investor jedoch nicht von seinen ureigensten Aufgaben im Zusammenhang mit der Gestaltung und Überwachung der Gebührensituation. Dazu zählt, die entsprechenden Vereinbarungen mit dem Asset Manager auszuhandeln und verbindlich zu vereinbaren, und auch die anschließend erfolgenden Be- und Abrechnungen, wenn aufgrund von KVG-Leistungen vielleicht auch nicht originär selbst zu übernehmen, aber dennoch laufend zu überwachen und damit auch die dahin gehende Arbeit der KVG zu kontrollieren.

Was grundsätzlich und insbesondere bei arbeitsteilig zu erbringenden Anlageerfolgen gilt, wird damit auch noch einmal im hier gegebenen Kontext unterstrichen. Das Fondsmanagement einer Versorgungseinrichtung bedarf einer engen und kontinuierlichen Begleitung durch den Investor. Für die Gebührenvereinbarungen, die insbesondere bei Erstauflage eines Spezialfonds getroffen werden, regelmäßig bevor die Leistungen eines Asset Managers für das eigene Haus beobachtet werden können, und anschließend kontinuierlich überwacht werden müssen, ist dabei das Wissen um die vorhandenen Stellhebel eine wichtige Komponente eines erfolgreichen Spezialfondsmanagements.

Über den Autor

Dr. Thomas M. Treptow ist Mitglied des Vorstandes der kirchlichen Zusatzversorgungskasse KZVK in Köln und dort zuständig für die Kapitalanlagen und das Rechnungswesen. Die hier dargelegten Ausführungen stellen die Meinung des Autors dar.

Die **Kirchliche Zusatzversorgungskasse (KZVK)** gewährt Beschäftigten im kirchlichen und kirchlich-karitativen Dienst die arbeitsvertraglich zugesagte Betriebsrente. Dabei werden derzeit über eine Millionen Pflichtversicherte und fast 40.000 freiwillig Versicherte betreut. http://www.kzvk.de/.

Kosten der Kapitalanlage in der betrieblichen Altersversorgung

Bernd Haferstock, Andreas Hilka und Herwig Kinzler

Einleitung

Betriebliche Altersversorgung („bAV") in Deutschland wird oftmals als sehr komplex wahrgenommen. Tatsächlich bietet sie bei genauerer Betrachtung aber ein hohes Maß an Flexibilität und Gestaltungsfreiheit für alle Beteiligten, insbesondere für den Arbeitgeber als wirtschaftlich Verpflichtetem. Je nachdem, welche Motive beim Arbeitgeber bei der Einrichtung seiner bAV im Vordergrund stehen, kommen unterschiedliche Wege der finanziellen Durchführung zum Einsatz, die entweder in der unmittelbaren Sphäre des Arbeitgebers verbleiben oder externe Träger einbeziehen.

Mit dieser Richtungsentscheidung ergeben sich im Einzelfall weitreichende Konsequenzen und Folgeeffekte für die Art der Finanzierung der Versorgungszusage. Der Erfolg der Kapitalanlage innerhalb des gewählten Weges kann dann größere Bedeutung im Rahmen der Finanzierung erlangen als der wirtschaftliche Erfolg des Arbeitgebers. In Abhängigkeit der Wahl eines externen Trägers treten zusätzliche, gegebenenfalls detaillierte aufsichtsrechtliche Anforderungen an die Durchführung der Kapitalanlage hinzu.

Die bAV stellt je nach Durchführungsweg sehr spezifische Anforderungen an die Entscheidungsträger im Anlagemanagement beim Arbeitgeber und dem ggf. gewählten Versorgungsträger – aber in der Konsequenz auch an die entlang des Kapitalanlageprozesses eingesetzten externen Dienstleister und Vermögensverwalter. Bedarfsgerechte und kosteneffiziente Produktgestaltung auf allen Ebenen gewinnt gerade im aktuellen Niedrigzinsumfeld weiter an Bedeutung.

B. Haferstock (✉) · A. Hilka · H. Kinzler
Aba – Fachverband für betriebliche Altersversorgung, Berlin, Deutschland
E-Mail: info@aba-online.de

© Springer Fachmedien Wiesbaden GmbH 2017
U. Rieken et al. (Hrsg.), *Kostentransparenz im institutionellen Asset Management*,
DOI 10.1007/978-3-658-12832-6_2

Zunehmend wachsende rechtliche und regulatorische Anforderungen fordern auch externe Dienstleister, ihr Leistungsspektrum stetig anzupassen und gegebenenfalls zu erweitern, um in diesem Kontext attraktiv und relevant zu bleiben. Unabhängig von der aktuellen Niedrigzinsphase ist die Kostensensitivität in der bAV groß. Transparente und leistungsgerechte Vergütung der im Rahmen des Anlageprozesses in der bAV erbrachten Dienstleistungen und der eingesetzten Produkte gewinnen zunehmend an Bedeutung und Beachtung – und dies nicht nur auf der Ebene des wirtschaftlich verpflichteten Arbeitgebers. Vor dem Hintergrund der spezifischen Strukturen der bAV ist in einzelnen Mitgliedsstaaten der EU die Offenlegung der Kosten der Kapitalanlage in Teilen verpflichtend vorgeschrieben.

Der vorliegende Beitrag gibt einen Überblick über die unterschiedlichen Ausprägungen der bAV in Deutschland und die sich daraus insbesondere hinsichtlich der Gestaltung der Kapitalanlage ergebenden Anforderungen und Möglichkeiten. Die Anforderungen des Durchführungswegs bestimmen Umfang und Ausgestaltung des jeweils zum Einsatz kommenden Kapitalanlageprozesses und damit auch die relevanten Kostenkomponenten. Auf der Ebene der zum Einsatz kommenden Investmentprodukte und -dienstleistungen werden dann abschließend im Markt beobachtete Kostengrößen dargestellt.

2.1   Die bAV in Deutschland

Das Betriebsrentengesetz gibt für Deutschland den Gestaltungsrahmen für die bAV vor. Jedes privatwirtschaftliche Unternehmen kann zur Finanzierung der Versorgungsleistung grundsätzlich zwischen fünf sogenannten Durchführungswegen wählen. Dabei kann es die Versorgungsleistung im Wege der „Direktzusage" unmittelbar selbst erbringen oder externe Träger mit der Finanzierung und Abwicklung der Versorgungsleistung beauftragen. Hierfür stehen Pensionskassen, „Direktversicherungen" der Lebensversicherer, Unterstützungskassen und Pensionsfonds als Träger zur Verfügung.

In allen Durchführungswegen wird die spätere Versorgungsleistung während der aktiven Erwerbsphase des Beschäftigten vorfinanziert. Finanzierungsleistungen im physischen Sinne fließen jedoch in der Regel nur, sofern externe Träger beauftragt wurden. Die Direktzusage als unverändert bedeutendster Durchführungsweg speist sich dagegen grundsätzlich aus der Innenfinanzierung des Unternehmens.

2.1.1   bAV-Deckungsmittel in der Privatwirtschaft

Die Deckungsmittel der bAV in der Privatwirtschaft haben seit dem Jahr 2000 ein signifikantes Wachstum erfahren. Sie betrugen Ende des Jahres 2014 in allen Durchführungswegen 557,0 Mrd. EUR, wovon mit 285,2 Mrd. EUR 51,2 % der Deckungsmittel auf die Direktzusage entfielen.

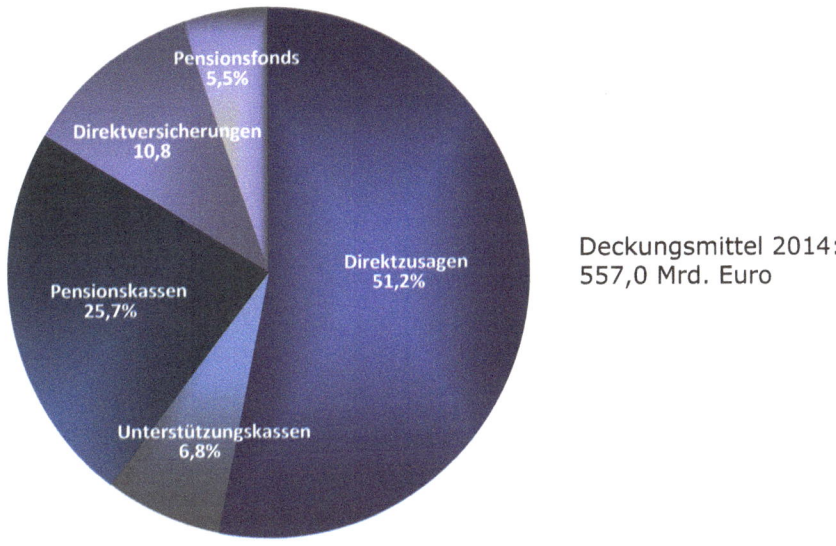

Abb. 2.1   Deckungsmittel in der bAV im Jahr 2014. (© Schwind 2016)

Es folgen Pensionskassen mit 143,3 Mrd. EUR (25,7 % der Deckungsmittel), Direkt-versicherungen mit 60,0 Mrd. EUR (10,8 % der Deckungsmittel) und Unterstützungskas-sen mit 37,8 Mrd. EUR (6,8 % der Deckungsmittel). In Pensionsfonds lagen Ende 2014 30,7 Mrd. EUR, was 5,5 % der gesamten Deckungsmittel entspricht (siehe Abb. 2.1).

Die externen Durchführungswege haben seit den Reformen Anfang der 2000er und der Einführung des Pensionsfonds relativ an Bedeutung gewonnen, wobei die Pensions-kassen das weitaus stärkste Wachstum aufweisen. Die Direktzusage bleibt jedoch von überragender Bedeutung.

2.1.2   Durchführungswege vor dem Hintergrund aufsichtsrechtlicher Anforderungen

Der für die fünf Durchführungswege der bAV in Deutschland geltende Rechtsrahmen sieht im Vergleich der Durchführungswege unterschiedliche arbeits-, steuer- und bilanz-rechtliche sowie gegebenenfalls aufsichtsrechtliche Rahmenbedingungen vor. Insbeson-dere Letztere formulieren Anforderungen, die unmittelbar auch auf die Organisation der Kapitalanlage sowie die Wahl der zum Einsatz kommenden bzw. zulässigen Anlagepro-dukte zurückwirken.

Mit Blick auf die etwaig einschlägigen, aufsichtsrechtlichen Anforderungen las-sen sich die Durchführungswege in zwei Gruppen unterscheiden: diejenigen, die ver-sicherungsförmig gestaltet und damit aufsichtsrechtlichen Anforderungen und einer staatlichen Aufsicht durch die Bundesanstalt für Finanzdienstleistungsaufsicht („BaFin") unterworfen sind und jene, für die de facto keine dezidierten, aufsichtsrechtlichen Anforderungen an die Kapitalanlage gelten.

Zu den versicherungsförmigen Durchführungswegen zählen (nach Höhe der Deckungsmittel):

- die Pensionskasse
- die Direktversicherung
- mittelbar die rückgedeckte Unterstützungskasse und
- der Pensionsfonds.

Die Direktzusage und die Unterstützungskasse in Reinform unterliegen dagegen in ihrer Kapitalanlage keinen aufsichtsrechtlichen Anforderungen. Jedoch können andere rechtliche Rahmenbedingungen Einfluss haben. Insbesondere im Fall der Ausfinanzierung einer extern kapitalgedeckten Direktzusage über ein sogenanntes Contractual Trust Arrangement („CTA") können weitere Einflussfaktoren aus den Anforderungen des internationalen Bilanzierungsrechts (Anerkennung als Pensionsvermögen) schlagend werden.

Für die Direktzusage wie für die Unterstützungskasse kann auch, wie bereits oben angedeutet, eine Ausfinanzierung im Wege der Rückdeckung bei einem Lebensversicherer erfolgen. Für diesen Fall wirken die für die Lebensversicherung relevanten aufsichtsrechtlichen Anforderungen an die Kapitalanlage mittelbar auch auf diese beiden Durchführungswege.

2.1.3   Rahmenbedingungen für die Kapitalanlage in der bAV

Anknüpfend an die oben getroffene Differenzierung unterliegen Direktzusage (inklusive CTA) und Unterstützungskasse keinen aufsichtsrechtlichen Anforderungen. Der wirtschaftlich Verpflichtete, in der Regel der Arbeitgeber, legt die Anlagegrundsätze, soweit erforderlich die Aufbau- und Ablauforganisation sowie gegebenenfalls quantitative Regelungen für die Kapitalanlage fest.

- *Direktzusage*
  Im einfachsten Fall einer klassischen Direktzusage werden die zur Finanzierung benötigten Mittel direkt in das Betriebsvermögen investiert. Dabei bedarf es keiner weiteren anlagepolitischen Überlegungen. Unternehmen gehen aber unter anderem vor dem Hintergrund internationaler Bilanzierungsregeln zunehmend dazu über, den Verbindlichkeiten aus Pensionszusagen zumindest „gedanklich" reservierte oder auch tatsächlich vom Unternehmen separierte Vermögen gegenüberzustellen. Dies kann im ersten Fall mittels einer unverändert auf der Bilanz des Unternehmens ausgewiesenen und in seinem Zugriff befindlichen Kapitalanlage in Form eines Sondervermögens

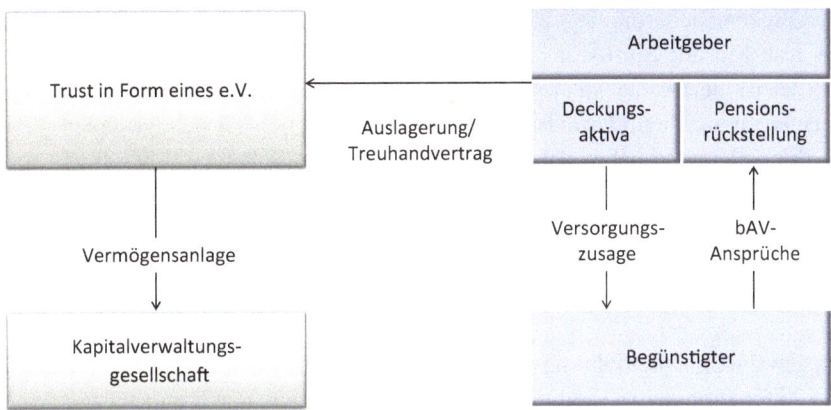

Abb. 2.2 Beispielhafte Grundstruktur eines CTA. (© aba)

oder eines Wertpapierdepots erfolgen. Hierfür wird das Unternehmen eine aus Asset-Liability-Überlegungen abgeleitete Anlagestruktur und -politik festlegen. Weitergehend ist bei der Direktzusage die Auslagerung der mit den Passiva korrespondierenden Aktiva in ein CTA, wodurch die Aktiva Schutz vor der Insolvenz des Arbeitgebers erlangen. Als Rechtsform für das CTA wird in der Praxis häufig ein eingetragener Verein gewählt. Die Anlagepolitik des CTA liegt damit im Ermessen des auslagernden Arbeitgebers (siehe Abb. 2.2).

- *Unterstützungskasse*
  Die Unterstützungskasse ist eine rechtlich selbstständige Versorgungseinrichtung, die vergleichbar einer Pensionskasse oder einem Pensionsfonds von einem oder mehreren Trägerunternehmen eingerichtet wird. Anders als diese aber gewährt sie den Begünstigten keinen Rechtsanspruch auf Leistung, wodurch sie nicht der Aufsicht unterliegt. Die Vermögensanlage einer Unterstützungskasse ist somit ebenfalls keinen aufsichtsrechtlichen Anforderungen unterworfen und vergleichbar der Direktzusage frei bestimmbar.

- *Versicherungsförmige Durchführungswege*
  Die versicherungsförmigen Durchführungswege und in der Folge die Organisation und der Prozess ihrer Kapitalanlage unterliegen aufsichtsrechtlicher Überwachung und Vorgaben. Die BaFin als zuständige Aufsichtsbehörde definiert qualitative sowie quantitative Mindeststandards und Anforderungen, die sich für Pensionskasse und Pensionsfonds aus dem Versicherungsaufsichtsgesetz („VAG") sowie den einschlägigen, nachgelagerten Verordnungen, insbesondere der Anlageverordnung, und Rundschreiben ergeben. Hierin finden sich klare Anforderungen an die Aufbauorganisation, die handelnden Personen, den Kapitalanlageprozess sowie die damit verbundenen Dokumentationspflichten. Ein Katalog der zur Anlage zulässigen Vermögensgegenstände nebst quantitativer Obergrenzen bestimmt zusätzlich den Handlungsrahmen.

Für die Direktversicherung legt auch das VAG den Anforderungsrahmen an den Anlageprozess fest. Mit der Einführung und verpflichtenden Umsetzung von Solvency II zum
01.01.2016 ist der Anlagekatalog für Lebensversicherer entfallen. Diese müssen ihre
Kapitalanlagen nach dem Grundsatz der unternehmerischen Vorsicht gestalten („Prudent
Person Principle") und haben dabei den im Rahmen von Solvency II beschriebenen qua-
litativen Anforderungen zu folgen.

2.1.4 Implikationen

Je nach gewähltem Durchführungsweg ergeben sich im Einzelfall sehr konkrete und spezialisierte Anforderungen an die Organisation und Umsetzung der Kapitalanlage des jeweiligen Versorgungsträgers. In Abhängigkeit des Volumens der verwalteten Deckungsmittel
sowie der Struktur und Komplexität der zur Erfüllung der Versorgungsverpflichtung notwendigen Kapitalanlage, wird der Träger von externen Dienstleistern Gebrauch machen
und (Teil-)Aufgaben des Anlageprozesses auslagern.

Im nachfolgenden Kapitel sollen zunächst die wesentlichen Komponenten des idealtypischen Anlageprozesses in der bAV sowie deren Relevanz in Bezug auf die jeweiligen
Durchführungswege dargestellt werden.

2.2 Organisation der Kapitalanlage

Die Organisation der Kapitalanlage in der bAV lässt sich in einzelne Teilbereiche glie-
dern, die grundsätzlich unabhängig davon sind, welchen Durchführungsweg der Arbeitgeber gewählt hat. Die Ausgestaltung der Organisation der Kapitalanlage sollte stets
unter der Prämisse erfolgen, dass der aus der Zusage einer bAV resultierenden Verantwortung durch ein hohes Maß an Qualität und Expertise Rechnung getragen wird. Die
konkrete Ausgestaltung der Kapitalanlageorganisation hängt damit zum einen davon ab,
wie das geforderte Maß an Expertise durch eine Mischung aus internen Ressourcen und
externen Dienstleistern am besten gewährleistet wird. Zum anderen muss die Organisation so ausgestaltet werden, dass bestehende regulatorische Anforderungen und interne
Vorgaben eingehalten werden. Die daraus resultierenden Rahmenbedingungen haben
einen direkten Einfluss auf die Organisation der Kapitalanlage, da bestimmte Vorgaben
an die Aufbauorganisation und die Prozesse einzuhalten sind.

2.2.1 Der Kapitalanlageprozess in der bAV

Grundsätzlich lässt sich der Kapitalanlageprozess eines bAV-Anlegers in die folgenden Schritte unterteilen, die im Folgenden ausführlicher hinsichtlich Ausgestaltung und
Umsetzung dargestellt werden (siehe Abb. 2.3):

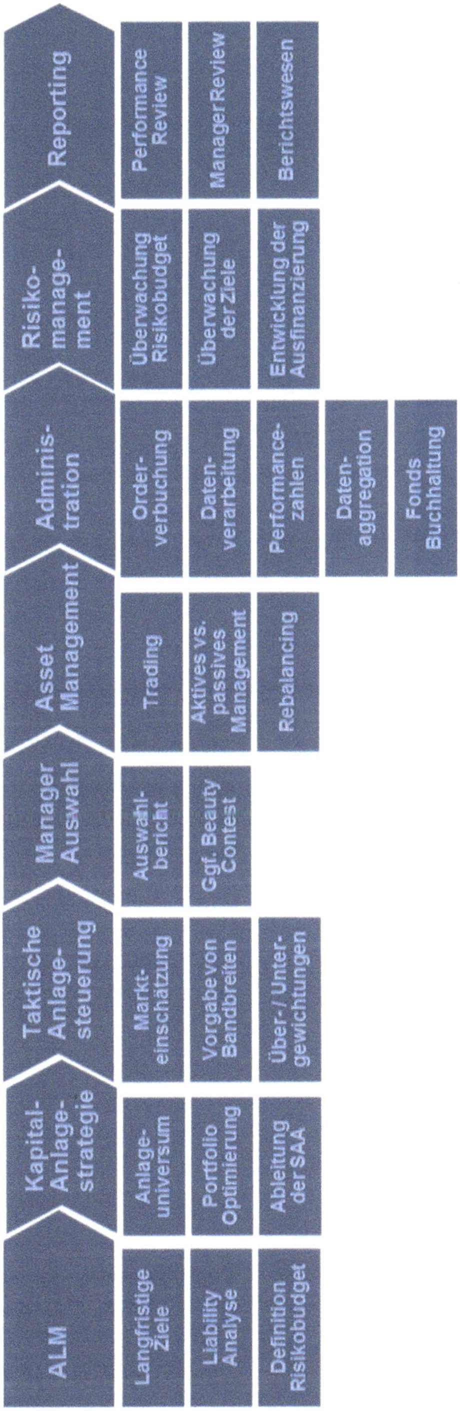

Abb. 2.3 Kapitalanlageprozess im Überblick. (© aba)

1. Asset-Liability-Management (ALM)
2. Kapitalanlagestrategie
3. Taktische Anlagesteuerung
4. Managerauswahl
5. Asset Management
6. Administration
7. Risikomanagement
8. Reporting

Asset-Liability-Management

Asset-Liability-Studien sind ein wichtiger Baustein zur Ableitung der strategischen Anlagestrategie. Sie dienen der regelmäßigen Überprüfung der langfristigen Finanzierbarkeit der Verpflichtungen und der Einschätzung der Risikotragfähigkeit des Anlegers. In Bezug auf die Kapitalanlagestrategie wird mit einer Asset-Liability-Studie das Ziel verfolgt, ein tief greifendes Verständnis der Ertrags- und Risikopositionierung der Kapitalanlagen in Bezug auf die Verpflichtungen herbeizuführen.

Ableitung der Kapitalanlagestrategie

Unter der langfristigen Kapitalanlagestrategie versteht man die strategische Asset-Allokation (kurz „SAA") in der Kapitalanlage institutioneller Anleger. Langfristig sollte eine SAA die Risikobereitschaft eines Investors, sowohl bilanziell, regulatorisch und ökonomisch, widerspiegeln. Die Ausgestaltungsformen der Kapitalanlagestrategie sind sehr umfangreich und leiten sich aus den strategischen Anlagezielen ab, die in der Regel sowohl auf der Ertrags- als auch auf der Risikoseite bestehen. Je nach Zielsetzung kann es z. B. erforderlich sein, pfadabhängige Strategien zur Risikoreduktion zu implementieren oder in risikoreichere bzw. komplexere Anlageklassen zu investieren, um gesteckte Ertragsziele erfüllen zu können. Bei der schrittweisen Umsetzung der SAA sind die aktuelle Kapitalmarktsituation und auch das kurzfristig vom Investor tragbare Risiko zu berücksichtigen.

Taktische Anlagesteuerung

Neben der strategischen Ausrichtung der Kapitalanlage wirkt die taktische Anlagesteuerung als zusätzliches Steuerungsinstrument, um auf aktuelle Marktentwicklungen reagieren zu können. Die taktische Anlagesteuerung orientiert sich an der strategischen Anlagestrategie und führt diese mit Einschätzungen der Attraktivität einzelner Anlageklassen zusammen, um Anlageklassen im Vergleich zur SAA über- bzw. unterzugewichten sowie gezielt kurz- bis mittelfristige Marktopportunitäten zu nutzen.

Managerauswahl

Sollen Teile der im Rahmen der Anlagestrategie abgeleiteten Anlageklassen durch externe Vermögensverwalter umgesetzt werden, so ist ein strukturierter Prozess zur Auswahl notwendig. Dieser Prozess beinhaltet neben dem Screening von potenziellen

Kandidaten und der Erstellung von Long- und Short-Listen auch die Vorstellung der fina-
len Kandidaten im Rahmen einer Präsentation („Beauty Contest").

Asset Management
Die eigentliche Vermögensverwaltung („Asset Management") können bAV-Anleger in
Abhängigkeit von verschiedenen Parametern intern durchführen oder spezialisierte Vermögensverwalter mit dem Management der gesamten oder Teilen ihrer Kapitalanlagen
beauftragen. Auf die möglichen Ausführungsformen und Details wird an späterer Stelle
(s. Abschn. 2.3.2) näher eingegangen.

Administration
Die Administration des Investmentvermögens erfolgt in der Regel durch eine Kapitalverwaltungsgesellschaft („KVG"), wodurch Dienstleistungen wie Verwaltung, Fondsbuchhaltung, Performancemessung, Reporting und Überprüfung der Einhaltung rechtlicher
Vorgaben gebündelt durch einen Dienstleister übernommen werden. Die treuhänderische Verwahrung des Investmentvermögens erfolgt nicht bei der KVG, sondern wird von
einer davon unabhängigen Institution, der Depotbank, übernommen.

Risikomanagement
In den letzten Jahren hat die Bedeutung von ausgefeilten Risikomanagementsystemen
aufgrund der gestiegenen Volatilität an den Kapitalmärkten sowie zunehmender Monito-
ring-Pflichten stark zugenommen. So kommen zu der laufenden Überwachung bestimmter Kennzahlen nach internen Vorgaben auch kontinuierlich zunehmende regulatorischen
Mindestanforderungen hinzu, die durch den Anleger zu erfüllen sind.

Reporting
Ein detailliertes Reporting ist ein integraler Bestandteil des Kapitalanlageprozesses und
ermöglicht es dem Anleger, sowohl einen fundierten Überblick über die Zusammensetzung des Investmentvermögens und dessen Performance zu erlangen als auch die
Leistung der externen Vermögensverwalter zu beurteilen. Neben den individuellen Präferenzen des Anlegers werden die Anforderungen an das Reporting durch den regulatorischen Rahmen vorgegeben, dem der Anleger unterliegt. Wird der Anleger durch die
BaFin reguliert, herrschen genaue Vorgaben bezüglich der Anzeige-, Berichts- und Mit-
teilungspflichten.

2.2.2   Kosten in der Organisation der Kapitalanlage

Sofern die Entscheidung für eine explizite Kapitalanlage zur Bedeckung der Pensionsverpflichtungen getroffen wurde, kommen die folgenden Überlegungen zum Tragen: Für
die Organisation der Kapitalanlage in der betrieblichen Altersvorsorge gibt es verschiedene Möglichkeiten und auch Gründe, unterschiedliche Umsetzungsformen zu wählen.

Aufgrund der Verantwortung zur Erfüllung der getätigten Zusagen gegenüber den Mitarbeitern sollte für ein Unternehmen jedoch stets die Qualität der Leistung, sei es intern oder extern, im Vordergrund stehen. In diesem Zusammenhang ist es für ein Unternehmen wesentlich, ob die Umsetzung mit eigenen Mitteln erfolgen kann oder ob man sich auf eine größere Expertise von spezialisierten Dienstleistern stützen muss, um das gebotene Qualitätsniveau sicherzustellen. Zunehmend an Bedeutung gewinnt vornehmlich auch die mit einem Outsourcing verbundene Service-Leistung. So kann durch eine externe Abwicklung ein umfassender Mehrwert generiert werden.

Betrachtet man die Organisation der Kapitalanlage, so lässt sich diese unterteilen in gewisse Basiselemente, die immer abgedeckt und mit entsprechenden Ressourcen und Expertise hinterlegt werden müssen, und Elemente, deren Ausgestaltung durch den Anleger bestimmt werden kann.

Stets anfallende Kosten

Im Rahmen der Durchführung der betrieblichen Altersvorsorge und der damit verbundenen Tätigkeit zur Kapitalanlage entstehen Kosten, die nicht vermieden werden können, und zum Teil durch die regulatorischen Anforderungen beeinflusst werden.

Stets anfallende Kosten für bestimmte Dienstleistungen

Für die Aufsetzung von geeigneten Strukturen für die bAV werden verschiedene Dienstleister benötigt, deren Tätigkeit unverzichtbar ist und die damit stets bei anfallenden Kosten zu berücksichtigen sind. Ein Outsourcing in diesen Bereichen erscheint unerlässlich, da eine interne Umsetzung nicht zielführend oder die interne Abbildung dieser Tätigkeiten schlicht nicht effizient möglich ist. Hierzu zählen beispielsweise Dienstleistungen von Kapitalverwaltungsgesellschaften oder Depotbanken. Eine unabhängige Prüfung und Verwaltung im Kapitalanlagebereich, wie sie von KVGen zur Verfügung gestellt wird, indem diese bspw. einen transparenten Trade-Abgleich sicherstellen, können kaum durch den Anleger kosteneffizient dargestellt werden. Werden Teile der Kapitalanlagen in Form eines Investmentvermögens verwaltet, ist eine Verwaltung durch eine KVG durch das Kapitalanlagegesetzbuch („KAGB") explizit vorgeschrieben. Die treuhänderische Verwahrung des Investmentvermögens bei einer Depotbank ist ebenfalls durch das KAGB gesetzlich vorgeschrieben und wird durch die BaFin überwacht.

Kosten aufgrund regulatorischer Anforderungen (für regulierte Anleger)

Des Weiteren sind vor allem regulierte Anleger in besonderem Maße von unvermeidbaren Kosten betroffen, da regulatorische Anforderungen und Vorgaben in der Kapitalanlage schlicht zu festen Kosten führen. Während die aufsichtsrechtlich nicht regulierten Durchführungswege (wie z. B. Direktzusage) nicht unter BaFin-Aufsicht stehen und bei diesen Durchführungswegen keine speziellen regulatorischen Berichtspflichten anfallen, erfolgt für die versicherungsförmig gestalteten Durchführungswege eine relativ strikte Regulierung teils mit Quotenvorgaben für verschiedene Anlageklassen und konkreten Berichtspflichten, was in erhöhtem Aufwand und Kosten resultiert. Die verschiedenen regulierten Anleger müssen die Einhaltung des VAG sicherstellen und unterliegen der entsprechenden Anlageverordnung. In diesen Bereich fallen beispielsweise Kosten für erweiterte Berichtspflichten an, die regelmäßig zu erfüllen sind. Insbesondere das vierteljährliche Meldewesen an die BaFin erfordert eine umfangreiche Datenanalyse und Aufbereitung. Zudem müssen regulierte Anleger erhöhte Anforderungen an das Risikomanagement und die Überwachung verschiedener zusätzlicher Kennzahlen tragen. Für eine interne Übernahme dieser Pflichten fallen so meist weitere Kosten für die Nutzung spezialisierter Software externer Anbieter an, die auf regelmäßigen Lizenzgebühren beruhen. Oftmals werden von Unternehmen jedoch auch zusätzlich externe Dienstleistungen eingekauft, um allen zusätzlichen regulatorischen Anforderungen in effizienter Weise gerecht zu werden.

Steuerbare Kosten
Neben unvermeidbaren Basiskosten gibt es in der Kapitalanlage zusätzliche Kostenkomponenten, die von Unternehmen gezielt gesteuert werden können. Diese Steuerung erfolgt auf Basis verschiedener Kategorien und Kriterien, die das Unternehmen aktiv entscheiden kann. Diese Kosten sind jedoch stets vor dem Hintergrund zu sehen, dass bestimmte Servicestandards eingehalten werden sollten, um dem aus internen Vorgaben resultierenden eigenen Anspruch des Unternehmens gerecht zu werden. Zur Erreichung bestimmter Ziele kann es zudem notwendig sein, auf „Best-in-class" Lösungen zurückzugreifen. Die dabei mitunter anfallenden höheren Kosten sind jedoch im Kontext der übergreifenden strategischen Zielstellung zu sehen, die ansonsten vielleicht nicht erreicht werden kann.

Ein weiterer wichtiger Aspekt bei der Ausgestaltung der Organisation der Kapitalanlage ist die strategische Zielstellung, die mit der Kapitalanlage erreicht werden soll. Je nach Zielsetzung kann es erforderlich sein, in pfadabhängige Strategien zur Risikoreduktion oder alternative Anlageklassen wie Private Equity, Infrastruktur oder Immobilien zu investieren, um gesteckte Ertragsziele erfüllen zu können. Speziell bei der Implementierung von alternativen Anlageklassen sind umfangreiche rechtliche und steuerliche Rahmenbedingungen zu berücksichtigen, die aufgrund der Komplexität oftmals nicht intern durch den Investor erfüllt werden können. Hierbei ist es beispielsweise notwendig, die rechtliche Erwerbbarkeit und steuerliche Behandlung im Detail zu prüfen. Stehen diese notwendigen Ressourcen nicht intern zur Verfügung, wird die Prüfung in der Regel durch spezialisierte Rechts- und Steuerberater durchgeführt, die für ihre Dienstleistung typischerweise eine aufwandsabhängige Gebühr in Rechnung stellen. Bei Investitionen in alternative Anlageklassen kann es aufgrund von steuerlichen und rechtlichen Vorgaben notwendig sein, dass der Anleger die Investitionen über bestimmte rechtliche Vehikel vornimmt. Mit deren Aufsetzung und Administration sind einmalige und laufende Gebühren verbunden. Insgesamt ist hierbei jedoch zu betonen, dass die mit der Investition in alternative Anlageklassen verbundenen Kosten notwendig sein können, um speziell im aktuellen Niedrigzinsumfeld bestimmte strategische Ertragsziele erreichen zu können.

2.2.3   Kostensystematik in der strategischen Kapitalanlage

Für die Kapitalanlage im Rahmen der bAV sind verschiedene strategische Entscheidungen nötig, die sich im Laufe von Anlagezyklen regelmäßig wiederholen. Wie beschrieben spielen verschiedene Faktoren für die Lösung der Frage nach der Umsetzung der Kapitalanlage eine wichtige Rolle. Für die erste Ausgestaltung der strategischen Anlagestrategie sind vor allem das Asset-Liability-Management und das laufende Risikomanagement von Bedeutung. Für eine qualitätsgesicherte Strategie ist in diesem Bereich das Eingehen zusätzlicher Kosten unabdingbar.

Für die unter Abschn. 2.2.1 beschriebene Ableitung der Kapitalanlagestrategie, die oftmals als Teil einer Asset-Liability-Studie entwickelt wird, sind umfangreiche Ressourcen und Know-how im Bereich der mathematischen Methoden nötig. In Abhängigkeit von der Unternehmensgröße kann die Entscheidung erfolgen, die Asset-Liability-Studie bzw. die Ableitung der Kapitalanlagestrategie als strategisches Projekt intern aufzusetzen. Für diesen Fall wird oftmals Software externer Anbieter eingesetzt, für die eine jährliche Lizenzierungsgebühr anfällt. Wird Unterstützung durch externe Dienstleister eingeholt, fällt in der Regel eine fixe Gebühr für die Durchführung des Projekts an bzw. wird dieses auf Stundenbasis mit den zugehörigen Sätzen berechnet. Ergänzend zur strategischen Kapitalanlagestrategie kann es sinnvoll sein, zusätzlich eine taktische Allokationssteuerung vorzunehmen. Bei der Ableitung der taktischen Anlagestrategie ist die zugrunde liegende Markteinschätzung das zentrale Element. Ist diese durch ausreichende Ressourcen beim Anleger verfügbar, kann die taktische Anlagesteuerung intern erfolgen. Meist greifen Anleger jedoch auf zusätzliches Research externer Anbieter zurück, um die taktische Steuerung daraus abzuleiten bzw. sie lassen diese vollständig extern durchführen. Neben fixen Gebühren für das Bereitstellen von Research oder das Durchführen der taktischen Steuerung sind auch Gebührenmodelle darstellbar, in denen der Dienstleister erfolgsabhängig vergütet wird, sofern durch die taktische Allokationssteuerung eine höhere Performance erzielt wurde als durch eine strikte Einhaltung der strategischen Allokation.

Als notwendige Ergänzung zu Asset-Liability-Studien, der Ableitung der strategischen Kapitalanlagestrategie und der taktischen Anlagesteuerung ist die laufende Überwachung der operativen Anlage- und Risikopositionen durch das Risikomanagement anzusehen. Auf die Marktveränderungen und die sich daraufhin wandelnden Regulierungsvorgaben gehen stetig steigende Anforderungen an Monitoring- und Risikoüberwachungssysteme zurück. Im Bereich der regulatorischen Überwachung spielt neben der Berücksichtigung der Risikotragfähigkeit insbesondere die Festlegung von Handlungsmaßnahmen bei Unter- oder Überschreiten bestimmter Grenzen eine fundamentale Rolle. Das Risikomanagement wird in der Regel intern durch den Anleger durchgeführt. Dabei werden neben den Dienstleistungen der Kapitalverwaltungsgesellschaft oftmals auch Reporting-Dienstleistungen externer Dienstleister in Anspruch genommen. Für ein regelmäßiges Reporting im Rahmen des Risikomanagements fällt üblicherweise eine laufende Fix-Gebühr an. Entscheidet sich der Anleger für die Nutzung einer spezialisierten Risikomanagement-Software, so fallen wiederum entsprechende Lizenzgebühren an.

Insgesamt ist somit festzuhalten, dass die konkrete Ausgestaltung der Organisation der Kapitalanlage im Rahmen der bAV vor dem Hintergrund zu betrachten ist, dass die Erfüllung der getätigten Leistungszusagen gegenüber dem Arbeitnehmer im Vordergrund steht. Zur Sicherstellung dieses Ziels resultieren Qualitätsanforderungen an die Organisation und die damit verbundenen Prozesse und Dienstleistungen. Kosten sollten in diesem Zusammenhang stets unter der Maßgabe betrachtet werden, dass diese Mittel zum Zweck sein müssen. Damit wird gewährleistet, dass die Gesamtkostenbelastung optimiert und die zugesagte Leistung effizient erbracht wird.

2.3   Kosten auf der Ebene der Kapitalanlageumsetzung

2.3.1   Kostenarten

Im folgenden Kapitel begeben wir uns nun stärker auf die Ebene der konkreten Umsetzung der Vermögensanlage. Vor diesem Hintergrund können wir dann, abgesehen von einigen Besonderheiten, weitgehend davon abstrahieren, welcher rechtliche bzw. organisatorische Rahmen zur Durchführung der bAV gespannt ist.

Ein bAV-Anleger ist bei der Durchführung der Vermögensanlage mit den folgenden Kostenarten konfrontiert:

- Kosten für die Vermögensverwaltungtätigkeit
- Transaktionskosten
- Kosten externer Dienstleister: Depotbankkosten, KVG-/Master-KVG-Kosten oder Kosten eines Global Custodian
- Sonstige Kosten: Prüfungs- und Veröffentlichungskosten im Bereich einer fondsförmig organisierten Anlage etc.

Im Weiteren werden wir uns vorrangig den ersten drei Punkten zuwenden, da diese auf der Vermögensverwaltungsebene den überaus größten und maßgeblichen Anteil von Kosten in der Gesamtschau darstellen.

2.3.2   Interne vs. externe Vermögensverwaltung

Die o. g. Kosten treten unabhängig davon auf, ob die Vermögensanlage intern oder extern durchgeführt wird. Sie sind vielmehr mit der Anlage selbst bzw. mit bestimmten organisatorischen Strukturelementen (segregierte Kontenverwaltung, Spezialfondsmandat, Einbeziehung von Publikumsfonds etc.) verbunden.

2.3.2.1 Externe Vermögensverwaltung

Im Falle der externen Verwaltung wird von der Einrichtung bzw. dem Träger der bAV ein externer Dritter mit der Verwaltungstätigkeit eines genau umschriebenen Mandates beauftragt. Die Motive dafür können vielfältig sein. So mag sich der Anleger einer bestimmten Investmentexpertise bedienen wollen, die im eigenen Hause nicht vorgehalten wird oder es reicht schlicht die mit dem Mandat verbundene Größenordnung nicht aus, als dass sich dafür der Aufbau einer internen Organisation lohnen würde. Anlagetechnisch steht dies in unmittelbarem Zusammenhang mit zusätzlichen Diversifikationsmöglichkeiten auf der Portfolioebene, die sich der Anleger durch den Zukauf externer Investmentexpertise strategisch erschließt.

Auch bei Unternehmen, die im Zusammenhang ihrer Pensionsverpflichtungen erst damit beginnen, liquide Sondervermögen aufzubauen, beispielsweise in der Form der eingangs vorgestellten CTA-Konstruktionen, sind oftmals weder organisatorische Einheiten noch umfängliche und professionelle Erfahrungen hinsichtlich der Finanzportfolioverwaltung vorhanden. Hier wird man also eher davon ausgehen dürfen, dass externe Anlagespezialisten eingesetzt werden, um eine sachgerechte und angemessene Verwaltung des Vermögens sicherzustellen.

Zu bedenken sind aber auch gegebenenfalls günstigere Transaktionskosten: indem sich der Anleger einem externen Vermögenspool anschließt (Beispiel: Publikumsfonds oder ein von mehreren Anlegern getragenes Sondervermögen), kann er über Skaleneffekte von relativ niedrigeren Handelskosten profitieren.

2.3.2.2 Interne Vermögensverwaltung

Interne Verwaltungstätigkeit ist demgegenüber häufig dann anzutreffen, wenn die organisatorischen Strukturen dafür bereits vorhanden sind und die nötige Expertise für ein klar umrissenes Mandat vorgehalten wird. So führen bspw. Pensionskassen das Rentenmanagement häufig in Eigenregie durch, da Rentenanlagen bei versicherungsförmig organisierten Einrichtungen klassischerweise eine hohe Bedeutung zukommt und entsprechende Strukturen zur Verwaltung über die Zeit hinweg aufgebaut wurden. Oft werden auch bei größeren Einrichtungen Investments in Immobilien in eigenen Fachabteilungen vorbereitet und durchgeführt sowie der Immobilienbestand dauerhaft in einer eigenen Immobilienabteilung verwaltet.

2.3.2.3 Mischformen interner und externer Verwaltung

Mischformen von internem und externem Management sind tatsächlich relativ häufig anzutreffen. So kann es sein, dass ein bAV-Anleger solche Anlageklassen intern verwaltet, in denen er schon lange Zeit über Verwaltungserfahrung verfügt und eben solche Verwaltungsaufträge nach außen gibt, die spezialisierte Mandate betreffen. Dies wiederum hat damit zu tun, dass man sich arrondierender neuer Anlageklassen bedienen möchte und die Portfoliodiversifikation auf diese Weise voranbringt. Das betrifft vor allem die den Kern eines Portfolios ergänzenden Satelliteninvestments, die auf möglichst unkorrelierte Anlagen unterschiedlicher Anlagestile zielen, wie etwa Absolute Return-Konzepte, spezialisierte Aktienanlagen im Bereich Small Cap oder in Schwellenländern wie auch Anlagen, die sich auf den alternativen Bereich wie Private Equity, Hedgefondsstrategien oder Infrastruktur beziehen.

2.3.2.4 Kostensituation bei interner und externer Verwaltung

Hinsichtlich der Kostensituation und -erfassung ergeben sich gewisse Unterschiede, wenn man internes und externes Management miteinander vergleicht.

Wird ein externer Vermögensverwalter tätig, so werden Vergütungshöhe und -struktur in der Regel in einem korrespondierenden Verwaltungsvertrag festgelegt. Auf diese Weise sind die Kosten für die reine Verwaltungstätigkeit ex ante explizit transparent und ex post klar kalkulierbar.

Bei internem Management müssten demgegenüber die mit der Verwaltungstätigkeit verbundenen Kosten intern erfasst und einer Kostenstelle zugeordnet werden. Dies geschieht allerdings nicht notwendigerweise in jedem Fall, sondern hängt dann durchaus vom jeweiligen Durchführungsweg ab. Während etwa bei Pensionskassen die internen Kosten für die Vermögensverwaltung durchaus regelmäßig erfasst und entweder aggregiert oder separiert in Form von Personal- und Systemkosten etc. im Jahresbericht ausgewiesen werden, kann sich die Situation im Kontext einer CTA-Konstruktion durchaus anders darstellen. Denn hier wäre der Träger relativ frei, insbesondere wenn es sich um eine rein arbeitgeberfinanzierte bAV handelt, bis in welche Tiefe er überhaupt diese Kosten gesondert erfassen und vor allem publizieren möchte. So würden in diesem Falle eher Motive des internen Controllings für das Messen und Nachhalten des mit der Verwaltung verbundenen Aufwands sprechen.

2.3.3 Kosten für die Vermögensverwaltung

Hinsichtlich der weiteren Überlegungen zu Kosten für die reine Vermögensverwaltungstätigkeit gehen wir im Folgenden davon aus, dass im Rahmen externen Managements ein konkretes Vermögensverwaltungsmandat von der bAV-Einrichtung an einen externen Asset Manager delegiert wurde. Dann treten für die reine Verwaltungstätigkeit Kosten auf, die dem Anleger bzw. der Institution seitens des Vermögensverwalters belastet werden.

Diese Kosten stellen eine Kompensation des Vermögensverwalters für dessen originäre Tätigkeit, aber auch für den dem Verwalter entstehenden Aufwand dar, der im Zusammenhang mit dem Vorhalten von Systemen und dem Set-up seiner eigenen Organisation und Geschäftstätigkeit verbunden ist.

2.3.3.1 Fixe und erfolgsabhängige Kostenmodelle in der Vermögensverwaltung

Die Gebühr für ein Vermögensverwaltungsmandat kann als fixe Vergütung oder als performanceabhängige Vergütung gestaltet sein.

Kosten für die Vermögensverwaltung werden dabei in der Regel als Prozentsatz des unter Verwaltung genommenen Vermögens angegeben. Durch diese Normierung wird übrigens auch die Möglichkeit der Vergleichbarkeit geschaffen.

Im Falle einer **fixen Vergütung** wird ein fester Prozentsatz vereinbart, der in der Regel auf das durchschnittlich unter Verwaltung stehende Anlagevolumen bezogen und entweder einmal jährlich oder in mehreren Teilblöcken unterjährlich ratierlich ermittelt und dem Anleger in Rechnung gestellt wird.

Bei einer **performanceabhängigen Vergütung** wird die Gesamtvergütung mit einer zusätzlichen erfolgsabhängigen Komponente ausgestattet. In der Regel wird dabei ein etwas niedrigerer Fixkostensatz vereinbart und eine erfolgsabhängige Zusatzvergütung angesetzt, falls die Anlagerendite eine bestimmte, im Vorfeld vereinbarte Bezugsgröße (Benchmark) überschritten hat. Die Bezugsgröße kann entweder als relative Größe, etwa als ein Index, oder als absolute Vergleichsrendite definiert sein. Es gehen dann offensichtlich zwei Parameter in die Bemessung einer Performancevergütung ein. Zum einen betrifft dies die Definition eines bestimmten Zeitfensters, nach dessen Ablauf die Erfolgsmessung durchgeführt wird und zum anderen die Festlegung einer Partizipationsrate, mit welcher der Vermögensverwalter an dem erzielten Überschuss teilhaben kann.

Dazu ein Beispiel: Ein bAV-Anleger hat mit einem externen Vermögensverwalter einen spezifischen Verwaltungsauftrag vereinbart. Zwei Gebührenmodelle stehen zur Diskussion. Das erste Modell besteht in einer fixen Vergütung: der Verwalter erhält für seine Tätigkeit ein Honorar in Höhe von 0,4 % des durchschnittlich unter Verwaltung stehenden Anlagevolumens pro Jahr. Das alternative Modell besteht in einer erfolgsabhängigen Vergütung: Der Verwalter erhält zunächst ein Festhonorar auf Basis eines Satzes von 0,3 % p. a. und zusätzlich kann der Verwalter für den Fall, dass die Anlagerendite einen definierten Index übersteigt, eine erfolgsabhängige Vergütung in Höhe von 10 % des erwirtschafteten Mehrwerts berechnen. Offensichtlich stellt sich der Anleger im erfolgsabhängigen Modell genau dann besser, wenn der Verwalter den Index um nicht mehr als einen Prozentpunkt übertrifft. Denn dann ist sein Verwaltungssatz in Summe niedriger als bei der Fixgebühr von 0,4 %. Sollte die Renditedifferenz zum Index allerdings höher ausfallen, dann fährt der Vermögensverwalter besser, denn durch die erzielte Überrendite ist sein Verwaltungshonorar relativ höher als die 0,4 %ige Fixgebühr des ersten Modells.

Oftmals werden performanceabhängige Gebührenmodelle durch die Einführung einer Obergrenze gedeckelt. Auf diese Weise soll der Vermögensverwalter gehindert werden, höhere Risiken in der Anlage mit der Zielsetzung einzugehen, seine eigene erfolgsabhängige Vergütung in die Höhe zu treiben. Dies ist gerade für bAV-Anleger ein nicht unerheblicher Aspekt. Zusätzlich wird in aller Regel auch eine sogenannte High-Water Mark implementiert. Diese Regelung sieht vor, dass es erst dann zur Zahlung einer erfolgsabhängigen Vergütung kommt, wenn das unter Verwaltung stehende Vermögen einen in der Vergangenheit bereits erreichten Höchststand erneut überschreitet. Dadurch soll verhindert werden, dass ein Vermögensverwalter in den Genuss von Managementgebühren kommt, die zwar durch einen Vermögenszuwachs induziert sein könnten, die aber nicht notwendigerweise mit dem aktiven Management der Vermögensverwaltung selbst im Zusammenhang stehen müssen. Ohne eine solche High-Water Mark käme beispielsweise ein Manager unter Umständen auch dann immer wieder zu einer erneuten erfolgsabhängigen Vergütung, wenn sich der Vermögenswert rein marktinduziert wellenförmig bewegte, ohne dass aber ein aktives Eingreifen des Asset Managers erfolgte.

2.3.3.2 Determinanten von Kosten in der Vermögensverwaltung
Die folgenden Aspekte sind vorrangig bestimmende Determinanten auf der Kostenseite:

- Anlagestruktur
- Aktives vs. Passives Management
- Anlagevehikel: Publikumsfonds vs. Spezialfonds
- Höhe des verwalteten Vermögens

Wir wollen zunächst deskriptiv auf diese Determinanten eingehen, bevor wir im Anschluss daran eine Indikation für die Höhe der Kosten in Form einer sich daran orientierenden Übersicht geben.

Anlagestruktur
Unter Anlagestruktur soll hier – wie in Abschn. 2.2.1 zur Kapitalanlagestrategie und der korrespondierenden Strategischen Asset Allocation (SAA) einleitend dargelegt – verstanden werden, welche Anteile des Vermögens auf unterschiedliche Anlageklassen verteilt werden. In einer Anlageklasse werden dabei solche Investments zusammengefasst, die hinsichtlich Struktur und rechtlicher Ausgestaltung mit weitgehend identischen Attributen ausgestattet sind. Beispielhaft seien als typische Anlageklassen genannt: Aktien, Renten, Immobilien, kurzfristige Anlagen in Form von Cash-Beständen oder sogenannte Alternative Investments. Wie zuvor schon beschrieben, wird die Struktur des Portfolios eines bAV-Anlegers meist das Ergebnis einer zuvor durchgeführten Asset-Liability-Analyse sein.

Diese o. g. Anlageklassen können dann selbstverständlich noch in Unterklassen verfeinert werden, indem sich etwa durch die Fokussierung auf Regionen oder Branchen weitere Differenzierungsmerkmale innerhalb einer Klasse ergeben. Im Bereich Aktien kann man so etwa den Sektor der europäischen Aktien von US-amerikanischen Aktien oder asiatischen Aktien abgrenzen oder generell Aktien entwickelter Industriestaaten und Schwellenländeraktien unterscheiden.

Im Rentenbereich differenziert man ebenfalls nach Regionen, vor allem aber auch nach Emittenten, indem man etwa Staatsanleihen von Unternehmensanleihen abgrenzt und auch das zugrunde liegende Rating im Anleihesektor als Unterscheidungsmerkmal heranzieht. Hinsichtlich Letzterem unterscheidet man dann Anleihen, die den Status „Investment Grade" zugerechnet bekommen von sogenannten „Hochzinsanleihen", mitunter auch als Ramschanleihen (Junk Bonds) oder Non-Investment Grade Anleihen bezeichnet. Entscheidend ist hier das (vom Anleger oder von Ratingagenturen) zugesprochene Ausfallrisiko von Anleihen, das zu diesen Differenzierungen führt.

Auch Immobilien werden nach der Nutzungsart (Gewerbe, Wohnen), Alter, Makro- und Mikrolage spezifiziert, sodass sich in Abhängigkeit von diesen Merkmalen auch hier Unterklassifizierungen bilden lassen.

Der Bereich der Alternativen Investments umfasst die Anlageformen Private Equity, Hedge Fonds, Infrastruktur-Anlagen und weitere physische Anlagen wie z. B. Gold, Öl oder Holz. Diese Aufzählung ist weder abschließend noch eindeutig, denn mitunter werden auch Immobilien in den Bereich der Alternativen Anlagen subsummiert, wobei dies an dieser Stelle nicht entscheidend ist.

Hinsichtlich bAV ist festzuhalten, dass der traditionellen Kapitalanlage im Geldmarkt sowie Renten, Aktien und Immobilien die weitaus größte Bedeutung zukommt. Erst wenige bAV-Anleger haben sich bisher dem Bereich der Alternativen Investments geöffnet. Viele arbeiten allerdings daran, nicht zuletzt vor dem Hintergrund der durch die Niedrigzinspolitik der Notenbanken häufig stark gefallenen Renditen der klassisch strukturierten Anlageportfolios.

Hinsichtlich der Kosten ist nun zu beachten, dass unterschiedliche Anlageklassen zu **unterschiedlichen Kostensituationen** führen. Dies betrifft sowohl die Höhe der Kosten als auch die Struktur von Kostenmodellen. Grob gesprochen werden im aktiven Management die Kosten immer dann relativ höher ausfallen, wenn mit der Verwaltung des entsprechenden Mandates ein höherer analytischer Aufwand erforderlich ist. Ein höherer Aufwand hinsichtlich Informationsbeschaffung und -verarbeitung führt dementsprechend bei fundamental ausgerichteten Mandaten auch zu höheren Kosten.

Auf der obersten Ebene der Differenzierung von Anlageklassen bedeutet dies, dass im Allgemeinen davon auszugehen ist, dass klassische Aktienmandate kostenintensiver sind als klassische Rentenmandate und ein zusätzlicher Aufwand gegenüber Aktien beim Übergang auf Alternative Anlageklassen entsteht. Entsprechend sieht es auch innerhalb der Anlageklassen aus. Der in der Regel mit der Analyse von Unternehmen verbundene höhere Aufwand bedingt, dass Rentenmandate im Bereich Unternehmensanleihen höher bepreist sind als reine Staatsanleihemandate. Entsprechend wäre im Aktienbereich bei einem Schwellenländermandat von höheren Kosten auszugehen als bei einem hoch entwickelten und informationstechnisch relativ leichter zugänglichen Teilsegment eines entwickelten Marktes (z. B. DAX).

Aktives vs. Passives Management

Dem Passivmanagement liegt die Zielsetzung zu Grunde, mit der getätigten Anlage genau die Wertentwicklung eines bestimmten Marktes nachzubilden, der seinerseits in einem diesen Markt repräsentierenden Index abgebildet wird. So könnte beispielhaft ein Anleger das Ziel verfolgen, mit seiner Anlage genau die Rendite des deutschen Aktienindex DAX nachzubilden. Dieser Entscheidung mögen unterschiedliche Überlegungen vorausgehen. So könnte der Anleger ganz grundsätzlich daran zweifeln, dass es auf Dauer möglich sein sollte, mit irgendeiner Art von Aktienmanagement eine, insbesondere nach Kosten, höhere Rendite zu erwirtschaften als jene, die der reinen

DAX-Entwicklung entspricht. Argumente, die für oder gegen diese Entscheidung sprechen, sollen an der Stelle nicht weiter verfolgt werden, gehören sie doch in den Kontext der modernen Kapitalmarkttheorie. Die andere Überlegung, die den Anleger dazu veranlasst haben könnte, sich für ein Passivmanagement zu entscheiden, wäre, dass er zwar grundsätzlich daran glaubt, dass bestimmte Formen aktiven Managements eine schließlich bessere Rendite als die DAX-Entwicklung abwerfen könnten. Im Weiteren mag er aber sich selbst außerstande sehen, solche Vermögensverwalter zu finden und zu identifizieren, die dazu in der Lage wären. Allerdings könnte er sich dann wie zuvor schon beschrieben, vom Gedanken leiten lassen, einen externen Berater hinzuzuziehen, der ihm bei der Auswahl eines geeigneten aktiven Vermögensverwalters behilflich sein könnte.

Da bAV-Anleger wie auch Anleger anderer Bereiche den Markt der aktiven Vermögensverwalter aus Gründen des damit verbundenen Aufwands nicht fortlaufend verfolgen und nachhalten, hat sich hier ein Betätigungsfeld für Beratungsfirmen gebildet. Große Unternehmen screenen beispielsweise fortlaufend die unterschiedlichsten Anbieter von Vermögensverwaltungsdienstleistungen in quantitativer wie qualitativer Hinsicht und stellen ihr daraus gewonnenes Know-how Anlegern durch die Nutzung von Datenbanken oder durch Beratungsleistungen zur Verfügung.

Im aktiven Management soll in Abgrenzung zum passiven Management vorrangig eine nachhaltig höhere Rendite erwirtschaftet werden als dies in der reinen Indexentwicklung zum Ausdruck kommt. Es kann allerdings auch um eine höhere risikoadjustierte Rendite gehen, mithin um ein gegenüber dem Index relativ günstigeres Rendite-Risiko-Profil. Kern aktiven Managements ist damit notwendigerweise eine Analyse der Unternehmen und des Marktes, aus denen sich der Index bildet. Mit anderen Worten geht es um Informationsbeschaffung und -auswertung sowie sich darauf gründende aktive Investmententscheidungen im Zuge der Portfoliokonstruktion. So könnte die Analyse dazu führen, bestimmte Bestandteile des Index bei der Anlage ganz zu meiden oder auch einzelne Indexbestandteile innerhalb des Portfolios relativ über- bzw. unterzugewichten.

Es liegt auf der Hand, dass der hinsichtlich Informationsbeschaffung und -analyse verbundene höhere Aufwand im aktiven Management im Vergleich zum passiven Management zu höheren Kosten führt.

Anlagevehikel: Publikumsfonds vs. Spezialfonds
Publikumsfonds stellen letztendlich gepoolte Vermögen unterschiedlicher Anleger dar, die nach im Verkaufsprospekt dokumentierten Anlagerichtlinien verwaltet werden. Für bAV-Anleger sind Publikumsfonds ein Vehikel, um eine angestrebte externe Vermögensverwaltung, gegebenenfalls auch nur für ein spezifisches Anlagesegment des Gesamtvermögens, effizient umzusetzen.

Anbieter von Publikumsfonds stellen zunehmend auch für einen einzelnen Fonds unterschiedliche, sogenannte Anteilsklassen, zur Verfügung, die sich beispielsweise in der Höhe der angesetzten Verwaltungskosten unterscheiden. Ein bAV-Anleger, der gegebenenfalls ein von vornherein höheres Vermögen zur Anlage mitbringt, hat dann die Möglichkeit, in eine kostengünstigere sogenannte institutionelle Anteilsklasse zu investieren. Die damit zusammenhängenden Mindestvolumina differieren je nach Anbieter des Fonds, aber auch nach der zugrunde liegenden Anlageklasse und kann von 200.000 EUR bis zu 1 Mio. EUR und höher an Mindesteinlage reichen.

bAV-Anleger, die spezifische Vorgaben mit der Etablierung eines Vermögensverwaltungsmandats verbinden, haben auch die Möglichkeit, einen auf ihre Bedürfnisse zugeschnittenen **Spezialfonds** zu implementieren. Im Gegensatz zum Publikumsfonds kann der bAV-Anleger nun mit dem Verwalter des Spezialfonds insbesondere die Kostensituation individuell verhandeln. Die Auflage eines Spezialfonds setzt allerdings gewisse Mindestvolumina voraus, die je nach Anlageklasse im Mittel zwischen 20 und 50 Mio. EUR liegen.

Bezogen auf die reinen Vermögensverwaltungskosten ist ceteris paribus davon auszugehen, dass die Vermögensverwaltungskosten im Spezialfonds relativ niedriger liegen als in der institutionellen Anteilsklasse eines Publikumsfonds.

Einen relativ günstigen Zugang zur Vermögensverwaltung bieten im Publikumsfondssegment auch die sogenannten Exchange Traded Funds als börsengehandelte Indexfonds. Die Vermögensverwaltungsgebühren liegen hier deutlich unter den Verwaltungsgebühren aktiv verwalteter Publikumsfonds. Allerdings gilt es für den Anleger zu berücksichtigen, dass es sich hier um Anlageprodukte handelt, die wie im vorigen Abschnitt vorgestellt einem passiven Anlagemanagementstil im Sinne einer Indexabbildung folgen (vgl. Tab. 2.1).

In Deutschland ist es seit Einführung des Investmentmodernisierungsgesetzes in 2004 verpflichtend, für Publikumsfonds eine sogenannte Gesamtkostenquote – abgekürzt mit

Tab. 2.1 Mittlere indikative Bandbreiten der Verwaltungskosten in Basispunkten (BP) für ausgewählte aktive Mandate und Größen sowie Indikationen für passives Management am Beispiel von Kostenbandbreiten im Bereich von ETFs. (Quellen: The Boston Consulting Group, Mercer Deutschland, dbxtrackers, i-shares, Source, UBS, Lyxor, eigene Berechnungen); ein Basispunkt entspricht 0,01%

Anlageklasse	Bandbreite (BP) aktiv	Volumen (in Mio. €)	Bandbreite (BP) passiv
Euro Staatsanleihen	15–25	100	10–15
Euro Unternehmensanleihen	20–30	100	10–20
Globale Unternehmensanleihen	25–35	100	15–20
Schwellenländeranleihen	35–50	100	30–40
Globale Anleihen High Yield	40–55	100	35–45
Wandelschuldverschreibungen	40–65	100	30–45
Globale Aktien	45–70	100	25–35
Aktien Europa	35–55	100	15–30
US Aktien	45–70	100	25–35
Aktien Schwellenländer	50–70	100	40–55

„TER" auch als Total Expense Ratio bezeichnet – auszuweisen. Bei der Ermittlung der TER werden alle dem Fonds zuzuordnenden Kosten, ausgenommen Handelskosten und Kosten im Zusammenhang mit dem Erwerb oder Verkauf des Fonds, zum Nettoinventarwert ins Verhältnis gesetzt. Der Anleger erhält damit eine erste Indikation, ob sich ein Fonds relativ teuer oder günstig darstellt. Ein abschließendes Urteil sollte jedoch insbesondere berücksichtigen, welche Anlageklasse zugrunde liegt und wie hoch das Fondsvolumen überhaupt ausfällt, da dies die Höhe der TER maßgeblich beeinflusst.

Höhe des verwalteten Vermögens
Die Kosten für reine Verwaltungstätigkeit sinken relativ mit der Höhe des unter Verwaltung genommenen Vermögens. In der Regel werden in den Verwaltungsverträgen auch bereits vorsorglich Staffeln vereinbart, die zu relativ niedrigeren Verwaltungskosten führen, wenn das verwaltete Vermögen bestimmte Grenzen überschreiten sollte. Anleger sollten dabei allerdings auf die Struktur der Staffelmodelle achten. Bei einer sogenannten „echten Staffel" (auch amerikanische Staffel genannt) werden die nächst niedrigeren Gebührensätze dann jeweils auch nur auf die Vermögensteile berechnet, welche eine vereinbarte Staffelgrenze übersteigen. Bei einer „unechten Staffel" werden die Gebührensätze, die bei Überschreiten einer Staffelgrenze neu in Ansatz gebracht werden, auf das gesamte verwaltete Vermögen bezogen.

2.3.4 Transaktionskosten

Während die in einem Verwaltungsvertrag festgelegten Kosten für die reine Vermögensverwaltung ex ante transparent und kalkulierbar sind, auch wenn sie eine performanceabhängige Komponente beinhalten, sind Transaktionskosten eher intransparent und können im Grunde erst ex post gemessen und beurteilt werden.

Dabei ist diese Position nicht alleine vom Umfang und der Höhe von Transaktionen an sich abhängig. Es treten hier noch weitere Komponenten mit hinzu, die strukturell spezifisch und in der Höhe nicht notwendigerweise eindeutig sind.

Zunächst einmal treten ex post explizite und ausgewiesene Kostenpositionen **im Sinne einer direkten Belastung des Anlegers** auf, die nachprüfbar und dokumentiert sind. Hierzu zählen etwa die Depotbankgebühren, welche die Depotbank für den mit dem Handel verbundenen Aufwand für Buchung und Abwicklung erhält, anfallende Brokergebühren für die Ausführung der Transaktion am Markt (z. B. an der Börse) oder sonstige Gebühren wie bspw. möglicherweise anfallende Stempelsteuern beim Erwerb bestimmter ausländischer Wertpapiere oder eine länderabhängige Finanztransaktionssteuer, wie sie bspw. in Frankreich erhoben wird.

Zusätzlich zu diesen expliziten Kosten können aber auch noch **implizite Kostenpositionen** hinzutreten, die etwa aus Market Impact-Kosten und Wartekosten resultieren oder in Opportunitätskosten (etwa im Zusammenhang mit der Ausführung oder Nichtausführung von Limit-Orders) bestehen können. Der Market Impact beispielsweise ist dabei konkret schwer kalkulierbar, da nicht nur ex ante nicht bekannt, sondern auch ex post nur näherungsweise bestimmbar, indem etwa Kurse bei Ausführung und Kurse bei Ordererteilung gegenübergestellt werden. Man unterscheidet einen temporären Market Impact von einem sogenannten informationsinduzierten Market Impact. Wartekosten werden demgegenüber durch die Zeit zwischen Anlageentscheidung und Ordererteilung induziert.

Transaktionskosten im Aktienbereich sind von denen im Rentenbereich zu unterscheiden. In einigen relativ breit angelegten Studien im Bereich Aktien zeigte sich eine fortlaufende Reduzierung der Umsatzprovisionen der Depotbanken bis in den Bereich von etwa 5 Basispunkten, während Brokergebühren zwischen 10 und 15 Basispunkten lagen. Inklusive impliziter und sonstiger Kosten werden die Gesamtkosten in den jüngeren Studienergebnissen in den Bereich von 40 bis 45 Basispunkten taxiert, wobei ein relativ hoher Anteil durch Market Impact induziert ist. Diese „Einweg"-Kosten sind so zu interpretieren, dass sich für ein Portfolio dieser Wert verdoppelt, wenn die Anlage in einem Jahr etwa einmalig, das heißt zu 100 % umgeschlagen wird.

Im Rentenbereich setzen sich die Transaktionskosten im Wesentlichen aus den Provisionskosten für die Depotbank und den effektiven Geld-Brief-Spannen zusammen. Letztere können näherungsweise berechnet werden, indem der Ausführungskurs einer Transaktion in das Verhältnis von Quotierungen unterschiedlicher Broker gesetzt wird. Die Geld-Brief-Spanne macht ein Mehrfaches der Depotbankprovisionen aus. In früheren Studien wurden Depotbankprovisionen in Höhe von etwa 1 Basispunkt und effektive Geld-Brief-Spannen von über sechs Basispunkten gemessen.

2.3.5   Kosten externer Dienstleister

2.3.5.1 KVG und Master-KVG

Eine KVG kommt als externer Dienstleister immer dann ins Spiel, wenn der Anleger sich organisatorisch darauf verlegt, das zu investierende Vermögen in Form eines inländischen oder EU-Investmentvermögens bzw. in Form eines Alternativen Investmentfonds gemäß der einschlägigen Vorgaben des Kapitalanlagegesetzbuches verwalten zu lassen. Insbesondere die zuvor erwähnten Spezialfonds und Publikumsfonds bedürfen einer sie administrierenden KVG.

Die Dienstleistung der KVG kann in der Erbringung unterschiedlicher Serviceleistungen bestehen, wozu insbesondere die Administration (Buchhaltung etc.) gehört, zu welcher aber auch die originäre Vermögensverwaltung zählen kann.

Wir wollen uns im Folgenden hinsichtlich der Gebührenfrage allerdings vornehmlich auf das Thema der Administration beschränken. Denn soweit Vermögensverwaltungs-Leistungen seitens der KVG erbracht werden, können wir hier auf Abschn. 2.3.3 verweisen.

Die **administrativen Leistungen einer KVG** erschöpfen sich bei Weitem nicht in der einfachen Buchführung in dem Sinne, durchgeführte Transaktionen von Finanzinstrumenten zu erfassen und zu dokumentieren bzw. den Anlagebestand zu verbuchen.

Tatsächlich geht der angebotene und teils auch eingeforderte Service von Anlegerseite weit darüber hinaus. So schließt die Prozesskette die Organisation des Handels und der Buchhaltung für die Kapitalanlage ein, besteht aber insbesondere auch in einer Ex-ante-Risikomessung sowie laufenden Risikoüberwachung eines Portfolios. Schließlich ist das maßgeschneiderte Reporting für den Anleger zu nennen bzw. in gegebenem Falle ein Reporting gemäß den Anforderungen der Aufsichtsbehörde, also gemäß entsprechender Melde- und Berichtsformate.

All dies setzt bei der KVG auf technischer Ebene umfängliche Leistungsbausteine voraus. Im Kontext der Risikokontrolle notwendig werdende umfangreiche Berechnungen werden in einzelnen Modulen abgebildet, welche ihrerseits die unterschiedlichen Marktrisiken mit Blick auf Zinsen und Spreads, Aktien-, Kredit- und Währungsrisiken etc. einbinden müssen.

Ex post kommt selbstverständlich einem aussagekräftigen Reporting zur Performance eine zentrale Rolle zu. Diese erschöpft sich nicht allein in der Messung von Renditeergebnissen und einer Kontributionsanalyse. Vielmehr sind auch unterschiedlichste Risikokennzahlen notwendig, um den Anleger in die Lage zu versetzen, sich ein genaues Bild über die Situation des Portfolios und der Portfoliosteuerung zu machen.

Insgesamt verlangt dies eine umfangreiche Systemarchitektur, die in aller Regel von einem einzelnen Anleger kaum mehr vorgehalten werden kann und selbst die Kapitalverwaltungsgesellschaften vor immense organisations- und investitionstechnische Herausforderungen stellt und gestellt hat.

Seit mehr als einem Jahrzehnt haben sich spezialisierte Serviceanbieter am Markt etabliert, deren Angebot darin besteht, bisher unterschiedliche und bei gegebenenfalls diversen Administratoren (KVGen) geführte Sondervermögen administrativ unter einem Dach zu bündeln. Dieser Service hat sich dabei häufig aus einer traditionellen KVG heraus entwickelt, als zunächst erweiterter Servicebaustein. Eine solche sogenannte Master-KVG aggregiert damit die Einzelbausteine einer Anlage zu einem Ganzen. Der Vorteil für die Investoren liegt unmittelbar auf der Hand. Zum einen gewinnt der Investor in einem einheitlich gestalteten Reporting einen Komplettüberblick über seine portfoliotechnische Gesamtsituation, bspw. im Hinblick auf seine durchgerechnete Asset Allokation. Zum anderen – und dies ist ein gar nicht hoch genug einzuschätzender Faktor bei komplexen Anlagestrukturen – erhält der Anleger durch ein integriertes Risikocontrolling, das über alle einzelnen Teile der zusammengebundenen Anlagen hinweggeht, einen zeitnahen Überblick zu seiner Risikosituation im Gesamten. Innerhalb komplexer Anlagestrukturen wird erst auf diese Weise eine angemessene Risikosteuerung möglich.

Das Serviceangebot im Bereich der Master-KVGen kann bestimmte Add-ons umfassen, die sich eben auf dem besonderen Umstand gründen, dass verschiedene Anlagesegmente einer Anlage gebündelt werden. Ein Zusatzservice kann etwa ein Overlay-Management sein, in welchem das Risiko einer bestimmten Anlageart für sich gesteuert wird, ohne dass davon die Manager, welche als Spezialisten einzelne Mandate innerhalb dieser Anlageart verwalten, direkt betroffen wären. Beispiel: Innerhalb eines Master-Fonds werden in jeweiligen Segmenten Renten und Aktien verwaltet. Der

Bereich Aktien zerfällt nochmals in spezialisierte Mandate, etwa europäische sowie amerikanische Aktien und ein Schwellenländerengagement. In den drei Aktiensegmenten sind drei spezialisierte Manager eingesetzt. Im Rahmen des Overlay-Managements kann nun das Gesamtaktienrisiko gesteuert werden, indem die Nettoaktienquote über den Einsatz von Derivaten erhöht oder vermindert wird. Das Engagement der einzelnen Manager, die für sich ihre jeweiligen Kauf- und Verkaufsentscheidungen hinsichtlich einzelner Aktien umsetzen und daraus resultierend ihre eigenen Bestände vorhalten, wird dabei nicht beeinflusst.

Hinsichtlich der Kostenseite ist es auf der Master-KVG-Ebene nach einem über viele Jahre anhaltenden Trend nach unten mittlerweile zu einer Trendumkehr gekommen, wobei sich die Angebote auf einem bestimmten Niveau einzupendeln scheinen. Als indikative Bandbreite für eine standardisierte KVG- und Master-KVG-Lösung kann hier der Bereich von 3–5 Basispunkten genannt werden.

2.3.5.2 Depotbank

Das durch eine KVG oder Master-KVG administrierte und verwaltete Sondervermögen wird nicht bei der KVG selbst, sondern bei einer von ihr unabhängigen Stelle, der sogenannten Depotbank, verwahrt. Gewisse Schnittmengen in einzelnen Services, vor allem beim Reporting, zwischen der KVG auf der einen Seite sowie der Depotbank bzw. einem Global Custodian auf der anderen Seite haben sich in den zurückliegenden Jahren in dem Zuge herausgebildet, indem KVGen bestrebt waren, ihr eigenes Servicespektrum im Wettbewerb der KVGen untereinander zu erweitern.

Hinsichtlich der Kostensituation im Depotbankbereich kann von einer indikativen Größenordnung von 2 bis 4 Basispunkten ausgegangen werden.

2.3.6   Kostenbetrachtung im Zeitablauf

Die vorigen Ausführungen machen deutlich, dass es eine Vielzahl von Differenzierungsmerkmalen gibt, die zu unterschiedlichen Kostensituationen führen können. So ist klar geworden, dass Managementkosten beispielsweise von der konkreten Beschreibung des Mandats bzw. vom Investmentmix (Anlageklasse und Zusammensetzung des Portfolios), vom Anlagestil wie auch vom Volumen und der Umsetzung des unter Verwaltung genommenen Vermögens abhängen.

Die Höhe der Kosten eines konkreten Mandates kann ausgehend von der Normierung als Prozentangabe mit den Kosten einer passenden Benchmark/Peergroup verglichen werden. Sinnvoll ist es dann allerdings, die Investmentkosten und Benchmarkkosten nicht nur für eine einzelne (kurze) Periode zu vergleichen, wobei üblicherweise ein (Kalender-)Jahr zugrunde gelegt wird. Vielmehr bietet es sich an, Investment- und Benchmarkkosten auch für verschiedene, insbesondere auch längere Perioden gegenüberzustellen. Denn auftretende Kosten korrespondieren unmittelbar mit der gewählten

Strategie bzw. der Portfoliozusammensetzung. Hier kann aber nun grundsätzlich von einer aktiven Entscheidung des Anlegers zugunsten dieser bestimmten Strategie ausgegangen werden, etwa um ein definiertes Performanceziel zu erreichen oder ein bestimmtes Rendite-Risiko-Profil in der Anlage abzubilden.

Auf der Performanceebene vergleicht man aus guten Gründen tatsächliche Ergebnisse auf der Anlageebene mit einem korrespondierenden Benchmarkverlauf für unterschiedliche und durchaus auch längerfristige Perioden sowie einzelne Intervalle. Denn ein mit der gewählten Investmentstrategie angestrebter Vorteil mag sich erst im Zeitablauf einstellen, möglicherweise im Zuge des Ablaufs eines Konjunkturzyklus ergeben oder an ein bestimmtes Marktumfeld gekoppelt sein. In gleicher Weise wie dann hinsichtlich des Vergleichs von Performanceergebnissen unterschiedliche Zeitfenster angesetzt werden, sollte dies im Zuge eines Vorteilhaftigkeitsvergleichs dann auch auf der Kostenebene erfolgen.

2.3.7 Kosten im Kontext der Ergebnissituation

In der Praxis werden Performanceergebnisse auf der Investmentebene oftmals auch nach Verrechnung aller Kostenbestandteile, sozusagen als Nettoergebnis, berichtet. Der Vorteil für den Anleger ist, dass man hier unmittelbar ablesen kann, was sich ergebnistechnisch auf der Habenseite niedergeschlagen hat. Denn völlig nachvollziehbar ist, dass den Anleger genau diese Information zunächst einmal vorrangig interessieren mag, um sich ein Urteil zum „echten" Anlageerfolg zu bilden.

Es ist dann lediglich eine Frage nach der Ergebnisattribution, ob und inwieweit es von weiterführendem Interesse ist, alle Komponenten zu untersuchen, die zu dem abschließenden Ergebnis nach Kosten geführt haben, sodass die Zerlegung in Gestalt der Ergebnisattribution im Sinne einer Beitragsanalyse eben noch einen Schritt weitergeht und aufschlüsselt, welche Bestandteile neben der gewählten Allokation auf Ebene der einzelnen Anlageklassen (Aktien, Renten, Liquidität etc.), der Selektion auf Titelebene usw. eben auch auf der Kostenseite zum schlussendlich festzustellenden Nettoergebnis geführt hat. Auch in Bezug auf die Beurteilung einer Portfoliomanagementleistung kann es Sinn machen, gewisse Kostenarten einzubeziehen, andere aber bewusst auszuklammern. So beeinflussen Kosten, die im Zusammenhang mit der Implementierung eines Mandates auftreten durchaus das Gesamtbild. Zur Beurteilung der Portfoliomanagementqualität sollten sie aber außen vor bleiben, da der Manager hierauf keinen Einfluss hat.

2.4   Fazit und Ausblick

bAV-Anleger repräsentieren eine wichtige Anlegergruppe in Deutschland. Ihre Charakteristika sind vielgestaltig und facettenreich – und das spiegelt sich auch in den Anforderungen an den Kapitalanlageprozess wider.

Für jeden bAV-Anleger, gleich welchen Durchführungswegs, steht die Erfüllung der Leistungszusage gegenüber dem Arbeitnehmer bzw. Begünstigten im Mittelpunkt. Auf dieses Ziel sind sowohl die Organisation des Anlageprozesses als auch die zum Einsatz kommenden Investmentprodukte ausgerichtet.

Dies verlangt vom bAV-Anleger in Abhängigkeit des gewählten Durchführungsweges unterschiedlich stark detaillierte und gegebenenfalls arbeitsteilige Ausgestaltungen. Mit wachsenden Anforderungen ist die Hinzunahme externer Dienstleister entlang des Anlageprozesses zumindest in Teilkomponenten zwingend, so etwa in der Vermögensverwaltung, der Verwahrung und im Reporting.

Gerade diese Zusatzdienstleistungen, die oftmals als Nebenprodukt der reinen Vermögensverwaltung angeboten werden und denen in der Finanzindustrie eine geringe Wertigkeit zugemessen wird, gewinnen für die bAV-Anleger, die aufsichtsrechtlichen Anforderungen unterworfen sind, rasant an Bedeutung. Als Reaktion der unmittelbar zuständigen Aufsichtsbehörden auf die Finanzkrise führte dies seither zu stetig wachsenden Meldepflichten in Umfang und Granularität sowie Transparenzanforderungen an die zum Einsatz kommenden Anlageinstrumente. Darüber hinaus wächst der Kreis der in dieser Hinsicht Interessierten: Die EZB plant, ab 2019 für bAV-Anleger zusätzliche Meldepflichten einführen. Der Kreis der Berichtspflichtigen wird in Deutschland voraussichtlich über den bisher gegenüber der BaFin Meldepflichtigen hinausgehen.

Dies soll gerade im aktuellen Niedrigzinsumfeld dem Erfolg der Vermögensverwaltung gemessen in absoluter und relativer Rendite nicht die Bedeutung absprechen. In dem für den bAV-Anleger skizzierten Spannungsfeld von Anforderungen ist dieser aber zunehmend auf den Einkauf von die Vermögensverwaltung begleitenden, immer sophistizierteren Reporting-Dienstleistungen angewiesen, um sich dauerhaft ertragreiche Renditequellen kostengünstig erschließen zu können.

In der Folge verändert sich für den bAV-Anleger die Kostenstruktur im Anlageprozess von internen zu stärker externen Kostenträgern. Dies muss nicht zwangsläufig bedeuten, dass dadurch die Gesamtkosten der bAV steigen, zumal eine eindimensionale Betrachtung der Kosten ohne die damit einhergehende Ertrags- und Qualitätssteigerung im Anlageprozess zu kurzsichtig wäre.

Literatur

aba – Arbeitsgemeinschaft für betriebliche Altersversorgung e. V (Hrsg) (1988) Handbuch und Entscheidungssammlung zur betrieblichen Altersversorgung – Gesamtausgabe. C.F. Müller, Heidelberg Birgit Uebelhack, Claus-Jürgen Beye, und weitere

Becker M, Funke C, Johanning L, Stemme M (2010) Managementgebühren und Transaktionskosten im institutionellen Asset Management. In: Heinke G, Krämer W, Nürk B (Hrsg) Handbuch Investmentfonds für institutionelle Anleger. Uhlenbruch, Bad Soden, S 857–883

Haferstock B et al. (2008) Performancemessung und -darstellung in der betrieblichen Altersversorgung. BetrAV 2008(5/6)

Haferstock B, Hilka A, John O, Nellshen S, Schütze M, Thurnes G (2012) Kapitalanlage in der betrieblichen Altersversorgung. C.F. Müller, Heidelberg

Hilka A, Schmid C, Thurnes G (2014) „Betriebliche Altersversorgung im Niedrigzinsumfeld: Auswirkungen und zukunftsfähige Regulierung". BetrAV 2014(6):497

Mercer (2014) Global Asset Manager Fee Survey

Schwind J (2016) Die Deckungsmittel der betrieblichen Altersversorgung in 2014. BetrAV 2016(4):350

Telos GmbH (2015) Die Master-KVG – Aktuelle Entwicklungen auf dem deutschen Spezialfondsmarkt aus der Sicht von Anbietern, Asset Managern und Investoren 2015/2016. Telos GmbH, Wiesbaden

The Boston Consulting Group (2013) Global Asset Management 2013 – Capitalizing on the Recovery

Über die Autoren

Bernd Haferstock Diplom-Mathematiker und Aktuar DAV, ist Managing Partner bei der Habbel, Pohlig & Partner Vermögensverwaltung, Wiesbaden, und begleitet seit mehr als 20 Jahren institutionelle Anleger bei der strategischen Planung und Umsetzung der Vermögensverwaltung.

Andreas Hilka ist seit 01.07.2016 Mitglied des Vorstands für den Bereich Asset Management der Pensionskasse der Mitarbeiter der Hoechst-Gruppe VVaG und der Höchster Pensionskasse VVaG sowie externes Mitglied des Global Pension Investment Committees der Sanofi SE. Er hat einen Abschluss als Diplom-Wirtschaftsingenieur der TU Darmstadt und mehr als 21 Jahre Berufserfahrung im Bereich Asset Management und Altersvorsorge. Herr Hilka leitet seit 2005 den Fachausschuss Kapitalanlage der aba.

Herwig Kinzler ist Partner und der Leiter von Mercers Invest-
ments-Aktivitäten in Central Europe. Zuvor war er von 1999 bis
2003 verantwortlich für den Bereich Asset Consulting von Towers
Perrin in Deutschland. Herr Kinzler hat einen Abschluss als Dip-
lom-Wirtschaftsmathematiker von der Universität Ulm.

Die **aba Arbeitsgemeinschaft für betriebliche Altersversorgung e. V.** ist der deutsche Fachverband für alle Fragen der betrieblichen Altersversorgung in der Privatwirtschaft und dem öffentlichen
Dienst. Die Autoren gehören dem Fachausschuss Kapitalanlage der aba an. Die aba vereinigt mit
ihren ca. 1100 Mitgliedern Unternehmen mit betrieblicher Altersversorgung, Versorgungseinrichtungen, versicherungsmathematische Sachverständige und Beratungshäuser, Arbeitgeberverbände und
Gewerkschaften sowie Versicherungen, Banken und Investmenthäuser. Satzungsgemäß setzt sich
die aba neutral und unabhängig vom jeweiligen Durchführungsweg für den Bestand und Ausbau der
betrieblichen Altersversorgung ein http://www.aba-online.de.

Versorgungslücken in der deutschen Alterssicherung und die Notwendigkeit einer effektiven Ergänzung

3

Diether Döring

Einleitung

Jahrzehntelang herrschte in Deutschland die Vorstellung, wir verfügten über ein im internationalen Vergleich sehr leistungsstarkes Alterssicherungs-, insbesondere Rentensystem. Dies auch im Vergleich mit anderen europäischen Wohlfahrtsstaaten. Diese Vorstellung hat ihren Ursprung vermutlich in zwei Vorgängen (vgl. zum Folgenden u. a. Döring 1997, Kap. 1 und 2014, S. 11–28). Einerseits in der historischen Vorreiterrolle, die Deutschland am Ende des 19. Jahrhunderts bei der Einführung der Sozialversicherung in Europa gespielt hat. Es hat damals seine gesetzliche Pflichtrentenversicherung früher als andere Länder eingeführt. Das Konzept wurde im Ausland zum Teil regelrecht „kopiert". Zum Zweiten dürfte die für das heutige System immer noch prägende Reform der Adenauer-Ära (1956/57) mit der Einführung der „dynamischen Rente" eine Rolle spielen. Mit ihr wurden die laufenden Renten wie auch die Anwartschaften der Versicherten schlagartig um durchschnittlich mehr als 60 % angehoben. Damit wurde die gesetzliche Rentenversicherung in Deutschland zu einem relativ leistungsstarken System.

Dieser „große Sprung" des Systems war vermutlich nur möglich infolge des enormen Wirtschaftswachstums in der Wiederaufbauzeit („Wirtschaftswunder"), hatte einen starken Antrieb aber auch in der Konstellation des politischen und wirtschaftlichen Systemwettbewerbs zwischen Ost und West. Dieser zwang die (alte) Bundesrepublik, ein stärkeres sozialstaatliches Profil auszuprägen, was zugleich zu einer Grundlage ihrer Legitimation wurde. Zudem war der „politischen Klasse" der 50er Jahre noch die Erfahrung mit dem Zusammenbruch der Weimarer Demokratie präsent, zu der neben anderen Faktoren auch ein massiver Abbau der Sicherungssysteme im Zuge der

D. Döring (✉)
Europäische Akademie der Arbeit in der Universität Frankfurt/Main,
Frankfurt am Main, Deutschland
E-Mail: d.doering@em.uni-frankfurt.de

© Springer Fachmedien Wiesbaden GmbH 2017
U. Rieken et al. (Hrsg.), *Kostentransparenz im institutionellen Asset Management*,
DOI 10.1007/978-3-658-12832-6_3

Weltwirtschaftskrise beigetragen hatte. Darüber hinaus versuchte die Regierung Adenauer, die durch Inflation/Währungsreformen, Zerstörungen, Vertreibungen vielfach eingetretenen Verluste bei Vermögenswerten und kapitalgedeckten Sicherungen (Lebensversicherungen, Betriebsrentensystemen etc.) zu kompensieren.

Aber: Die bisherige Vorstellung von der besonderen Leistungsstärke des deutschen Rentensystems hält heute keiner Prüfung mehr stand, schon gar, wenn man die Perspektiven der **jüngeren** Beschäftigten zum Maßstab macht. Vergleiche auf Basis von Modellberechnungen belegen inzwischen, dass die Alterssicherung in Deutschland bei der Lebensstandardsicherung – legt man den aktuellen Rechtsstand zugrunde – deutlich hinter vergleichbare europäische Länder zurückgefallen ist und somit aus der Spitzenliga europäischer Alterssicherungssysteme abgestiegen ist. Sie weist im Gegenteil beachtliche Versorgungslücken auf.

3.1 Systemlogiken europäischer Alterssicherungssysteme im Vergleich

Hier werden fünf ausgewählte Länder – Deutschland, Großbritannien, Frankreich, Niederlande und die Schweiz – betrachtet, die deutlich unterschiedliche Ansätze in der Alterssicherung verfolgen, aber auch Gemeinsamkeiten aufweisen (vgl. hierzu im Folgenden Tab. 3.1). Alle verfügen über ein staatlich organisiertes, durchweg umlagefinanziertes, „Kernsystem". Auf diesem setzen ergänzende – in aller Regel kapitalgedeckte – Zusatzsicherungssysteme auf. Bei den Kernsystemen der ersten Säule gibt es Länder, die bei der Leistungsformel eher dem Lebensstandardsicherungsprinzip folgen (Deutschland, Frankreich, mit starken Einschränkungen auch die Schweiz). Die Versicherungs- und Beitragspflicht knüpft hier typischerweise an das abhängige Beschäftigungsverhältnis an, kann aber auch andere Elemente zugrunde legen (so in der Schweiz). Beiträge werden lohngebunden entrichtet und Renten an Lohnhöhe und Versicherungsdauer gebunden. Ein solcher Ansatz wird gern – historisch nicht sonderlich korrekt – als „bismarcktypisch" bezeichnet. Andere (Großbritannien, Niederlande) beschränken sich eher auf eine Basissicherung, die ein in der Regel für den durchschnittlichen Lebensunterhalt ausreichendes Minimum gewährleisten soll. Die gezielte Lebensstandardsicherung wird hier ganz oder doch weitgehend nichtstaatlichen Akteuren – Tarifparteien, Betrieb, Individualvorsorge etc. – überlassen. Dieser Ansatz wird, anknüpfend an den britischen Reformplan von 1942, den William H. Beveridge maßgeblich prägte, gern als „beveridgetypisch" bezeichnet.

Deutschland hat unter diesen Ländern in mehrfacher Hinsicht eine Sonderstellung. Zum einen kann man über alle europäischen Alterssicherungen hinweg feststellen, dass es eine Gemeinsamkeit insofern gibt, als Versicherte mit niedrigem Verdienst eine Aufwertung bei den Rentenansprüchen erhalten. Dies gilt jedoch nicht für den deutschen Fall. Hier gibt es keine allgemeine Mindestrenten-, Grundbetragslösung oder Aufwertungsregelung mehr. (Anm.: Das deutsche Gründungssystem von 1889 kannte

Tab. 3.1 Zur Kombination von Kern- und Zusatzversicherung in ausgewählten europäischen Ländern. (Quelle: Döring 2015)

	Kernsystem		(betriebliche) Zusatzsicherung	
	Typ	Personenkreis	Verpflichtungsgrad	Personenkreis
D	Einkommens-bezogene Rentenversicherung (Lebensstandardkonzept)	Arbeitnehmer	Überwiegend freiwillig	Vorrangig Arbeitnehmer
GB	Basis-Rentenversicherung	Erwerbstätige	Obligatorisch mit Wahlmöglichkeit; aktuell schrittweise Einführung einer flächendeckenden BAV (m. Ausstiegs-Option)	Vorrangig Arbeitnehmer
NL	Basis-Rentensystem	Alle Einwohner (universell)	Quasi-Obligatorium (allgemein verbindliche Tarifverträge)	Vorrangig Arbeitnehmer
F	Gemischte Rentenversicherung (Lebensstandardkonzept + Mindestsicherung)	Arbeitnehmer (Erwerbstätige)	Obligatorisch	Vorrangig Arbeitnehmer
CH	Gemischte Rentenversicherung (Lebensstandardkonzept + Mindestsicherung)	Alle Einwohner (universell)	Obligatorisch	Vorrangig Arbeitnehmer

lohnunabhängige Grundbeträge, auf die die von Beitragsdauer und Lohnhöhe abhängige Rente aufbaute; das Sozialversicherungs-Anpassungsgesetz des Wirtschaftsrates von 1948/1949 führte zusätzlich eine Mindestrentenlösung ein; beide Elemente wurden mit der Einführung der „dynamischen Rente" 1956/1957 eliminiert; vgl. u. a. Döring 1997). Auch die sogenannte „Rente nach dem Mindesteinkommen", später „Rente nach Mindestentgeltpunkten" läuft seit 1991 aus. Es gibt noch eine Aufwertungsregelung für Kindererziehende (Döring 2004/2014).

Zum anderen ist Deutschland auch bei der Zusatzsicherung unter den hier betrachteten Ländern ein Sonderfall: Die zusätzliche Sicherung ist bei uns in aller Regel freiwillig, während sie in allen anderen hier betrachteten Ländern gesetzlich verpflichtend oder „quasi-obligatorisch" ist, (d. h. auf flächendeckenden allgemein verbindlichen Tarifverträgen beruht). Wichtige Ausnahmen von der Freiwilligkeit bilden in Deutschland der öffentliche Sektor und die Bauwirtschaft.

Ein weiterer Punkt, in dem sich diese fünf Länder erheblich unterscheiden, betrifft die Finanzierung. Zwar finanzieren alle genannten Länder ihre Kernsysteme durch Beiträge. Dabei sind jedoch die Bemessungsgrundlage und die Verteilung der Beitragspflicht auf Arbeitnehmer und Arbeitgeber unterschiedlich. Im niederländischen System wird z. B. der Beitrag an die Einkommensteuer angelehnt, erfasst also mehr oder weniger alle Einkünfte (und Einwohner), ist also „universell". Da zusätzlich die Beziehung der Beiträge zur Höhe der Rentenleistung kaum gegeben ist, kann man diesen Beitrag durchaus als „steuerähnlich" einstufen. Auch die Schweizer AHV steht einer solchen Lösung nahe. Sie erhebt ebenso erwerbseinkommensbezogene Beiträge wie auch solche von Vermögenseinkünften. Die britische Basispension stellt eine Erwerbstätigenpflichtversicherung dar. Im deutschen Rentensystem sind dagegen im Wesentlichen nur abhängig Beschäftigte (ohne Beamte) sowie einige Gruppen von Selbstständigen versicherungspflichtig.

3.2   Rentenniveau ausgewählter europäischer Pflichtsysteme im Vergleich

Neue Modellberechnungen der OECD (vgl. zum Folgenden OECD 2015, Part II, Kap. 6, insbes. S. 135–146) erlauben es, die Leistungsniveaus der Alterssicherungssysteme der ausgewählten Länder in Bezug auf das Sicherungsniveau zu vergleichen. Die folgende Tab. 3.2 zeigt die zu erwartenden Brutto-Einkommensersatzraten für die ausgewählten fünf Alterssicherungssysteme. Dabei sind nur die obligatorischen oder „quasi-obligatorischen" Elemente mit einem Erfassungsgrad von mindestens 85%, nicht aber die freiwilligen Zusatzsysteme einbezogen. Es geht also darum, worauf erwerbstätige Beitragszahler verbindlich zählen können. Daraus folgt, dass in Deutschland lediglich die gesetzliche Rentenversicherung („GRV") einbezogen werden kann. Sondersysteme für Beamte bzw. solche speziell für den öffentlichen Sektor werden in keinem der Länder betrachtet.

Die Brutto-Ersatzraten sind auf Basis des Rechtsstandes 2014 – einschließlich bereits beschlossener, aber erst schrittweise wirksam werdender Regelungen – berechnet. Errechnet werden auf diese Weise die Altersversorgungsansprüche, die ein 20-jähriger Berufsanfänger, beginnend in 2014, während seines gesamten Arbeitslebens bis zur jeweiligen abschlagsfrei erreichbaren nationalen Altersgrenze erwirbt. (Anmerkung: Für Berufsstarter im Jahre 2014 ist dies in Deutschland nach heutigem Rechtsstand bereits die 67er-Altersgrenze; aber: da ein Berufsstarter mit 20 Jahren bis zum 65. Lebensjahr bereits 45 Versicherungsjahre erreicht, kann er weiterhin mit 65 ausscheiden.)

Das Ergebnis wird zum Bruttolohn eines vergleichbaren Arbeitnehmers ins Verhältnis gesetzt. Sozialversicherungsbeiträge und Steuern werden weder bei Rentnern noch bei Arbeitnehmern berücksichtigt. Dieses Konzept entspricht dem traditionellen Begriff der Brutto-Rentenniveaus. Bei der Berechnung der Rente wird die jeweilige nationale „Norm- Lebensarbeitszeit" vom 20. Lebensjahr bis zur jeweiligen abschlagsfrei erreichbaren Altersgrenze zugrunde gelegt. Es handelt sich also hier um eine **zukunftsbezogene**

Tab. 3.2 Perspektivische Brutto-Ersatzraten der deutschen Rentenversicherung im Vergleich mit den Pflichtsystemen ausgewählter europäischer Länder.[a] (Quelle: Döring 2015 n. OECD 2015: Pensions at a Glance, Paris, Tab. 6.1 und 6.4)

	Niedriger Verdienst 0,5 Ø		Mittlerer Verdienst 1,0 Ø		Höherer Verdienst 1,5 Ø		
	Brutto-Ersatzra-ten (%)	Rang beim Rentenni-veau	Brutto-Ersatzra-ten (%)	Rang beim Rentenni-veau	Brutto-Ersatzra-ten (%)	Rang beim Rentenni-veau	Regel-alter
D	37,5	5	37,5	4	37,5	3	65 (67)[b]
GB	43,3	4	21,6	5	14,4	5	68
NL	94,0	1	90,5	1	89,3	1	67
F	56,8	2	55,4	2	48,2	2	63
CH	55,7	3	40,2	3	26,8	4	65 M/64 F
Durch-schnitt OECD-34	64,5		52,9		47,8		
Renten-lücke („Pension Gap") der deutschen GRV	27,0		15,4		10,3		

[a]Die Brutto-Ersatzraten sind auf Basis des Rechtsstandes 2014 – einschließlich bereits beschlossener, aber erst schrittweise wirksam werdender Änderungen – berechnet. Errechnet werden die Altersversorgungsansprüche, die ein 20-jähriger Berufsanfänger, beginnend in 2014, während seines gesamten Arbeitslebens bis zur jeweiligen abschlagsfrei erreichbaren nationalen Altersgrenze erwirbt, im Verhältnis zum Bruttolohn eines vergleichbaren Arbeitnehmers. Sozialversicherungsbeiträge und Steuern werden weder bei Rentenempfängern noch bei Arbeitnehmern berücksichtigt. Bei der Berechnung der Rente wird also die jeweilige nationale „Norm-Lebensarbeitszeit" vom 20. Lebensjahr bis zur jeweiligen abschlagsfrei erreichbaren Altersgrenze zugrunde gelegt. Systeme werden bei den OECD-Berechnungen mit Pflichtsystemen gleichgestellt, wenn sie mindestens 85 % der Beschäftigten absichern
[b]Für Berufsstarter im Jahre 2014 gilt in Deutschland bereits die 67er Altersgrenze. Da jedoch ein Berufsstarter im Alter von 20 Jahren bis zum 65. Lebensjahr bereits 45 Versicherungsjahre erreicht, kann er bei gleichem Rechtsstand weiterhin mit 65 ausscheiden (da hier auf einen Berufsstart mit 20 Bezug genommen wird, ist aus derzeitiger Sicht die 2014 beschlossene, aber schrittweise auslaufende Ausstiegsmöglichkeit ab 63 Jahren nach 45 Versicherungsjahren ohne Belang)

Betrachtung, die jedoch auf aktuellen Rechtsständen aufbaut. Dagegen sind die **heute** gezahlten Renten Ergebnis wirtschaftlicher und rechtlicher Entwicklungen in der Vergangenheit und beruhen auf deutlich älteren – überwiegend noch für Versicherte günstigeren - Verhältnissen des deutschen Rentenrechts.

Die Brutto-Ersatzraten werden für die fünf ausgewählten Länder in Tab. 3.2 mit Blick auf verschiedene Einkommensstufen verglichen: für Durchschnittsverdiener nach OECD-Kriterium, Niedrigverdiener (50 % des Durchschnitts) und Gutverdiener (150 % des Durchschnitts). Diese Differenzierung ist notwendig, um ein zutreffendes Bild der Lebensstandardsicherung in den ausgewählten fünf Ländern für Beschäftigungsgruppen mit unterschiedlichem wirtschaftlichem Status zu erhalten. Wegen der in den meisten Ländern vorhandenen ausgeprägten Mindestsicherungskomponenten bzw. Sonderkonditionen für Niedrigverdiener sind in der Regel die Absicherungsgrade bei niedrigeren Arbeitseinkommen in vier der hier betrachteten Ländern deutlich höher als bei mittleren oder höheren Verdiensten. Das gilt in diesem Vergleich nur für Deutschland nicht.

Folgende Befunde verdienen besonders herausgestellt zu werden:

- Bei den **Durchschnittsverdienern** erreicht ein Beschäftigter in Deutschland mit voller Erwerbsbiografie eine Brutto-Ersatzrate von ca. 37,5 % und liegt damit auf Platz 4 in diesem Fünf-Ländervergleich. Nur Großbritannien mit seinem traditionell spartanischen System unterschreitet noch diesen Wert. Alle anderen Länder liegen allerdings deutlich darüber, wofür neben der zumeist eher basissichernden ersten Säule obligatorische oder quasi-obligatorische betriebliche bzw. Branchenzusatzsysteme maßgeblich sind. Die Versorgungslücke nach OECD-Maßstäben liegt für Durchschnittsverdiener im deutschen System bei 15,4 % des zugrunde liegenden Bruttolohns.
- Bei den **Niedrigverdienern** ändert sich das Bild deutlich. Hier rutscht das deutsche Rentensystem bei voller Erwerbsbiografie mit dem Bruttoniveau von wiederum 37,5 % auf den letzten Platz im Fünf-Ländervergleich. Dies erklärt sich u. a. dadurch, dass die gesetzliche Rentenversicherung in Deutschland das zugrunde gelegte Prinzip der strukturellen Äquivalenz gleichermaßen auf höhere und niedrigere Entgelte anwendet und keine Mindestregelung oder Sockelung mehr kennt. (Anm.: Die Vorschrift über die sogenannte „Rente nach Mindestentgeltpunkten", die im deutschen Rentensystem für die Aufwertung der Renten von Niedrigverdienern sorgt [bzw. sorgte], gilt nur für Beitragszeiten vor 1992 und ist deshalb für diese Berechnungen irrelevant.) Es gibt hier zumeist – einschließlich Großbritannien – auf der Ebene der ersten Säule Mindestregelungen, die zu höheren Ersatzraten für Niedrigverdiener führen (Mindestsicherungsklauseln, Grundbeträge, Mindesteinkommensregelungen im Rentensystem etc.). Die Versorgungslücke in Deutschland wächst bei Niedrigverdienern auf 27,0 % des zugrunde liegenden Lohns an.
- Bei den **höheren Verdiensten** schneidet das deutsche Rentensystem mit seiner bruttolohnproportionalen Ausrichtung im Vergleich etwas besser ab. Es erreicht hier immerhin den dritten Rang unter den hier betrachteten Ländern und bleibt damit etwas unter des französischen sowie etwas oberhalb des Schweizer Absicherungsniveaus. Die Versorgungslücke nach OECD-Maßstäben liegt immerhin noch bei 10,3 %.

Der Lebensstandard im Alter ist also in Deutschland für junge Beschäftigte deutlich schlechter abgesichert als z. B. in den Niederlanden, in Frankreich und in der Schweiz. Auffällig ist, dass gerade Niedrigverdiener in Deutschland besonders ungünstig wegkommen. Nur bei den Höherverdienenden erreicht Deutschland einen Mittelplatz. Man könnte also sagen, dass in Deutschland nicht nur das Absicherungsniveau generell niedrig ist, sondern dass auch die sozialpolitische Prioritätensetzung überprüfungsbedürftig ist.

Für die Interpretation der Berechnungsergebnisse ist wichtig, nochmals daran zu erinnern, dass diese nicht auf die Rentenansprüche heutiger Ruheständler bezogen werden, die noch von günstigeren Bedingungen der Vergangenheit profitieren, sondern eine zukunftsbezogene Betrachtung darstellen. Hier wird auf jenes Lebensstandardniveau abgehoben, das das aktuelle Rentenrecht (nach vielen Einschränkungen) jüngeren Beschäftigten für ein volles Arbeitsleben zusagt. Die Berechnungen führen zu dem Schluss, dass in Deutschland für Durchschnittsverdiener eine bedeutende Rentenlücke („Pension Gap"), gemessen am Durchschnitt der OECD-Länder besteht. Die Rentenlücke besteht auf allen Einkommensebenen, die hier betrachtet werden. Bei niedrigen Verdiensten ist sie mit 27,3 % inakzeptabel groß.

3.3 Interpretation der Ergebnisse in Bezug auf die unterschiedlichen Systemprofile der ausgewählten europäischen Alterssicherungen

Die unterdurchschnittliche Position der Durchschnittsverdiener in Deutschland bei den Absicherungsgraden ebenso im Vergleich der ausgewählten Länder wie auch zum OECD-Durchschnitt hängt stark damit zusammen, dass einerseits hier traditionell nur die ersten Säule (Gesetzliche Rentenversicherung) verpflichtend ist, andererseits verschiedene politische Eingriffe diese Säule schrittweise geschwächt haben. Viele Nachbarländer vertrauen dagegen auf eine Zwei- oder Mehrsäulenlogik, die oft verpflichtend gemacht worden ist. Besonderheiten zeigt der britische Fall. Hier ist auf die relativ knappe – noch durch den Beveridgeplan initiierte – Basisrentenversicherung in der Regierungszeit Blairs eine knappe Zweitpension (S2P) gesetzt worden, die durch betriebliche und individuelle Zusatzlösungen ersetzt werden kann. Noch nicht berücksichtigt werden kann, dass gegenwärtig schrittweise eine Betriebsrentenlösung mit verpflichtendem Charakter (mit Opting-Out-Klausel) eingeführt wird (vgl. OECD 2015, S. 369). Den ersten Platz in der Rangliste bei den Alterssicherungsniveaus nimmt das niederländische Zwei-Säulen-System ein, das zwar „unten" eine für Durchschnittsverdiener weniger komfortable lohnunabhängige Basispension bietet, „oben" aber eine überwiegend leistungsdefinierte, vom dortigen System des öffentlichen Dienstes geprägte, starke (kapitalgedeckte) Betriebs- bzw. Branchenrente vorsieht (Tab. 3.3).

Angemerkt sei noch, dass auch breite gesetzliche oder tarifliche Obligatorien nicht immer auf völlig flächendeckenden Lösungen im Zusatzbereich angelegt sein müssen.

Tab. 3.3 Gewicht der Pensionsvermögen in Relation zum BIP (2013). (Quelle: Döring 2015 n. OECD Global Pensions Statistics 2013)		
	Deutschland	6,2
	Großbritannien	100,7
	Niederlande	166,3
	Frankreich	0,4
	Schweiz	119,0
	OECD Ø ungewichtet	36,6

So gibt es z. B. in vielen Ländern Ausnahmen für Geringverdiener. Hier liegen gerade bei eher basissichernd ausgerichteten Staatssystemen die Absicherungsgrade der ersten Säule zum vorangehenden Lohn schon relativ hoch, sodass eine Zusatzsicherungspflicht überflüssig ist (z. B. in der Schweizer AHV oder der niederländischen AOW). Zum Teil gibt es bei diesem Systemtypus auch Grundfreibeträge bei der Beitragserhebung, was jedoch nicht immer zum Ausschluss aus dem Leistungserwerb führt. Zudem ist zu bedenken, dass obligatorische Lösungen zumeist auf ein bestimmtes Mindestlevel von Beiträgen oder Leistungen abgestellt sind und auch „überobligatorische" Elemente kennen. Diese werden in der Regel von betrieblichen Akteuren oder Tarifparteien vereinbart.

Die unterschiedlichen Ansätze haben nicht zuletzt zu drastisch unterschiedlichen Volumina von Anlagevermögen geführt. Hier wird deutlich, dass die sehr großen Volumina nur in jenen hier betrachteten Ländern zustande gekommen sind, die bei der Ausgestaltung des Zusatzbereichs nicht nur auf reine Freiwilligkeit gesetzt haben. Aus dem Rahmen fällt das französische Beispiel. Hier liegt ein Obligatorium im Zusatzbereich vor, gleichzeitig setzt das dortige System auf weitgehende Umlagefinanzierung. Das Volumen des Anlagevermögens hat Bedeutung für die relative Kosteneffizienz, da relative Größe – insbesondere in Verbindung mit Standardisierung – maximale Effizienz ermöglicht. (vgl. hierzu Abschn. 3.5).

3.4 Die künftige Versorgungslücke in Deutschland und der Beitrag der geförderten Zusatzvorsorge bisherigen Typs

In den vorangehenden Abschnitten ist deutlich geworden, dass die gesetzliche Rentenversicherung in Deutschland heute auf allen untersuchten Erwerbseinkommensniveaus Versorgungslücken aufweist. Nun muss man sagen, dass mit den Reformen 2001/2002 und den nachfolgenden Ergänzungen und Korrekturen versucht worden ist, Instrumente einer stärkeren kapitalgedeckten Zusatzsicherung zu schaffen. Dies geschah allerdings vor dem Hintergrund sehr optimistischer Erwartungen bezüglich der auf den Finanzmärkten erzielbaren Erträge, die inzwischen enttäuscht worden sind. Der damalige „Ertragsoptimismus" hat nicht zuletzt die Aufmerksamkeit auch von Fragen der Kosteneffizienz abgelenkt. Auch, wenn die Grundsatzentscheidung richtig war, auf eine

Stärkung der Zusatzsicherung zu setzen, so wurde hier ein Ansatz gewählt, der unzureichend für die konsequente Schließung von Versorgungslücken ist.

Dies trotz ihres unbestreitbaren Nutzens für einzelne Gruppen. Einige Aspekte seien nachfolgend angesprochen:

- Obwohl die geförderte Zusatzvorsorge die allgemeine schrittweise Senkung des Rentenniveaus im Pflichtsystem Gesetzliche Rentenversicherung kompensieren soll, ist in keiner Weise erkennbar, wie sie als freiwillige Lösung mit Förderung in absehbarer Zeit alle Versicherten erreichen kann. Ein weiteres Hochfahren der Anreize zulasten der öffentlichen Kassen erscheint ziemlich unrealistisch.
- Obwohl das Risiko der Invalidität (Erwerbsminderung) ein Schlüsselrisiko aller Erwerbstätigen darstellt, wird dieses nicht verbindlich in die geförderte Vorsorge einbezogen, sondern in die Disposition des Einzelnen gegeben. Gleichzeitig haben die Veränderungen des Rentenrechts in der Riester-Phase den Absicherungsgrad bei Erwerbsminderung deutlich gesenkt. Gleichzeitig bietet die private Berufsunfähigkeitsversicherung allein schon wegen der traditionell häufigen rechtlichen Konflikte bei Eintritt des Risikos keine wirkliche Sicherheit;
- Die Möglichkeit der Entgeltumwandlung, die durch Steuer- und Beitragsfreiheit der umgewandelten Gehaltsbestandteile begünstigt wird, ist mit Blick auf die Steuerprogression insbesondere für Beschäftigte mit überdurchschnittlichem Einkommen durchaus vorteilhaft. Sie ist jedoch relativ teuer für die öffentliche Hand. Zudem hat sie problematische Rückwirkungen für das Rentensystem, da sie hierdurch die Beitragsfreistellung der umgewandelten Lohnbestandteile die Beitragsbasis schwächt und auch die persönlichen Rentenansprüche zusätzlich absenkt;
- Mit der Riester Förderung ist eine auf den ersten Blick einleuchtende Begünstigung im niedrigen Einkommensbereich geschaffen worden. Allerdings werden die Betroffenen in der Zusatzvorsorge in Vorsorgeformen gelenkt, die zumeist eher höhere Verwaltungs- und Steuerungskosten aufweisen als sie für große betriebliche bzw. Branchensysteme erreichbar sind.

Alle diese Gesichtspunkte gewinnen angesichts wachsender Unterschiede bei den Erwerbseinkommen an Bedeutung, die mit einer Vergrößerung des Niedriglohnsektors verbunden ist. Im Rahmen der derzeitigen Gestaltung der Rentenformel erreichen Versicherte mit realitätsnahen 40 Jahren Erwerbstätigkeit und Beitragszahlung schon mit Entgelten unter ¾ des Durchschnittsentgelts der Versicherten nicht mehr sicher die Grundsicherungsschwelle (vgl. u. a. die noch aktuellen Berechnungen in Dedring et al. 2010). Dieser Aspekt bekommt nicht zuletzt infolge der Zunahme von Teilzeittätigkeiten weiterhin eine steigende Bedeutung. Angesichts einer gewissen Erosion des traditionellen Flächentarifvertragssystems ist auch von dieser Seite her keine grundlegende Abschwächung oder Umkehrung des derzeitigen Trends absehbar. Daraus muss man wohl schließen, dass die kapitalgedeckte Altersvorsorge in der bestehenden Form unzureichend aufgestellt ist, um eine konsequente Schließung der Versorgungslücke zu

erreichen. Hier ist es unter Umständen sinnvoller, die Mittel in die Stützung von Ansprü-
chen von Beziehern niedriger Einkommen im gesetzlichen Rentensystem zu verwenden.
Hier bietet sich z. B. die Fortführung der „Rente nach Mindestentgeltpunkten" an, die
bisher nur noch bei Beschäftigungszeiten mit niedrigem Lohn vor 1992 angewandt wird
und seither weiter ausläuft.

3.5   Ein zu wenig beachtetes Thema: Einige Faktoren der Kosteneffizienz von (betrieblichen) Zusatzsystemen

Gerade in einer Situation, wo größere Versorgungslücken zu schließen sind und Veränderungen im deutschen Alterssicherungssystem diskutiert werden, müssen auch Fragen der
Kosteneffizienz steigende Aufmerksamkeit bekommen. Einige Aspekte seien angesprochen.

- Die relative Größe eines Systems erlaubt es, den Vorteil der „Economies of Scale" zu
  nutzen. Dies bedarf kaum einer Begründung. Viele Kostenelemente verteilen sich so
  auf eine größere Zahl von Fällen. Auch erhöht sich die Nachfragestärke beim Einkauf
  von Leistungen. Dies ist bei einer freiwilligen Lösung für den Einzelnen schwerer
  zu erreichen, insbesondere, wenn die erreichbaren Vorteile nicht leicht zu erkennen
  sind und zudem die Notwendigkeit der Entscheidung für eine zusätzliche Vorsorge im
  Rahmen der doch eher komplexen Alterssicherungsmaterie nicht so leicht zu sehen
  ist. Hinzu kommt, dass bei der Entscheidung für eine kapitalgedeckte Vorsorge, diese
  idealerweise möglichst früh fallen sollte, wenn jedoch gerade bei Jüngeren zumeist
  ganz andere Interessen im Vordergrund stehen. Das Umwerben der eher zögernden
  potenziellen Beitragszahler durch die Anbieter (bzw. deren Vermittler) treibt naturgemäß zusätzlich die Kosten pro Fall.
- Alles dies sieht bei verpflichtenden Lösungen für Beschäftigte bzw. für Arbeitgeber
  naturgemäß anders aus. Weder gibt es den Überzeugungsprozess, noch die Aufwendungen der Einwerbung. Die angesteuerte Größenordnung wird durch staatliche Entscheidung oder durch die der Tarifparteien unter Beteiligung des Staates hergestellt.
  Nun gibt es zum Teil deutliche Vorbehalte gegen Pflichtlösungen. Deshalb sei gesagt,
  dass auch eine Verbindung der automatischen Einbeziehung bei Abschluss eines
  Arbeitsvertrages mit der Möglichkeit der Gegenentscheidung („Opting-out") erfolgreich sein kann, um eine größere Beteiligung zu erreichen.
- Die relative Standardisierung ist ein weiterer wichtiger Punkt. Er ist der entschei-
  dende Verstärker möglicher Größenvorteile: maximale Kosteneffizienz ist erreichbar bei flächendeckender Beteiligung bei weitgehend standardisiertem Ansatz. Dies
  ist der Grund, warum große staatliche Kernsysteme à la GRV sehr niedrige Verwaltungskosten aufweisen (hier kommt naturgemäß hinzu, dass sie weitgehend umla-
  gefinanziert sind und deshalb nur im geringen Maße Mittel anlegen). Ein derartiges
  Ausmaß von Größe und Standardisierung ist kein realistischer Fall für Betriebs- oder

Branchenrentensysteme. Es gibt jedoch eine große Variationsbreite zwischen völliger Standardisierung einerseits und extremer Ausdifferenzierung andererseits. Große Branchenlösungen haben jedenfalls die Chance, eine gewisse Größe mit einem relativen Maß von Standardisierung zu verbinden. Nachteilig für die Kosteneffizienz sind naturgemäß Lösungen mit sehr breiten Wahlchancen für Beschäftigte. Dies ist zwar auf den ersten Blick sympathisch und entgegenkommend, treibt aber die Kosten.

- Auch die Hauptart des Altersvorsorgeprodukts beeinflusst naturgemäß die Kostenseite. So, wenn die Konstruktion ein hohes Maß der „Betreuung" der Anlageseite erfordert, also diese aktiv gemanagt wird. Ein „passiveres" Vorgehen ergibt naturgemäß auch einen geringeren Aufwand.

- Die relative Kostentransparenz ist ein weiterer Faktor, der beeinflusst, ob die Alterssicherungssituation bzw. ihre herangezogenen Dienstleister (Berater, Anlagemanager) zu einem „strengeren" Umgang gezwungen sind. Dies kann durch staatliche Vorgaben bewirkt werden, aber auch durch ein ausgeprägtes Kostenbewusstsein – und damit verbunden: Aufmerksamkeit für den Kostenaspekt. Dies bei dem Management der Institutionen, aber vor allem auch bei den betroffenen Beschäftigten. Nochmals weiter betrachtet, steht dahinter wiederum die Frage, wie aufgeklärt die Betroffenen für die Bedeutung der Kostenseite für die letztlich erwartete Leistung sind. Hier setzen auch Konzepte einer Aufklärung der Bevölkerung bis hin zu den Schulen an, wie sie z. B. in der Regierungszeit Blairs in Großbritannien nach massiver Kritik an verbreiteten „Mis-Sellings", also dem Verkauf ungeeigneter Altersvorsorgeprodukte durch Anbieter propagiert worden ist. Die Frage der Kostentransparenz steht für sich, hat aber in der Praxis auch eine hohe Bedeutung für eine „Deckelung" der Kosten durch staatliche Vorgabe und Kontrolle. Ähnliche Bedeutung hat es für Akteure des Systems – Tarifparteien bei tariflichen Projekten oder betriebliche Akteure.

- Ein weiterer Faktor, der die Kosteneffektivität beeinflusst, ist die Wirksamkeit des Wettbewerbs – zwischen Anbietern für Altersvorsorgeprodukte oder auch den Dienstleistern besonders im Anlagemanagement. Ein funktionierender Wettbewerb ist naturgemäß wiederum auf ein hohes Maß an Transparenz – geradezu existenziell – angewiesen. Umgekehrt kann die Kostentransparenz (und Kostengültigkeit) ein Treibsatz für den Wettbewerb sein. Dies schon gar in einer Phase an den Finanzmärkten, in der die Erträge eher niedrig ausfallen und dadurch Kostenbelastungen spürbar werden.

Die Kosteneffizienz von Altersvorsorgeeinrichtungen, also die Gesamtheit der administrativen Kosten in Relation zu den verwalteten Mitteln bezeichnet variiert bei den OECD-Mitgliedsländern zwischen 0,1 % und 1,5 % (OECD 2015, S. 196). Hier hinein gehören sämtliche Aufwendungen der Verwaltung und der Organisation des Anlagemanagements bis hin zur Zahlung der Rentenleistungen.

Nach OECD-Untersuchungen (siehe Tab. 3.4) fallen die Kosten – nicht überraschend – in Systemen tendenziell höher aus, die eine Vielzahl kleinerer Pensionseinrichtungen aufweisen. Auch eine Vorherrschaft von beitragsdefinierten Konzepten wirkt in diese Richtung.

Tab. 3.4 Verwaltungskosten von Pensionseinrichtungen im 5-Länder-Vergleich (Anteil an Anlagevermögen im Jahr 2013). (Quelle: OECD 2015, S. 197)

Deutschland	0,2
Großbritannien	0,2
Niederlande	0,1
Frankreich	–
Schweiz	0,5

Niedriger fallen die Kosten dort aus, wo wenige große Fonds mit eher leistungsdefinierten oder hybriden Konzepten sowie kollektivvertraglich gestaltete beitragsdefinierte Lösungen vorliegen. Die Untersuchungen basieren jedoch nach Angabe der OECD-Experten noch auf unvollständigen Daten bzw. Angaben.

3.6   Was sind die Reform-Alternativen?

Für die Verbesserung der derzeitigen Lage der Alterssicherung in Deutschland bieten sich folgende Strategien an:

- Sollte es keine grundlegende Bereitschaft geben, die derzeitige Konstruktion der geförderten Zusatzvorsorge wesentlich zu verändern, stellt die Revision der Entscheidungen zum Rentenniveau in der ersten Säule eine erste logische Alternative dar. Neuere Berechnungen zeigen, dass sich derzeit die „Rendite" der gesetzlichen Rente für die kommenden Jahrzehnte deutlich günstiger darstellt, als mögliche Renditen für risikoarme finanzmarktabhängige Anlagen. Die Ergebnisse für die GRV liegen bei einer Verzinsung von 3 %, bezogen auf die eingebrachten Beiträge (http://www.Bialla.de/2015/Deutsche Rentenversicherung 2016), werden aber künftig in einen niedrigeren positiven Bereich sinken. Naturgemäß ist eine solche Entscheidung mit höheren Rentenbeiträgen verbunden (vgl. u. a. die Berechnungen in Dedring et al. 2010). Diese sind allerdings bei **keiner** Lösung vermeidbar, da allein schon die demografischen Veränderungen den Aufwand zwingend erhöhen.
- Fehlt dagegen die politische Bereitschaft, Veränderungen in Bezug auf das Niveau der gesetzlichen Rente in Gang zu setzen, ist eine grundlegende Reform der derzeitigen Regelungen in der Zusatzversicherung unabdingbar. So müsste die Förderung auf Formen konzentriert werden, die effektiv und kostengünstig sind. Hier bieten sich nahezu ausschließlich große betriebliche bzw. Branchensysteme an. Alternativ gibt es auch die Möglichkeit der öffentlichen Organisation (unter Umständen als wählbare Alternative), wie sie zuletzt die hessische Landesregierung im Rahmen ihrer „Deutschland-Rente" vorgeschlagen hat (vgl. Al-Wazir et al. 2015). Die Verwaltungs- und Steuerungskosten können letztlich nur über Größe und Standardisierung vergleichsweise niedrig gehalten werden. Allerdings ist auch dieser Weg nur über eine

stärkere Verbindlichkeit erreichbar, die sich auf Arbeitgeber oder die Versicherten richten kann. Sollten die derzeit in der deutschen Politik vorgebrachten Argumente gegen eine strengere gesetzliche Verpflichtung à la Schweiz zu stark sein, würde nach europäischen Erfahrungen auch eine verbindliche Einbeziehung mit der Möglichkeit des „Opting-out" wesentlich bessere Ergebnisse erreichen, als dies derzeit der Fall ist (vgl. u. a. Friedrich und Hofmeier 2014). Eben diese wird gegenwärtig gerade im Rahmen der aktuellen britischen Betriebsrentenreform verankert und ist im Vorschlag der hessischen Landesregierung für eine „Deutschland-Rente" ebenfalls enthalten.

Anmerkung: Dieser Beitrag greift in einigen Teilen auf Döring 2011b *zurück.*

Literatur

Al Wazir T, Grüttner S, Schäfer T (2015) Die Deutschland-Rente – Staat soll zentralen Rentenfonds organisieren. Vorschläge für einfache und sichere zusätzliche Altersvorsorge. Positionspapier Wiesbaden 22.12.2015.

Bazzazi P, Birkner G (Hrsg) (2014) bAV 2015: Im Spannungsfeld zwischen Regulierung, Kapitalmärkten und Demographie. FAZ-Institut, Frankfurt a. M.

Breyer F (1990) Ökonomische Theorie der Alterssicherung. Vahlen, München

Bucerius A (2003) Alterssicherung in der Europäischen Union. In: Döring D, Hauser, R (Hrsg) Alterssicherung in der Europäischen Union/ASEG-Projekt, Bd VII. Hans-Böckler-Stiftung, Düsseldorf

Dedring K-H, Deml J, Döring D, Steffen J, Zwiener R (2010) Rückkehr zu lebensstandardsichernden und armutsfesten Rente, Expertise im Auftrag der Friedrich-Ebert-Stiftung. Friedrich-Ebert-Stiftung, Bonn

Döring D (1997) Soziale Sicherheit im Alter? Rentenversicherung auf dem prüfstand. Aufbau-Taschenbuch-Verlag, Berlin

Döring D (2002) Zukunft der Alterssicherung, Europäische Strategien und der deutsche Weg. Suhrkamp, Frankfurt a. M.

Döring D (2004, Reprint 2014) Sozialstaat. Fischer Taschenbuch, Frankfurt a. M.

Döring D (2011a) Betriebliche Altersversorgung und Staat-Privat-Arbeitsteilung in Europa. Mit einigen Anmerkungen zu den Rückwirkungen der Finanzkrise. In: Kaufmann O, Hennion S (Hrsg) Steuerung der betrieblichen Altersversorgung in Europa: garantierte Sicherheit? Springer, Heidelberg

Döring D (2011b) Deutsches Rentenniveau im europäischen Vergleich: Nicht mehr in der 1. Liga! Soz Sicherh 2011(10):340–344

Döring D (2011c) Zwischen Staat, Markt und Betrieb – der neue Rentenmix in Europa. In: Leisering L (Hrsg) Die Alten der Welt. Duncker & Humblot, Berlin (i. Vorb.)

Döring D (2015) Was ist für eine Altersversorgung finanziell erforderlich? Aktuelles Versorgungsniveau und Handlungsbedarfe, Vortrag auf der Tagung OKA-BAU, Wiesbaden 8.10.2015

Döring D, Greß S, Logeay C, Zwiener R (2009) Kurzfristige Auswirkungen der Finanzmarktkrise auf die sozialen Scherungssysteme und mittelfristiger Handlungsbedarf, Expertise im Auftrag der Friedrich-Ebert-Stiftung und der Hans-Böckler-Stiftung. Friedrich-Ebert-Stiftung, Bonn

Friedrich K, Hofmeier H (2014) Opting-out oder – treffender – Auto-Enrolment – eine Einordnung. In: Bazzazi P, Birkner G (Hrsg) bAV 2015: Im Spannungsfeld zwischen Regulierung, Kapitalmärkten und Demographie. FAZ-Institut, Frankfurt a. M.

Kaufmann FX (2002) Varianten des Wohlfahrtsstaates. Suhrkamp, Frankfurt a. M.

Köhler-Rama T (2009) Alterssicherung in der Schweiz. Vorbild für Deutschland. RVaktuell 8(2009):258–261

OECD (2015) Pensions at a glance. Retirement-income systems in OECD and G 20 countries. OECD, Paris

Rieken U (2014) Fiduciary-Management: Expertise und Entlastung für Altersvorsorgeeinrichtungen. In: Bazzazi P, Birkner G (Hrsg) bAV 2015: Im Spannungsfeld zwischen Regulierung, Kapitalmärkten und Demographie. FAZ-Institut, Frankfurt a. M.

Weiterführende Literatur

OECD (2008) Complementary and private pensions throughout the world. OECD, Paris

Über den Autor

Prof. Dr. Diether Döring lehrt an der Europäischen Akademie der Arbeit in der Universität Frankfurt sowie am Fachbereich Wirtschaftswissenschaften der Goethe-Universität. Seine Arbeitsfelder sind Fragen der sozialen Sicherung, der Sozialstaatspolitik, der Arbeitsmarktpolitik sowie der Finanzwissenschaft. Er ist Vorsitzender der Preller-Stiftung in Frankfurt am Main und leitet das Königsteiner Forum. Er ist zudem Mitglied des Eugen Kogon-Kuratoriums in Königstein/Ts.

Die Europäische Akademie der Arbeit in der Universität Frankfurt am Main (EAdA) bildet Arbeitnehmerinnen und Arbeitnehmer für Aufgaben im wirtschaftlichen und öffentlichen Leben aus und betreibt Forschung auf dem Feld der industriellen Beziehungen und der sozialen Sicherung http://www.akademie-der-arbeit.de/.

Externe Kapitalanlagekosten: Steuerbarer, transparenter Faktor oder Fass ohne Boden?

Oliver Dräger

Einleitung

„Gutes Geld für gute Arbeit" – eine fair klingende Parole, die unter anderem in Tarifauseinandersetzungen zwischen Gewerkschaften und Arbeitgeberverbänden gebräuchlich ist. Gute Arbeit muss ordentlich entlohnt werden. Eine Selbstverständlichkeit, sollte man meinen. Wie sieht es bezogen auf die Kapitalanlage aus? Trifft der Slogan den Kern? Sind die Kosten der institutionellen Kapitalanlage transparent und fair? Wer verdient eigentlich alles an den Investitionen der Anleger? Ist die jeweilige Höhe der Partizipation angemessen? Lassen sich pauschale Aussagen treffen? Warum sollte man sich überhaupt mit der Thematik auseinandersetzen? Fragen dieser Art geht der folgende Beitrag nach.

4.1 Ausgangslage

Dass mit der (externen) Kapitalanlage Kosten verbunden sind, ist verständlich, schließlich arbeiten verschiedene Parteien für den Anleger. Ins Auge fallen sofort der jeweilige Asset Manager, die Kapitalverwaltungsgesellschaft, die Verwahrstelle und in zweiter Linie die möglicherweise eingeschaltete Performance-Messungsgesellschaft, der Abschlussprüfer und weitere Berater. Weniger sichtbar sind Kosten wie Broker-Vergütungen, Lagerstellen- und Settlement-Fees, und schwer abzuschätzen sind performanceabhängige Gebühren. Wichtig für den Anleger ist, dass er eine angemessene Rendite erhält – und zwar nach allen Kosten.

Ein Blick auf das Marktumfeld zeigt prägnant, weshalb eine Marktgerechtigkeitsüberprüfung der Kosten dringend angebracht ist. Die Kosten der Kapitalanlage können – je

O. Dräger (✉)
FAROS Consulting GmbH & Co. KG, Pension & Asset Advisory,
Frankfurt am Main, Deutschland
E-Mail: o.draeger@faros-consulting.de

© Springer Fachmedien Wiesbaden GmbH 2017
U. Rieken et al. (Hrsg.), *Kostentransparenz im institutionellen Asset Management*,
DOI 10.1007/978-3-658-12832-6_4

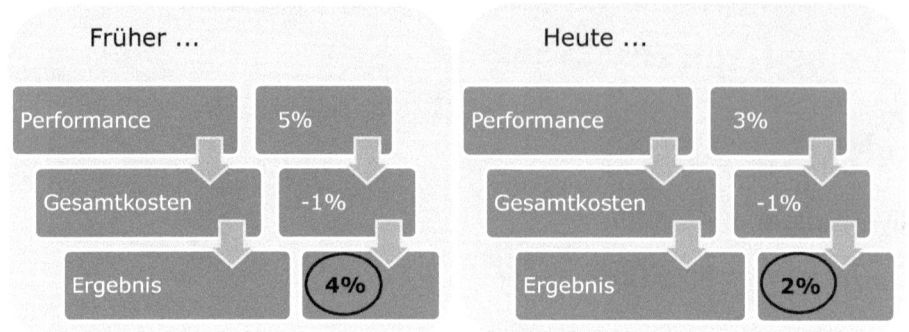

Abb. 4.1 Nettoergebnis früher und heute. (© FAROS Consulting GmbH & Co. KG)

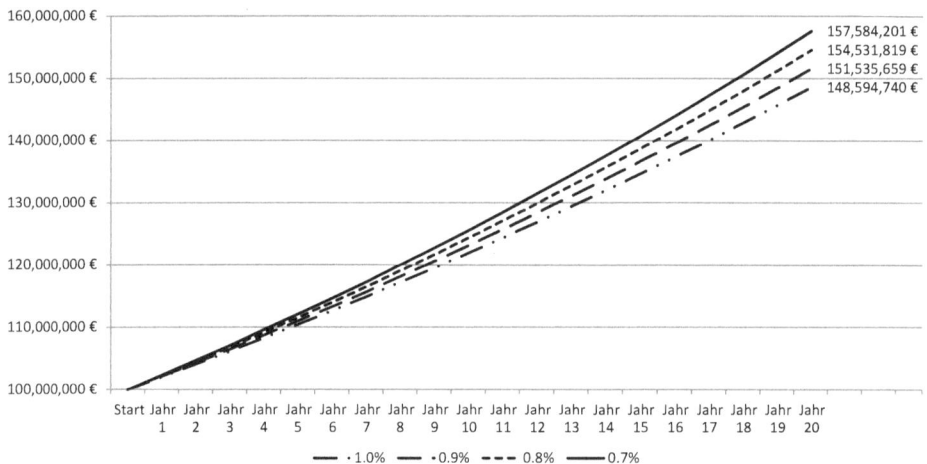

Abb. 4.2 Langfristauswirkung verschiedener Gesamtkostensätze. (© FAROS Consulting GmbH & Co. KG)

nach Investitionsart und Anleger – schnell 1 % des Marktwerts ausmachen. In Zeiten hoher Erträge, vor allem auf der Rentenseite, die für regulierte Anleger in Deutschland und Österreich eine signifikante Größenordnung im Portfolio ausmacht, war dies ein nachgeordnetes Problem. Im derzeitigen Markt mit sehr niedrigen Zinsen ist der Anteil der Kosten am Ertrag der Anlagen sehr hoch (siehe Abb. 4.1).

Die Langfristauswirkung einer Kostensenkung um wenige Basispunkte ist deutlich. Nimmt man ein beispielhaftes 100 Mio. EUR Portfolio mit einer jährlichen Wertentwicklung vor Kosten von 3 % an und eine Gesamtkostenquote von 1 %, so steigt der Wert in 20 Jahren auf 148,6 Mio. EUR. Das gleiche Portfolio mit einer auf 0,7 % gesenkten Gesamtkostenquote erreicht 157,6 Mio. EUR an Marktwert. 9 Mio. EUR sind ein lohnender Grund, auf die Kosten zu schauen (siehe Abb. 4.2).

4.2   Transparenz

Der Markt ist intransparent. Gebühren für einen aufzulegenden Spezialfonds werden direkt verhandelt – in der Regel spricht der institutionelle Anleger mit einer kleinen Auswahl von Asset Managern, die ihn mit ihrer Leistung aus der Vergangenheit und aus anderen Kundenbeziehungen überzeugen. Dasselbe gilt bei Ausschreibungsverfahren für die Fondsadministration (KVG, Verwahrstelle). Der Erfolg der Vergütungsverhandlung ist subjektiv messbar, jedoch nicht objektiv zu beurteilen. Der Markt der verschiedenen Anbieter ist groß und nur die wenigsten institutionellen Anleger sind in der Lage, eine hinreichend große Anzahl von Anbietern zu durchleuchten, um eine belastbare Aussage zu deren Vergütungsvorstellungen treffen zu können. Hilfreich kann hier das Einschalten von Fachberatern sein, die als Investmentconsultant einen wesentlich breiteren Überblick über den Anbietermarkt und die aufgerufenen Preise haben. Dass Fachberater diese Dienstleistung nicht „zum Nulltarif" anbieten, liegt auf der Hand. Lohnen sollte sich die Beauftragung dennoch, denn die künftige Ersparnis wird in der Regel ein Vielfaches dessen sein, was der Berater einmalig für seine Tätigkeit kostet.

Allein die Gebührenhöhe für die Verwahrstellentätigkeit („Depotbankgebühr") ist – unabhängig von der Größe des verwalteten Vermögens – erstaunlich heterogen. Eine Investorenstudie von FAROS Consulting aus dem Jahr 2013 hat gezeigt, dass die Länge der Vertragsdauer zwischen Anleger und Anbieter für die unterschiedliche Höhe der Preise gesorgt hat (siehe Abb. 4.3).

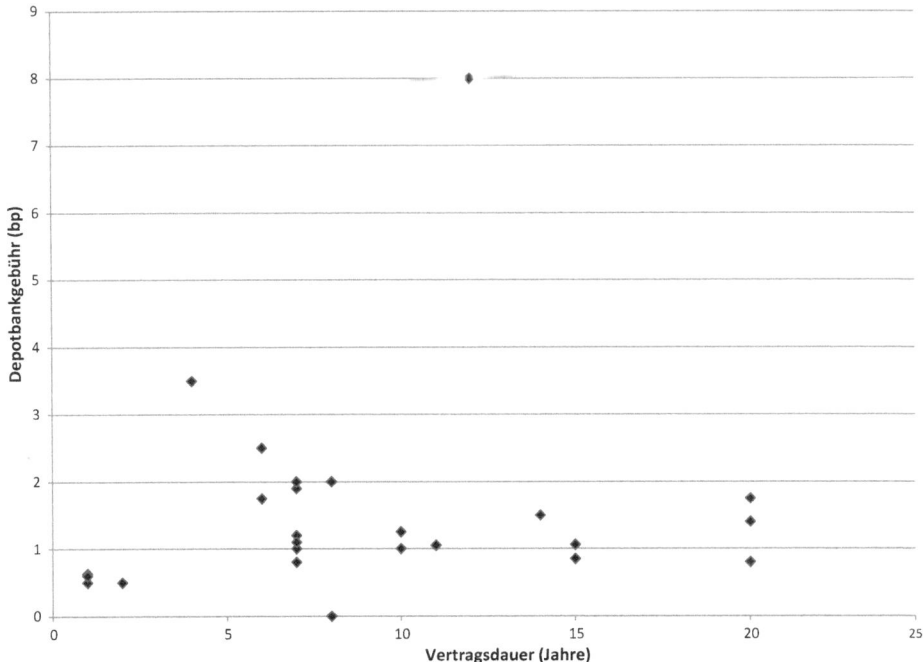

Abb. 4.3 Höhe der Verwahrstellenvergütung in Abhängigkeit von der Vertragslaufzeit. (Quelle: Investorenstudie FAROS Consulting GmbH & Co. KG)

Verträge, die eine bis zum Erhebungszeitpunkt kurze Lebensdauer hatten, waren relativ günstig. Auch Verträge mit sehr langer vertraglicher Historie waren nicht teuer – offenbar sind die Gebühren im Zeitverlauf neu verhandelt worden. Im mittleren „Laufzeitensegment" jedoch wurden teils erhebliche Depotbankgebühren bezahlt, die auch zum Zeitpunkt der Studienerstellung nicht mehr als marktgerecht zu bezeichnen waren.

Ähnlich ist die Situation mit KVG-Gebühren einzuschätzen. Die Gründe dafür sind vielschichtig. Eine Tatsache ist allerdings, dass sich Anleger davor scheuen, ihre Administratoren häufig zu wechseln. Der Aufwand für die Implementierung einer neuen KVG oder Verwahrstelle ist ungleich höher als der Aufwand für den Austausch eines Asset Managers.

KVG- und Verwahrstellengebühren kannten in den vergangenen 10 Jahren nur eine Richtung: abwärts. Trotz gestiegener regulatorischer Anforderungen an die Administrationsanbieter war der Preisdruck enorm. Skaleneffekte durch Konzentration von immer mehr Assets under Administration auf immer weniger Anbieter konnten den erhöhten Aufwand mindestens zum Teil kompensieren. Der Wettbewerbsdruck hat dennoch dazu geführt, dass die Preise weiter gesunken sind. Auf den ersten Blick sind das gute Nachrichten für den Anleger. Auf den zweiten Blick jedoch muss man sich fragen, ob die Qualität der Dienstleistung, die über alle Anbieter hinweg immer weiter gestiegen ist, bei fallenden Preisen gehalten werden kann. Noch können die Anbieter mit Sonderdienstleistungen (u. a. Performance-Attribution, Wertpapierleihe, Collateral Management, Transition Management, etc.) die sinkenden Margen aus der reinen Administration kompensieren. Endlos wird dies aber nicht möglich sein. Die Folge ist eine weitere Konzentration auf wenige große Anbieter. Selbst wenn die Zahl der zugelassenen KVGen in der Vergangenheit nicht signifikant zurückgegangen ist – über Outsourcing von Kerndienstleistungen hat de facto der Konzentrationsprozess Fahrt aufgenommen. Ähnliches gilt für die Verwahrstellenlandschaft. Am Ende könnte es auf ein Oligopol von Anbietern hinaus laufen, und die Preise könnten wieder steigen.

4.2.1 Welche Kostenarten fallen an und sind in der Höhe signifikant?

Die Verwahrstelle erhebt nicht nur die Verwahrstellengebühr. Depotkosten („Verwahrkosten") sowie Transaktions- bzw. Settlement-Gebühren machen einen erheblichen Teil der Gesamtkosten aus. Hier ist eine pauschale Klassifizierung in „günstig" oder „teuer" nicht möglich – es kommt auf die genaue Struktur des Kundenportfolios an. Analysen zeigen, dass die Höhe der Kosten, die von den Banken in Rechnung gestellt werden, kleinteilig und sehr differenziert betrachtet werden müssen (siehe Abb. 4.4).

Im dargestellten Fall liegt ein Investor, der seine Assets hauptsächlich in Europa lagert, mit Bank 1 günstiger als mit den anderen Banken. Handelt es sich hingegen um ein Mandat im Bereich Asien-Pazifik, so ist Bank 2 günstiger, die offenbar ihre Kernmärkte geografisch dort verortet.

Eine Analyse der tatsächlichen Verwahr- bzw. Transaktionskosten des Kundenportfolios im Peer-Group-Vergleich der Anbieter bedeutet einerseits erheblichen Aufwand und eine sehr breite Marktkenntnis für denjenigen, der die Analyse durchführt. Auf der ande-

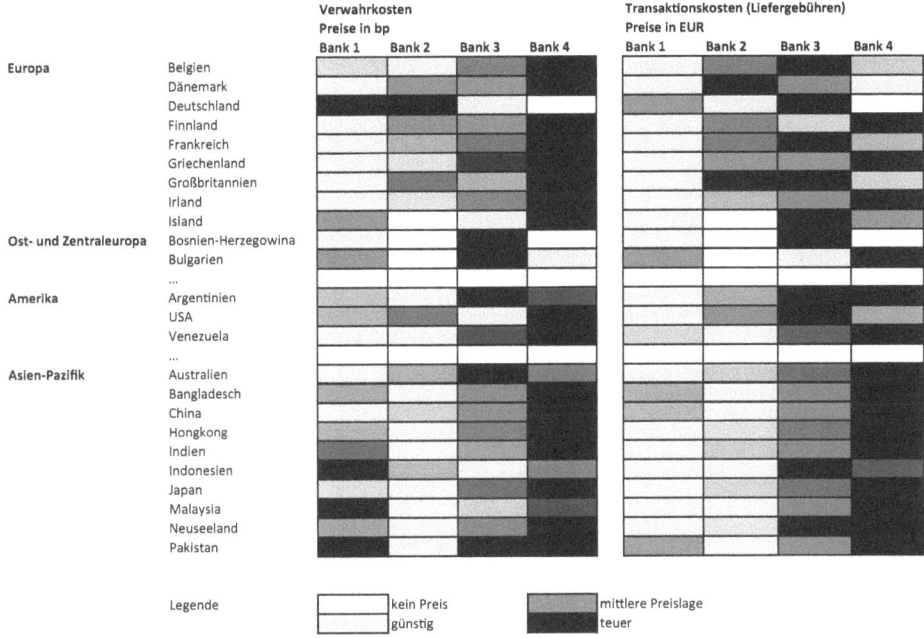

Abb. 4.4 Verwahrkosten und Liefergebühren unterschiedlicher Anbieter bei gleicher Anforderung. (Quelle: FAROS Consulting GmbH & Co. KG)

ren Seite sieht der Investor auf den ersten Blick, wie seine Kosten im Wettbewerbsvergleich abschneiden (siehe Abb. 4.5).

4.3 Sichtbare Kosten sind nur die halbe Wahrheit

Tiefer gehende Untersuchungen weisen den Weg zur nächsten Kostenebene: die Broker-Vergütung. Jeder Asset Manager nutzt eine mit der jeweiligen KVG abgestimmte Broker-Liste zur Umsetzung der Handelsaktivitäten für die Kundenportfolios. Neben den Kosten für ein Geschäft spielt hier eine maßgebliche Rolle, wie störungsfrei die Geschäfte abgewickelt werden. Zuverlässigkeit und Schnelligkeit sind ausschlaggebend. Dennoch ist es nicht von der Hand zu weisen, dass Broker-Gebühren unterschiedlich hoch sind und dass der Markt äußerst intransparent ist. Asset Manager beziehen neben intern erarbeitetem Research auch externes Research, und oftmals kommt dieses von Brokerhäusern. Der Bezug des Materials ist in der Regel kostenfrei für den Asset Manager, solange er mit dem Broker Geschäfte macht. Über die Brokerfee zahlt also implizit der Anleger die Kosten für externes Research des Asset Managers. Für Publikumsfonds wird diese Problematik im Rahmen von MiFID II gerade diskutiert und man bemüht sich um Abhilfe – eine klare Ausweisung der Kosten für Research und für die reine Brokerage-Dienstleistung. Im Spezialfondsbereich ist der Markt noch nicht so weit. Was könnte helfen? Schritt 1 ist ein Vergleichsangebot anderer Wertpapierhäuser für bereits

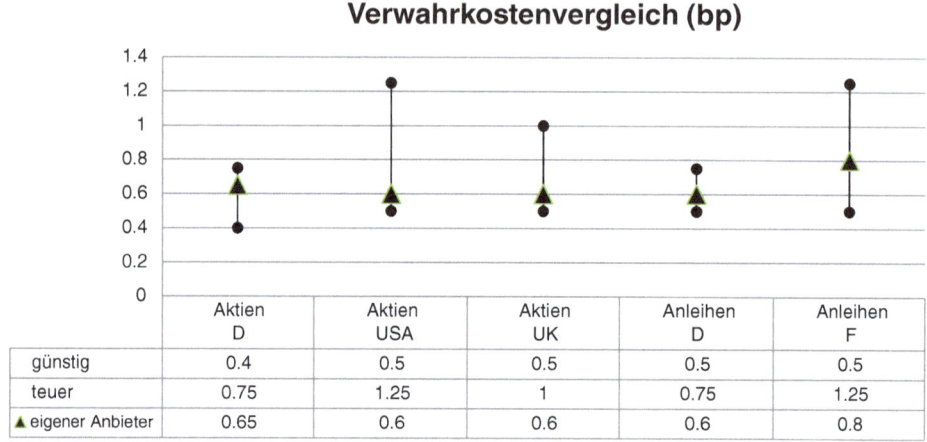

Verwahrkostenvergleich (bp)

	Aktien D	Aktien USA	Aktien UK	Anleihen D	Anleihen F
günstig	0.4	0.5	0.5	0.5	0.5
teuer	0.75	1.25	1	0.75	1.25
▲ eigener Anbieter	0.65	0.6	0.6	0.6	0.8

Transaktionskostenvergleich (EUR)

	Aktien D	Aktien F	Aktien USA	Aktien UK	Anleihen D	Anleihen F	Anleihen USA	Anleihen UK
günstig	5	6	6	6	5	6	6	6
teuer	10	15	12	15	10	15	12	15
▲ eigener Anbieter	6.5	9	8	10	6.5	9	8	10

Abb. 4.5 Bandbreiten Verwahr- und Transaktionskosten. (Quelle: FAROS Consulting GmbH & Co. KG)

getätigte Geschäfte. Zugegeben, dieser Weg ist hart. Der Anleger muss zunächst eine exakte Transaktionsliste inklusive der ausgewiesenen Broker-Vergütungen zur Verfügung haben, um sie einem Wettbewerbsvergleich unterziehen zu können. Da beginnt bereits das Problem – nicht alle Kapitalverwaltungsgesellschaften weisen in ihrem Kunden-reporting die jeweiligen Brokerfees aus. Teils mangels gelieferter Daten, teils weil ein solches Reportingfeld nicht vorgesehen ist. Ist es aber so weit, dass eine entsprechende Datei produziert werden kann, muss ein nicht involvierter Broker gefunden werden, der in Kleinarbeit die Geschäfte nachzeichnet und jeweils seine hypothetische Brokerfee ausweist. Dies zu erreichen wird beliebig schwer, da der Markt von der Intransparenz lebt und die „Aufklärungsarbeit" arbeitsaufwendig ist. Zudem kann man sich natürlich die Frage stellen, ob die alternativ berechneten hypothetischen Broker-Vergütungen tat-sächlich in Rechnung gestellt worden wären, wenn der betreffende Broker das Geschäft erhalten hätte.

4.4   Die Frage der Relevanz

Wo soll man ansetzen, wenn man die Kosten überprüft? Sinnvollerweise dort, wo der größte Effekt zu erwarten ist. Dies ist bei den Kosten der Asset Manager der Fall – alle anderen Kostenarten bergen ein geringeres Einsparpotenzial (siehe Abb. 4.6).

Die Rechnung ist einfach: Bei KVGen und Verwahrstellen sprechen wir von möglichen Einsparungen im maximal einstelligen Basispunktbereich. Brokerkosten im Fonds sind schwer messbar und belasten, wenn sie hoch sind, die Performance. Der Portfoliomanager hat aber kein Interesse an performancebelastenden Kosten. Sind die Brokerkosten zu hoch, so sollte man sich überlegen, den Portfoliomanager auszuwechseln und einen besseren zu wählen. Auf die Broker selbst hat der Anleger nämlich keinen Einfluss.

Asset Manager haben den größten Puffer, was die Kosten angeht. Dort liegt der erste Ansatzpunkt für eine Analyse. Und es gibt noch einen weiteren Grund, sich mit den Kosten von Asset Managern auseinander zu setzen: Es ist statistisch kein (!) Zusammenhang zwischen hohen Kosten und guter Performance nachweisbar. Entsprechend lautet der Rat, „gute teure" Asset Manager gegen „gute preisgünstige" zu tauschen – die Qualität sollte die gleiche bleiben, die Kosten jedoch lassen sich signifikant senken (siehe Abb. 4.7).

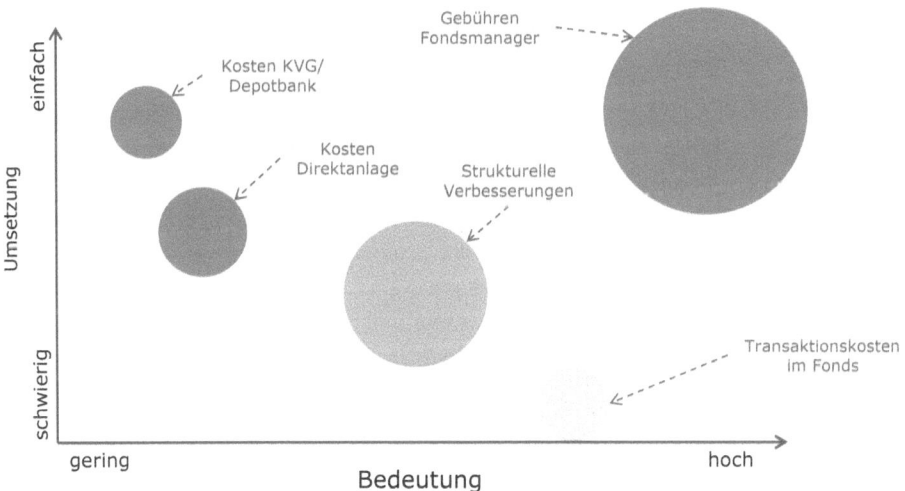

Abb. 4.6 Bedeutung und Umsetzbarkeit von Kostensenkungen

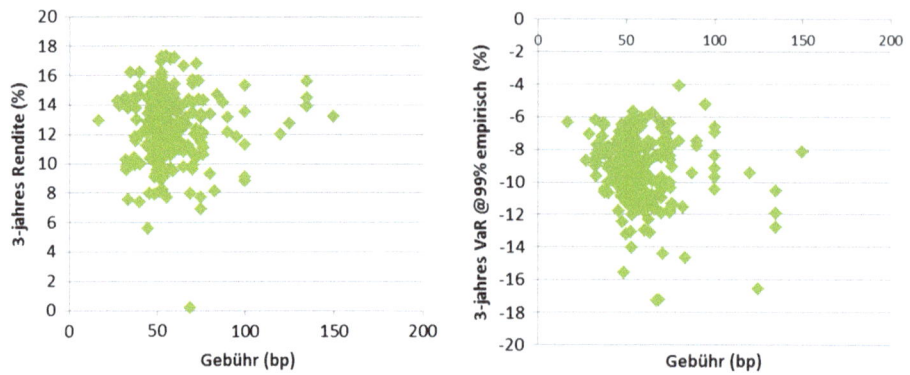

Abb. 4.7 Kein Zusammenhang zwischen Kosten, Rendite und Risiko

4.5   Qualitative Komponente: Aktives Management – tatsächlich?

Auf einer ganz anderen Ebene bewegt sich die Frage, ob Asset Management Gebühren für ein aktiv gemanagtes Portfolio angemessen sind. Zahlt der Anleger tatsächlich für aktives Management, oder verhält sich das Portfoliomanagement eher wie ein semi-passiver Manager? Es spricht sicher nichts dagegen, wenn ein aktiver Manager für seine Arbeit ein höheres Entgelt fordert als für das Nachbilden einer Indexperformance – zumindest dann, wenn das aktive Management über einen Investitionszyklus auch positive aktive Performance erwirtschaftet. Wie aber verhält es sich mit dem „aktiven" Management? Um zu messen, ob ein vermeintlich aktiv gemanagtes Portfolio tatsächlich aktiv gemanagt wird, kann man die Kennzahl „Active Share" nutzen. Diese gibt einen besser fassbaren Eindruck, inwieweit der Asset Manager ein Portfolio aktiv managt. In der Vergangenheit hat man Benchmark-Abweichungen regelmäßig mit dem Tracking Error eines Portfolios beziffert. FAROS nutzt verstärkt den „Active Share". Er ist intuitiv nachvollziehbar.

Beispiel

Ein fiktiver Index besteht aus vier Wertpapieren, jeweils mit 25 % gleichgewichtet. Der Portfoliomanager gewichtet seinen Fonds anders. Die Abweichung der Einzel-titelgewichte im Fonds verglichen mit dem Index wird als Active Share bezeichnet. Ein tatsächlich aktiv gemanagtes Portfolio hat i. d. R. einen Active Share von ca. 80 % und mehr. Rechnerisch möglich ist eine Bandbreite zwischen 0 % und 100 % (Tab. 4.1).

Tab. 4.1 Berechnungsbeispiel Active Share. (Quelle: FAROS Consulting GmbH & Co. KG)

	Gewicht im Index (%)	Gewicht im Fonds (%)	Differenz (%)	Active Share (%)
Aktie 1	25	0	−25	12,5
Aktie 2	25	15	−10	5,0
Aktie 3	25	5	−20	10,0
Aktie 4	25	30	5	2,5
Aktie 5	0	25	25	12,5
Aktie 6	0	25	25	12,5
Summe	100	100	0	55

$$Active\ Share = \frac{1}{2} \sum_{i=1}^{n} |Gewicht_{Fonds,i} - Gewicht_{Index,i}|$$

Da aus wissenschaftlichen Erhebungen (siehe Cremers und Petajisto 2009; Petajisto 2010) bekannt ist, dass tendenziell Manager mit einem hohen Active Share tatsächlich einen Performance-Mehrbeitrag liefern können, gehört diese Kennziffer zu einem besonders bedeutenden Element von Fondsanalysen und nachgelagert zur Überprüfung der Grundlage für eventuell höhere Managervergütungen.

4.6 Analysemöglichkeiten

Welche Möglichkeiten für die Analyse und einen Wettbewerbsvergleich stehen dem Anleger zur Verfügung? Die Antwort lautet: „Es kommt darauf an". Große institutionelle Investoren mit vielen Marktkontakten können die KVG- und Verwahrstellenvergütung näherungsweise über Ausschreibungen oder Anfragen bei Administrationsdienstleistern erfragen und so eine gewisse Einordnung der Preise durchführen. Auch Manager-Vergütungen lassen sich für große und breit diversifizierte Anleger mit mehreren Managern pro Assetklasse einem gewissen Wettbewerbsvergleich unterziehen. Objektiv wird diese Betrachtung nicht, sie gibt jedoch eine erste Indikation. Kleinere Anleger haben den Überblick naturgemäß nicht. Für diese Investorengruppe kann ein Marktvergleich nur über externe Partner ermittelt werden.

Auch für die kleinteiligen und individuell verhandelbaren Kostenblöcke – Verwahrkosten, Settlement-Kosten, Wertsicherungskosten, performanceabhängige Managervergütung, Kosten für zusätzliche Dienstleistungen wie Performance-Attribution, Steuerservices und vor allem Brokergebühren – ist ein einfacher Marktüberblick nicht möglich. In diesen Kategorien fällt eine Analyse auch den großen Anlegern schwer (siehe Abb. 4.8).

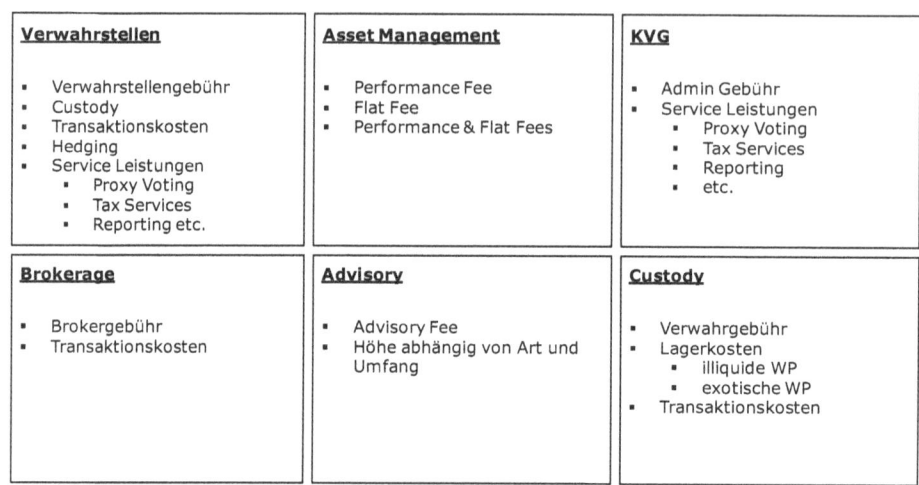

Abb. 4.8 Übersicht der Kostenarten

Die Untersuchung dieser nicht zu unterschätzenden Kostenblöcke kann nur bei genauer Kenntnis des Anlageportfolios, der Manageraufträge und der Transaktionsgewohnheiten erfolgen. Benötigt wird eine Vielzahl von Informationen, um belastbare Auskünfte über den Wettbewerbsvergleich und Einsparpotenzial geben zu können. Hier bietet sich die Nutzung externen Know-hows an, welches ebenfalls zunächst Geld kostet. Die Einsparmöglichkeiten, die sich durch entsprechende Nachverhandlungen oder Neuausschreibungen ergeben, kompensieren jedoch die (einmalig anfallenden) Beraterkosten und bleiben dem Anleger dauerhaft erhalten.

4.7 Fazit

Sind die Kosten der Kapitalanlage nun steuerbar und transparent, oder doch eher ein Fass ohne Boden? Die Antwort fällt zweigeteilt aus: Steuerbar sind große Teile der Kosten wie KVG, Verwahrstelle und Asset Manager-Vergütung. Der institutionelle Investor kann direkten Einfluss auf die Preise ausüben und verhandeln. Bedingt steuerbar sind Brokerfees – einfach aus dem Grund, dass die Brokerkosten nicht das wichtigste Auswahlkriterium für die Benennung eines Brokers sind und der Anleger hierauf in der Regel keinen Einfluss hat. Transparent hingegen sind die Kosten nicht. Um Transparenz flächendeckend herzustellen ist akribische Kleinarbeit gepaart mit einem sehr breiten und tiefen Marktüberblick nötig. Diese Kompetenz haben in der Regel nur wenige, spezialisierte Dienstleister. Selbst wenn große Anleger Kapazität für die Recherche vorhalten, so kennen sie doch nur einen Ausschnitt der Anbieterwelt. Dieser Ausschnitt ist nur bedingt aussagekräftig. Und ein Fass ohne Boden? Klare Antwort: nein! In Zeiten niedriger Zinsen ist die Begrenzung der Kosten noch wichtiger als in anderen Marktphasen.

Qualitativ hochwertige Dienstleistungen bedingen ein faires Miteinander von Anleger und Anbieter. Entsprechend ist es selbstverständlich, dass angemessene Preise bezahlt werden. Da sich der Anbietermarkt aber entwickelt, muss die regelmäßige Überprüfung der Konditionen eine Ankerposition im Controlling- und Monitoring-Prozess auf der Anlegerseite einnehmen.

Literatur

Cremers M, Petajisto A (2009) How active is your fund manager? A new measure that predicts performance. Rev Financ Stud 22(2009):3323–3365

Petajisto A (2010) "Active share and mutual fund performance", Stern School of Business, New York University, Working Paper Series, 2010, Available at SSRN: http://ssrn.com/abstract=1685942

Über den Autor

Oliver Dräger Senior Investment Consultant bei FAROS Consulting und der Schwestergesellschaft FAROS Cost Advisory, kennt seit Jahren das Dienstleistungs- und Kostenspektrum der Anbieter von Services rund um das institutionelle Asset Management. Er ist verantwortlich für den Bereich KVG- und Verwahrstellenauswahl und Experte für nachhaltige Kapitalanlage. Der Diplom-Mathematiker verfügt über mehr als 20 Jahre Berufserfahrung bei Kapitalverwaltungsgesellschaften und Investmentconsultants.

FAROS Consulting ist ein unabhängiges und inhabergeführtes Beratungshaus für institutionelle Anleger in Deutschland, Österreich und der Schweiz. FAROS berät zu allen Themen rund um die Kapitalanlage – Anlagestrategie und strategische Asset-Allokation sowie ALM-Studien, Auswahl von Asset Managern in liquiden und illiquiden Assetklassen, Auswahl von KVG und Verwahrstellen, qualitatives Monitoring der bei Investoren implementierten Asset Manager sowie Begleitung beim Risikomanagement. Ein Schwerpunktthema in der Beratung ist das weitverzweigte Feld der Kosten der Kapitalanlage. Dazu wurde die Schwestergesellschaft FAROS Cost Advisory GmbH gegründet, die auf der langjährigen Marktexpertise von FAROS Consulting aufbaut.

Performance-abhängige Vergütung in der Asset Management Industrie

Martin Schliemann

Einführung

Erfolgsabhängige Entlohnungsmodelle oder „Performance-Based Fees" stellen einen komplexen Themenbereich dar. Wie schon der Name sagt, entlohnen die Modelle nicht eine Dienstleistung wie die Durchführung einer Wertpapiertransaktion oder ein genaues Ziel wie die Auflage eines Investmentsondervermögens.

Diese Modelle entlohnen einen zukünftigen Erfolg. Der Leser mag für sich selbst entscheiden, ob er den zukünftigen Erfolg eines Portfoliomanagers auf dem berühmten Bierdeckel ermitteln kann. Der Verfasser dieses Artikels zumindest kann dies nicht.

Der nachstehende Artikel widmet sich zunächst der Diskussion um diese Entlohnungsmodelle in den vergangenen Jahren. Auch und gerade weil dieser Artikel nicht alle Aspekte dieser Entlohnungsmodelle ansprechen kann, erscheint es dem Verfasser wichtig, die Vielschichtigkeit der Thematik zu verdeutlichen.

Anschließend erfolgt eine Diskussion des Zusammenhangs zwischen Leistung und Entlohnung in Bezug auf erfolgsabhängige Entlohnungsmodelle. Es folgt ein kurzer Überblick über erfolgsabhängige Entlohnungsmodelle. Darauf aufbauend diskutiert der Verfasser die Frage, welche Modelle für wen geeigneter erscheinen. Diese Ausführungen werden um eine Darstellung der üblichen Komponenten einer erfolgsabhängigen Entlohnung ergänzt.

Die Thematik kann nur schwer von moralischen Aspekten losgelöst diskutiert werden, da die Finanzindustrie insgesamt nicht im Verdacht steht, altruistisch zu handeln. Hier geht es nun scheinbar um „den Schnaps" den der Portfoliomanager mehr erhält. In der Regel bemühen sich Artikel zu diesem Thema die Moraldiskussion zu vermeiden und wenden z. B. Optionstheorien als Erklärung für erfolgsabhängige Entlohnungsmodelle an. Dieser Artikel bemüht sich dagegen bewusst, die subjektiven Elemente zu diskutieren.

M. Schliemann (✉)
Frankfurt Finance Audit, Frankfurt am Main, Deutschland
E-Mail: mschliemann@frankfurtfinanceaudit.de

© Springer Fachmedien Wiesbaden GmbH 2017
U. Rieken et al. (Hrsg.), *Kostentransparenz im institutionellen Asset Management*,
DOI 10.1007/978-3-658-12832-6_5

Der Artikel beruht auf dem Artikel „Performance-Based Compensation Contracts in the Asset Management Industry", der in der Frühjahrsausgabe 2008 des „Journal of Performance Measurement" erschienen ist. Dieser fokussiert jedoch auf objektive Erläuterungsansätze. Dort finden sich auch weiterführende Literaturhinweise.

5.1   Pro und Kontra erfolgsabhängiger Entlohnungsmodelle

Entlohnungsmodelle in der Finanzindustrie stehen seit geraumer Zeit in der Kritik. Zum Teil beruht dies auf den in der Öffentlichkeit als überzogen empfundenen Boni der „Banker". Zum Teil beruht dies auf der ebenfalls als überzogen empfundenen Darstellung der „Gehälter" amerikanischer Hedgefonds-Manager.

Es kann daher kaum überraschen, dass die Politik erfolgsabhängige Entlohnungsmodelle der Investmentindustrie als Gegenstand für sich entdeckt und ihnen nicht positiv gegenübersteht. Dabei übersieht die Politik, dass es sich bei diesen Entlohnungsmodellen nicht um die Entlohnung einzelner Portfoliomanager handelt. Als Argument gegen erfolgsabhängige Entlohnungsmodelle in der Investmentindustrie bemühen Politiker pauschal den Verbraucherschutz. Wie nachstehend gezeigt wird, weist dieses Argument nicht auf Sachkenntnis hin.

Erfolgsabhängige Entlohnungsmodelle stehen aber durchaus auch in der wissenschaftlichen Diskussion in der Kritik. Hier steht die Anreizwirkung unterschiedlicher Entlohnungsmodelle auch in Bezug auf unterschiedliche Anlageformen im Vordergrund der Kritik. Auch die Sinnhaftigkeit der einzelnen Komponenten und deren Wirkung auf unterschiedliche Anlegergruppen wird diskutiert. Diese Diskussionen erfolgten allerdings auf einem zum Teil recht realitätsfernen, theoretischen Niveau.

Neben die wissenschaftliche Diskussion tritt zunehmend das grundsätzliche Hinterfragen von Gebührenmodellen durch die Investoren. Diese hinterfragen die Kosten eines „ausgelagerten" Portfoliomanagement. Damit gewinnt die Diskussion eine recht pragmatische Dimension. Wofür zahlt der Investor, wofür möchte der Investor den Portfoliomanager ent- und belohnen?

Der verstärkte Einsatz passiver Produkte sowie die gerne zitierten Statistiken über auf Dauer erfolglose Portfoliomanager verstärken verständlicherweise die Frage nach dem Zusammenhang von Leistung und Gegenleistung im Asset Management.

Vor dem Hintergrund der vorstehenden Aspekte haben sich Autoren immer wieder bemüht, die Konstruktion von erfolgsabhängigen Entlohnungsmodelle, ihre Vor- und Nachteile objektiv, zum Teil unter Zuhilfenahme kapitalmarkttheoretischer Ansätze zu erklären.

Der Verfasser dieses Artikels vertritt die Auffassung, dass es weder allgemeingültige, objektive Argumente für noch gegen erfolgsabhängige Entlohnungsmodelle gibt.

Es lassen sich allenfalls Tendenzaussagen bezüglich der Wirkung von erfolgsabhängigen Entlohnungsmodellen treffen. Bereits der in Deutschland übliche Begriff der erfolgsabhängigen Entlohnung führt nach Ansicht des Verfassers insofern in die Irre, als der Begriff Entlohnung auf einen unmittelbaren Zusammenhang von Leistung und Gegenleistung hinweist. Dieser ist bereits aufgrund des zeitlichen Auseinanderfallens der Realisation von Leistung und Gegenleistung im Asset Management nicht zwingend. Die erfolgsabhängige Entlohnung wird auch dann fällig, wenn der Erfolg nicht realisiert wird. Der Erfolg ist zunächst eine rechnerische Größe.

Der im englischen Sprachraum verwendete Begriff „Performance-Based Fee" vermeidet den Hinweis auf einen unmittelbaren Zusammenhang zwischen der Tätigkeit eines Asset Managers und einer dafür erfolgenden Leistung. Eine Zahlung erfolgt auf Basis der Performance eines Portfolios, nicht des Portfoliomanagers. Diese Interpretation wirft natürlich die Frage auf, warum der Investor eine „Fee" an den Portfoliomanager bezahlt, wenn nicht klar ist, ob die Performance durch den Portfoliomanager erzielt wurde.

Bei so viel Diskussion um diese Gebührenmodelle lässt sich der Schluss ziehen, dass eine Beschäftigung mit diesen Modellen viel zu mühselig ist und sich nicht lohnt. Der Verfasser vertritt jedoch die Auffassung, dass bei richtiger Auswertung der geführten Diskussionen erfolgsabhängige Entlohnungsmodelle für Investoren und Portfoliomanager sehr wertvolle Dienste leisten.

5.2 Erwartung und Entlohnung

Üblicherweise argumentieren Ökonomen, dass Preise sich an Märkten bilden. Angebot und Nachfrage führen zu einem fairen Preis. Diese Annahme erscheint gerade an Finanzmärkte mit hoher Transparenz und Liquidität gerechtfertigt.

Es erscheint allerdings fraglich, ob diese Überlegung auch auf die Entlohnung eines Portfoliomanagers übertragen werden kann.

Im Bereich der Publikumssondervermögen verhandelt der Investor nicht über das Entlohnungsmodell, da das Investmentsondervermögen und der zugrunde liegende Vertrag in der Regel zum Zeitpunkt des Investments bereits bestehen.

Auch trifft der einzelne Investor nur selten auf den Portfoliomanager und hätte auch nicht die Marktmacht ein Gebührenmodell auszuhandeln. Die Gebührenmodelle in diesem Marktsegment werden eher im Wettbewerb der Anbieter entwickelt. Es spricht einiges dafür, dass der typische Kleinanleger bestenfalls die sogenannte Total Expense Ratio (TER) seines Fonds kennt. Die Details der Entlohnung des Portfoliomanagers werden ihm verborgen bleiben oder sofern er die Vertragsbedingungen liest, unverständlich bleiben. Der Kleinanleger bestimmt somit nur insofern über das Gebührenmodell, als er sich möglicherweise angesichts der Total Expense Ratio für ein anderes Investmentsondervermögen oder eine andere Anlageform entscheidet.

Im Bereich des institutionellen Asset Management, also z. B. bei Spezialsondervermögen treffen Parteien in Bezug auf die Marktmacht einander „auf Augenhöhe". Häufig bestehen jedoch seitens der Investoren spezielle Wünsche hinsichtlich Anlagezeiträumen,

-strategien, Ausschüttungspolitik etc. Ein Markt für standardisierte Produkte besteht im institutionellen Asset Management daher nur in Ansätzen.

Erschwerend tritt hinzu, dass die genaue, von dem Investor geforderte Leistung nur schwer formuliert werden kann. Der Wunsch nach Wertsteigerung oder zumindest die Vermeidung von Verlusten können als Leistungsindikatoren gesehen werden. Wie hoch jedoch die Wertsteigerung aussehen sollte, ob sich Verluste vorübergehend oder ständig vermeiden lassen, lässt sich im vorherein nur schwer bestimmen. Entsprechend fällt es schwer, ein Leistungsprofil zu formulieren, dass sich im Zeitablauf als stabil erweist.

Hier gewinnt der Gedanke der Zielfunktion oder Zielbedingung an Bedeutung. Wenn es gelingt, für die Wünsche und Bedürfnisse des Investors und des Portfoliomanagers einen Rahmen zu definieren, sollte es möglich sein, die Umsetzung dieses Rahmens zu entlohnen.

Zielfunktionen im Asset Management gelten zu Recht als besonders komplex, da die Zielfunktion bei Vertragsabschluss festgelegt wird, sich jedoch auf zukünftige und damit unbekannte Entwicklungen bezieht. Es erscheint daher sinnvoll, einen „bestimmten" Erfolg zu definieren, bei dem sowohl der Investor als auch der Portfoliomanager eine Zielerreichung als gegeben ansehen. Dies mag auf den kleinsten gemeinsamen „Teiler" hinauslaufen, kann aber operabel formuliert werden. Dieser Erfolg kann z. B. in einer Minimumrenditekennzahl unter Angabe einer Risikokennziffer als Nebenzielbedingung zusammengefasst werden.

Bei der Definition einer solchen Zielfunktion sollten verschiedene Aspekte berücksichtigt werden. Insbesondere kann sich die Erwartungshaltung der Vertragsparteien ändern. Die Marktentwicklung kann Erwartungen und Möglichkeiten der Erreichung einer Zielperformance ändern. Hier liegt die Stärke der relativen Ziele, die sich analog z. B. einer Benchmark entwickeln.

Die Zielfunktion darf nicht zu weit gefasst sein, um dem Charakter einer Definition Rechnung zu tragen und muss andererseits Entwicklungen Rechnung tragen.

Der Schwierigkeit, eine Zielfunktion zu entwickeln, insbesondere bei Unkenntnis der Zukunft, kann man mit Resignation begegnen. Wenn weder der Portfoliomanager weiß, was er leisten kann, noch der Investor weiß, was er will, erscheint ein Vertrag sinnlos.

Alternativ kann der Versuch unternommen werden, statt starrer Kriterien die Motivation des Investors einen Portfoliomanager zu beschäftigen, herauszuarbeiten. Gleichzeitig sollte versucht werden, die Motivation des Portfoliomanagers herauszuarbeiten, die Aufgabe anzunehmen. Je mehr Komponenten herausgearbeitet werden können, desto eher kann die zu erfüllende Aufgabe und damit die Entlohnung einschließlich die Art der Entlohnung herausgearbeitet werden.

Wenn ein Investor lediglich einen Index nachbilden will, erwartet er vermutlich eher eine Durchschnittsrendite bei überschaubarem Risiko. Erwartet er bei einem aktiven Portfoliomanager deswegen eine höhere Rendite oder möchte er z. B. lediglich bestimmte Ausschüttungen für eine Liquiditätssteuerung sicherstellen? In den letzten beiden Fällen erscheint eine an einer Performance gemessene Entlohnung des Portfoliomanagers nicht sinnvoll.

Will der Investor dagegen eine höhere Rendite erzielen und ist bereit, ein höheres Risiko einzugehen, wird er sich an einen Portfoliomanager mit einem entsprechenden Angebot wenden. Hier kann es sinnvoll sein, die Entlohnung an messbare Rendite- und Risikokennzahlen zu binden. Wie erkennt der Investor jedoch einen solchen Portfoliomanager und wie verhindert er das Eingehen zu hoher Risiken?

Der Portfoliomanager muss sich seinerseits überlegen, was er an einem Mandat verdienen muss und ob er bei individuellen Wünschen einen auskömmlichen Deckungsbeitrag erzielt. Auch muss er sich überlegen, wie viele Anlaufkosten bei einem Neumandat entstehen, wie lange es dauert, diese zu erwirtschaften, wovon er in der Zwischenzeit den Geschäftsbetrieb aufrechterhält. Anlaufkosten des Portfoliomanagers können durch Upfront-Zahlungen des Investors gedeckt werden. Welchen Anreiz hat aber der Investor, eine solche Zahlung zu leisten? Ein solcher Anreiz könnte in einem garantierten Mindesterfolg liegen.

Diese Fragen berühren den Erfolg der Geschäftsbeziehung zwischen Investor und Portfoliomanager und damit die Entlohnungsformel. Investoren und Portfoliomanager können eine Vielzahl dieser Aspekte in dem Entlohnungsmodell lösen.

5.3   Erfolgsabhängige Gebührenstrukturen

Eine Diskussion erfolgsabhängiger Gebührenmodelle sollte zunächst klären, was unter einem **Gebührenmodell** und was unter **Erfolg** zu verstehen ist.

Im Folgenden soll unter einem Gebührenmodell eine vertraglich, zwischen einem Portfoliomanager und einem Investor geschlossene Vereinbarung verstanden werden, die das Entgelt für das Treffen von Investmententscheidungen zum Gegenstand hat. Es spielt dabei keine Rolle, ob der Portfoliomanager und der Investor natürliche Personen oder Unternehmungen sind. Für das Verständnis des Artikels kann es aber hilfreich sein, sich einen institutionellen Investor und einen entsprechenden Portfoliomanager vor Augen zu halten.

Wichtig ist jedoch, dass die Vereinbarung vor der Investmententscheidung getroffen wird und sich das Entgelt ausschließlich auf den Entscheidungsprozess bezieht. Unter Erfolg wird im Folgenden das Erreichen des in vorstehendem Vertrag ebenfalls zu fixierenden Erfolgsmaßstabes verstanden. Auch hier ist die Ausprägung des Erfolges zunächst egal, wichtig ist lediglich die Fixierung vor Aufnahme der Tätigkeit des Portfoliomanagers.

In negativer Abgrenzung bedeutet dies, dass unter erfolgsabhängigen Gebührenmodellen keine Anerkennungsprämien für bereits geleistete Arbeit zu verstehen sind.

In reiner Form gibt es somit zwei erfolgsabhängige Gebührenmodelle.

Das eine Modell misst das Entgelt basierend auf dem verwalteten Investmentvermögen. Dieses Modell wird in der Regel, nach Meinung des Verfassers fälschlicherweise, nicht als erfolgsabhängiges Gebührenmodell gesehen. Bedenkt man jedoch, dass der Portfoliomanager mit „guten" Investmententscheidungen das Investmentvermögen steigert, hat er es in diesem Modell selbst in der Hand, sein Entgelt zu steigern. Damit tritt der Erfolgscharakter eindeutig hervor. Ebenso nicht zu unterschätzen ist, dass dieser Erfolg durch Performancemessung und -präsentation nach außen sichtbar gemacht werden kann und damit zu einem weiteren Mittelzufluss führt. Auch dies kann als Erfolg gewertet werden, fällt allerdings nicht unter die Eingangsdefinition, da dieses Element üblicherweise nicht vertraglich fixiert wird.

Das üblicherweise als erfolgsabhängig bezeichnete Modell misst den Erfolg dagegen anhand relativer oder absoluter, aus der Entwicklung des Investmentvermögens abgeleiteter Kennzahlen, in der Regel einer Performancezahl. Diese Modelle erfordern komplexe Strukturen zur Erfolgsmessung, die in der Regel Elemente wie eine Benchmark, eine Hurdle Rate, eine High-Water Mark, eine Partizipationsrate und sogenannte Resettings enthalten.

5.4   Das „geeignete" Entlohnungsmodell

Die Frage nach der Motivation für eine Entlohnung erscheint zunächst banal. Der Portfoliomanager arbeitet und möchte dafür bezahlt werden. Der Investor nimmt eine Dienstleistung in Anspruch und in den meisten Wirtschaftssystemen ist dafür ein Entgelt zu entrichten.

Gerade diese Gründe passen jedoch nicht in eine Diskussion um gebührenabhängige Entlohnungsmodelle. Diese beruhen in ihrem Kern gerade nicht auf der bloßen Erbringung einer Dienstleistung, sondern auf dem Erzielen eines Erfolges. Gleichzeitig handelt es sich jedoch nicht um sogenannte Werkverträge, da nicht ein bestimmtes „Gewerk" geschuldet wird. Bezahlt wird vielmehr ein bedingter Erfolg, dessen Ursache und Umfang nur eingeschränkt vertraglich fixiert werden können.

Ein Portfoliomanager, der nicht die angestrebten Ziele erreicht, verhungert in diesem System. Daher ist der Wunsch der Portfoliomanager nach solchen Systemen zunächst schwer zu verstehen. Es erklärt jedoch, warum erfolgsabhängige Modelle in der Regel mit einer Komponente verbunden werden, die dem Portfoliomanager nach allem Ermessen das Überleben sichert.

Reine erfolgsabhängige Modelle stellen somit für den Portfoliomanager eine schlechte und für den Investor zumindest auf den ersten Blick eine ausgesprochen günstige Gebührenvariante dar. Der Investor zahlt nur bei Lieferung. Die Kritik der Politik, dass solche Gebührenmodelle konsumentenfeindlich seien, läuft somit ins Leere.

Der Portfoliomanager kann nur situativ ein hohes Interesse an erfolgsabhängigen Elementen haben. Er profitiert zum einen ohne eigenen Kapitaleinsatz an seinem Arbeitserfolg, wenn seine Investmententscheidungen das investierte Kapital erhöhen und zugleich das Kapital der Maßstab für die Erfolgsmessung ist. Zum anderen kann vorgeblich der „gute" einfacher von dem „schlechten" Portfoliomanager unterschieden werden (Signaleffekt), da nur die „Guten" bereit sind, solche Vereinbarungen einzugehen. Dieser Signaleffekt kann für den Investor wiederum interessant sein, um die Kosten des

Auswahlprozesses des Portfoliomanagers zu senken und möglicherweise tatsächlichen einen der „Besseren" auszuwählen. Das wiederum kommt dem Portfoliomanager zugute.

Der Investor sollte bei letzterer Überlegung aber an den Verlauf des Investmentprozesses denken. Die meisten Portfoliomanager arbeiten mit Research, Know-how und Prozessen. Nur diejenigen, die über eine Kristallkugel verfügen, die ihnen die Zukunft voraussagt, können gesichert Erfolg versprechen. Der „Bessere" ist nicht der Portfoliomanager, der Signale setzt, sondern der, der kontinuierlich in Research, Know-how und Prozesse investiert.

Da die meisten Portfoliomanager mit Research und Know-how, eingebettet in Investmentprozesse und eher selten mit Kristallkugeln arbeiten, erscheint eine Basisentlohnung zur Finanzierung dieser Arbeitsmittel auch für den Investor sinnvoller, als eine reine Erfolgsvergütung. Nur so kann der Portfoliomanager kontinuierlich in seinen Geschäftsbetrieb investieren. Die zentrale Rechtfertigung von erfolgsabhängigen Gebührenmodellen besteht somit in einem verstärkten Investitionsanreiz für den Portfoliomanager.

Letztlich dürften weder Investor noch Portfoliomanager eine Motivation verspüren, reine erfolgsabhängige Entlohnungsmodelle umzusetzen. Beide Seiten haben eine hohe Motivation, ein ausgewogenes Vergütungssystem festzulegen. Dies kann ein erfolgsneutrales Modell mit Modifikationen in Richtung einer erfolgsbasierten Entlohnung sein.

Entscheidend für den Investor und den Portfoliomanager ist es, Modifikationen zu finden, die ihren jeweiligen Interessen entgegenkommen.

5.5 Elemente der Gebührenmodelle

Sofern die Entwicklung des Investmentvermögens der Erfolgsmaßstab des Portfoliomanagers ist, bedarf es auf den ersten Blick lediglich einer verlässlichen Bestimmung des Investmentvermögens und seiner Entwicklung im Zeitablauf. Auf dieser Basis kann dann die erfolgsabhängige Entlohnung bestimmt werden.

Ein solches Vorgehen dürfte bei einem Spezialsondervermögen mit einem Investor auf den ersten Blick ausreichend sein. Bei einem Publikumssondervermögen mit einer Vielzahl von Erwerbs- und Veräußerungsvorgängen könnten die Bestimmung und die individuell daraus zu ermittelnde Entlohnung schnell zu einem logistischen Problem werden.

Auch bei dem Spezialsondervermögen müssen selbstverständlich Mittelzu- und -abflüsse neutralisiert werden.

Allerdings sollte auch nicht unterschätzt werden, dass bereits das Investmentvermögen definitionsbedürftig ist. Das Investmentvermögen kann zumindest unterschieden werden in

- Investiertes Kapital,
- Investiertes Kapital plus Barmittel,
- Investiertes Kapital plus Barmittel plus Einzahlungsverpflichtungen der Investoren.

Insbesondere die Einzahlungsverpflichtung der Investoren ist eine nicht zu unterschätzende Größe. Diese Mittel ruft der Portfoliomanager ab, wenn er eine „gute" Investmentmöglichkeit sieht. Der Abruf zum richtigen Zeitpunkt kann für den Investor eine geldwerte Leistung sein. Zudem kann er bis zum Abruf mit der Liquidität eigene Ziele verfolgen. Auch der Portfoliomanager profitiert, da es für ihn einkommenssteigernd ist, Investmentchancen zu suchen und zu realisieren. Gleichzeitig muss er sich nicht um die „lästige" Liquidität kümmern.

Unter der Annahme, dass die Einkommensmaximierung bzw. -optimierung das Ziel des Investors und des Portfoliomanagers ist, spricht einiges dafür, das Investmentvermögen als Investiertes Kapital plus Barmittel plus Einzahlungsverpflichtungen der Investoren zu definieren. In der Praxis dürfte diese Variante eher selten anzutreffen sein.

Dieser Ansatz scheitert vermutlich häufig daran, dass der Investor vor Abruf der Mittel nicht das Gefühl hat, eine Leistung zu erhalten.

In der Diskussion der Entlohnungsmodelle, die üblicherweise als erfolgsabhängig gesehen werden, spielen weitere Komponenten eine Rolle. Dies wird in der Regel mit den als Maßstab verwendeten absoluten oder relativen Erfolgsmaßstäben begründet (Abb. 5.1).

Akzeptiert ein Investor, das auf dem Investmentvermögen basierende Modell als erfolgsabhängig, sollte er aber auch über die Integration nachstehender Elemente, wenn auch zum Teil in modifizierter Form, nachdenken. Diese finden regelmäßig Einsatz, wenn als Erfolgsmaßstab eine relative Messgröße wie das „Schlagen" der Benchmark festgelegt wird.

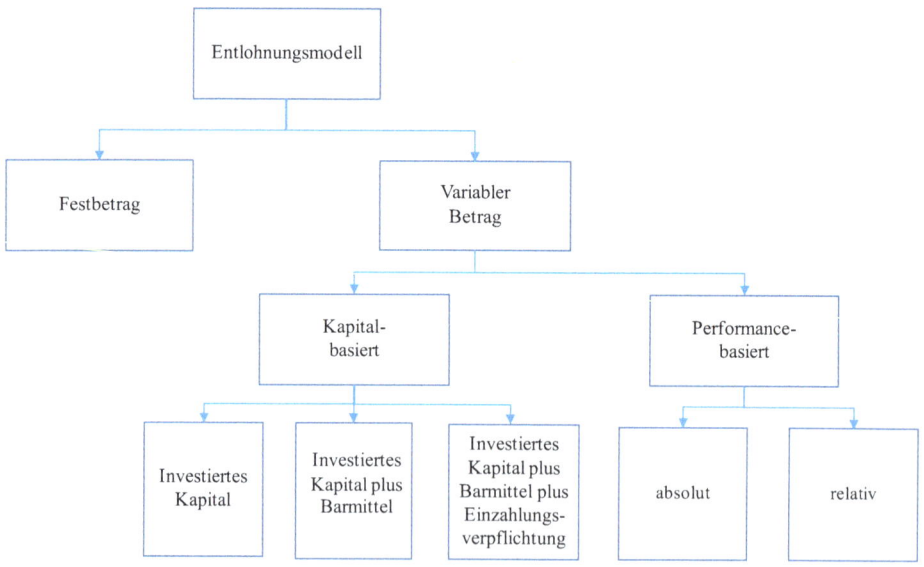

Abb. 5.1 Components

In leichter Abweichung von der üblichen Diskussion sieht der Verfasser als das wichtigste Element den Zeitpunkt, an dem der Portfoliomanager partizipiert. Dieser Zeitpunkt wird üblicherweise nicht in Zeiteinheiten, sondern in „Performanceeinheiten" gemessen und als **Hurdle Rate** bezeichnet. Die Hurdle Rate ist die absolute oder relative Performance, die erreicht werden muss, bevor der Portfoliomanager Anspruch auf eine erfolgsabhängige Entlohnung hat. Sie wird häufig als Aufschlag auf eine andere Größe, die Benchmark, definiert.

Das Festlegen einer Hurdle Rate kann als besonders kritischer Zeitpunkt der Vertragshandlungen zwischen Investor und Portfoliomanager gesehen werden. Obwohl nicht zwingend, schließt die Festlegung einer Hurdle Rate die Diskussion einer Partizipation an negativem Erfolg fast zwangsläufig aus. Wenn der Investor festlegt, ab welcher Performance der Portfoliomanager partizipiert, wird er schwerlich zugleich über eine negative Partizipation verhandeln. Das Signal des Portfoliomanagers hat gewirkt!

Die Festlegung der Hurdle Rate kommt der Motivation des Portfoliomanagers nach einer Signalwirkung besonders entgegen. Ob eine hohe Hurdle Rate jedoch im Sinne des Investors ist, erscheint fraglich. Je höher die vom Portfoliomanager angebotene Hurdle Rate, desto stärker sein Signal zu den Besten zu gehören. Aus Sicht des Investors spielt allerdings weniger das Selbstbewusstsein des Portfoliomanagers als vielmehr der Investmenterfolg eine Rolle. Hier spielt das Verhältnis von erfolgsneutraler und erfolgsabhängiger Vergütung eine große Rolle. Liegt die Hurdle Rate zu hoch, erlischt der Anreiz des Portfoliomanagers, sich individuell um das Portfolio zu kümmern. Er „lebt" von der erfolgsneutralen Vergütung. Dennoch besteht für den Portfoliomanager ein Anreiz eine hohe Hurdle Rate zu wählen. Über die Signalwirkung der hohen Hurdle Rate fließen ihm neue Investmentmittel zufließen, an deren erfolgsneutraler Entlohnung er in Summe möglicherweise mehr verdient, als an einer erfolgsabhängigen Entlohnung. Liegt die Hurdle Rate zu niedrig, zahlt der Investor für eine Leistung, die bereits mit der erfolgsneutralen Entlohnung abgegolten ist.

Die **Benchmark** gilt als Grundstein der Erfolgsmessung. Dabei wird der Begriff „Benchmark" im Asset Management in einer Weise verwendet, die zu Missverständnissen führen kann. Im Zusammenhang mit erfolgsabhängigen Entlohnungsmodellen wird gerne betont, dass das Schlagen der Benchmark-Performance das Ziel eines aktiven Managementansatzes sei. Da eine solche Zielerreichung wohl eher die berechtigte Erwartung als einen belohnungswürdigen Tatbestand darstellt, ist die bereits angesprochene Hurdle Rate von besonderer Bedeutung. Erst Benchmark plus Hurdle Rate rechtfertigen eine erfolgsabhängige Vergütung.

Allerdings setzen Portfoliomanager die Benchmark auch gerne mit der Strategie gleich. Um „besser" als die Benchmark zu sein, muss der Portfoliomanager jedoch zwingend von dieser abweichen. Das bedeutet nun, dass der Investor den Portfoliomanager mit einer erfolgsabhängigen Entlohnung dafür belohnt, dass er von der Benchmark und damit der vereinbarten Strategie abweicht. Der Auftraggeber, der Investor, entlohnt den Auftragnehmer, den Portfoliomanager, für vertragswidriges Verhalten.

Letztlich mag es sich bei dieser Gegenüberstellung um Wortklauberei handeln. Allerdings sollte es gut überlegt sein, die Benchmark in einem aktiven Portfoliomanagementansatz als Strategie zu bezeichnen und gleichzeitig die Abweichung zu entlohnen. Hier wäre dann wohl den Verbraucherschützern Recht zu geben, die eine solche Konstellation für Kleinanleger zumindest für verwirrend halten.

Ebenfalls kritisch ist in diesem Kontext zu hinterfragen, wer denn die Benchmark bestimmt. Einerseits ist dies natürlich eine Verhandlungssache. Andererseits muss wohl der Portfoliomanager und nicht der Investor als Benchmarkspezialist gelten. Der Portfoliomanager befindet sich jedoch in einem Interessenkonflikt. Er legt möglicherweise seinen eigenen Erfolgsmaßstab fest. Dieser Interessenkonflikt lässt sich nur bei Wissensgleichheit vermeiden. Wäre diese Gleichheit gegeben, wäre der Portfoliomanager weitgehend überflüssig.

Die Lösung des Konfliktes lautet Vertrauen. Wenn der Investor das Know-how des Portfoliomanagers benötigt und ihm Investmentvermögen anvertraut, sollte er ihm auch darüber hinaus vertrauen.

Der Investor wird das nötige Maß an Vertrauen mitbringen müssen und der Portfoliomanager eine gute und dokumentierte Argumentation für die Auswahl der Benchmark.

Sofern eine Einigung über die Hurdle Rate und Benchmark erzielt wurde, liegt es nahe, sich um die **Partizipationsrate** zu kümmern. Dies ist der Anteil, mit dem der Portfoliomanager an dem Erfolg partizipiert. Die Diskussion um die Partizipationsrate begleitet häufig die Frage nach einer sich proportional, unterproportional und überproportional bzw. linear, degressiv und progressiv entwickelnden Partizipation.

Die reine Partizipationsrate obliegt dem Verhandlungswillen der Vertragspartner wie bei jedem Rechtsgeschäft. Es spielt keine wesentliche Rolle, ob sich eine Verhandlung um eine Basisgebühr oder um die hier besprochene Partizipationsrate dreht. Die Entwicklung der Rate steht jedoch in unmittelbarem Zusammenhang mit der Motivation der Vertragsparteien zur Einigung auf erfolgsabhängige Entlohnungsmodelle.

Eine progressive oder überproportionale Partizipation bedeutet letztlich, dass der Investor, obwohl Kapitalgeber, einen immer geringeren Anteil an dem Erfolg hat. Der Ökonom spricht von einem abnehmenden Grenznutzen. Der Volksmund würde hier vermutlich und mit einer gewissen Berechtigung von Gier sprechen. Es ist kaum begründbar, warum eine Partei (hier der Portfoliomanager), die kein Kapitalrisiko und auch sonst kein erkennbares Risiko trägt, einen steigenden Anteil am Ertrag erhält.

Bereits ein linearer Verlauf kann nur schwer begründet werden. Zwar sendet der Portfoliomanager das Signal aus, zugunsten des Investors in Research, Know-how und Prozesse zu investieren. Es erscheint aber zumindest zweifelhaft, ob dies in einem zum Erfolg proportionalen oder linear verlaufenden Umfang erfolgt. Da allerdings der Investor nur dann zahlt, wenn der Erfolg eintritt und proportionale sowie lineare Modelle vergleichsweise leicht zu verwalten sind, lassen sich diese Modelle rechtfertigen.

Wer die erfolgsabhängigen Modelle mit dem Anreiz der Investition in Research, Know-how und Investmentprozesse begründet, sieht am ehesten unterproportionale, mit wachsendem Erfolg sinkende Partizipationsraten als begründbar an.

Eine weitere wichtige Komponente der erfolgsabhängigen Modelle ist die **High-Water Mark** – der historisch höchste Wasserstand. Vereinfacht handelt es hier um die höchste, in der Historie erwirtschaftete Performance oder den höchsten Stand des Investmentkapitals. Der Vereinbarung einer solchen Marke liegt die Überlegung zugrunde, dass der Portfoliomanager nach einem Rückgang der Performance erst wieder erlittene Verluste aufholen soll, bevor er eine erfolgsabhängige Entlohnung erhält.

Der Grundgedanke ist richtig und einleuchtend. Allerdings erreichen spätestens hier erfolgsabhängige Modelle eine erhebliche Komplexität. Eine solche Marke kann nur individuell festgelegt werden. Wer aber will in einem Publikumsfonds mit tausenden von Investoren festhalten, wer zu welchem Zeitpunkt „eingestiegen" ist.

Als eine Lösung wird das Setzen allgemeiner Marken gesehen. Dann allerdings könnten Investoren einsteigen, wenn aufgrund einer solchen allgemeinen Marke nach einem Wertverlust zunächst keine erfolgsabhängige Vergütung zu zahlen ist. Die Altinvestoren wären jedoch benachteiligt, da sie für den vorhergehenden Erfolg bezahlt haben. Die Neuinvestoren zahlten dagegen für einen Anstieg bis zur High-Water Mark nichts: der „freie" Ritt!

Die High-Water Mark bringt – so sehr das Konzept auch einleuchtet – einige weitere Probleme mit sich.

Zunächst einmal lässt sich an der Fairness des Konzeptes zweifeln. Es gibt wenig Zweifel daran, dass es Performancerückgänge gibt, die aus allgemeinen Markttendenzen herrühren. Soll der Portfoliomanager hierfür bestraft werden? Sollte nicht lieber mit einer Attributionsanalyse versucht werden, den individuellen Erfolg des Portfoliomanagers zu ermitteln?

Die einfache Antwort wäre, dass der Portfoliomanager die Chance hat, ohne eigenes Verdienst von Marktbewegungen zu profitieren. Warum soll er dann nicht das vergleichbare Schicksal nach unten erleiden.

Ein weiteres Problem steckt in der Überlegung, dass das Bemühen eines Portfoliomanagers nach einem starken Kursrückgang die High-Water Mark zu erreichen, gemindert sein dürfte. Dies hängt sicher von der Wahrscheinlichkeit ab. Möglicherweise wartet der Portfoliomanager erst einmal ab.

Es liegt offensichtlich im Interesse des Investors und des Portfoliomanagers Anreizsysteme zu schaffen, die eine Zielerreichung überhaupt erst ermöglichen. Hierfür wird üblicherweise ein **Resetting** durchgeführt. Historische Verluste werden nach einem gewissen Zeitverlauf aus der Performancehistorie gestrichen. Das Spiel beginnt für den Portfoliomanager (fast) von vorne.

Eine High-Water Mark bedingt also ein Resetting. Die Komplexität der Formeln für erfolgsabhängige Entlohnungen beruht nicht zuletzt darauf, dass die eine Komponente die nächste begründet.

5.6   Principle-Agent-Problem

Fast in jedem Beitrag zu Entlohnungsmodellen wird auch die sogenannte Principle-Agent-Theorie diskutiert.

Es ist nicht von der Hand zu weisen, dass insbesondere bei Publikumssondervermögen der Investor kaum eine Kontrollmöglichkeit in Bezug auf den Portfoliomanager hat. Dies lässt sich nach Ansicht des Verfassers aber nur eingeschränkt durch Gebührenmodelle lösen.

Auch im institutionellen Asset Management stehen einander zwar die Parteien in Bezug auf ihre Verhandlungsmacht, nicht jedoch in Bezug auf ihr Wissen auf Augenhöhe gegenüber. Hier können Gebührenmodelle zwar theoretisch eine Lenkungs- und Steuerungsfunktion haben. Die Komponenten eines erfolgsabhängigen Gebührenmodells erweisen sich zum Teil aber als so komplex, dass es erheblichen Spezialwissens bedarf, um die Wirkung ex ante zu durchschauen.

Entlohnungsmodelle sollten nicht als Allheilmittel gesehen werden.

5.7   Zusammenfassung

Wie die Diskussion um Gebührenmodelle bei aktiv und passiv gemanagten Produkten zeigt, ist die Asset Management Industrie zunehmend bereit, einen Zusammenhang zwischen quantitativem Ressourceneinsatz und Gebühren herzustellen.

Da nur wenige Portfoliomanager die Zukunft per se kennen, stellen erfolgsabhängige Gebührenmodelle einen Anreiz dar, in Research, Know-how und Prozesse zu investieren.

Nicht abschließend zu beantworten ist sicherlich die Frage, welcher Erfolgsmaßstab diese Motivation unterstützt. Der Verfasser erachtet einen auf das Investmentvermögen ausgerichteten Maßstab als sinnvoller als z. B. eine relative Performance. Diese Ansicht gründet sich allerdings vor allem auf der hohen Komplexität von Modellen, die mit relativer Performance arbeiten. Diese Komplexität verdeckt den Zusammenhang zwischen Modell und Wirkung.

Erfolgsabhängige Gebührenmodelle haben unzweifelhaft einen Signaleffekt. Allerdings zeigen die Modelle nicht zwangsläufig den Besten. Bei einer sinnvollen Ausgestaltung lässt sich viel mehr erkennen, wer bereit ist „mehr" in den Investor zu investieren. Letztlich bedeutet die Akzeptanz einer niedrigen Grundgebühr verbunden mit der Aussicht auf eine Erfolgsbeteiligung das Eingehen eines unternehmerischen Risikos durch den Portfoliomanager. Dies wiederum rechtfertigt die Erfolgsbeteiligung.

Der Nachteil erfolgsabhängiger Gebührenmodelle besteht in ihrer Komplexität. Wer die Ausprägungen aller Elemente in eine Berechnungsformel für die Gebühren gießen möchte, sollte einen Mathematiker zurate ziehen. Wer es bei Worten belässt, ist mit einem Anwalt nicht schlecht beraten. Mit steigender Komplexität sinkt insbesondere der erkennbare Zusammenhang zwischen dem Modell und seiner Wirkung. Komplexe

Modelle führen daher möglicherweise nicht zu einer Annäherung an die Zielfunktionen, sondern zu einem Auseinanderdriften.

Für Publikumssondervermögen stellt sich bereits aus logistischen Gründen der Ermittlung die Frage nach der Sinnhaftigkeit solcher Modelle.

Der Verfasser ist ein Befürworter von erfolgsneutralen Vergütungsmodellen mit erfolgsabhängigen Elementen. Wichtig erscheint ihm, einfache Modelle anzuwenden, die möglicherweise nicht jeden Aspekt erfassen, stattdessen aber sowohl für Investor als auch Portfoliomanager transparent sind.

Über den Autor

Martin Schliemann ist Geschäftsführer der Frankfurt Finance Audit Wirtschaftsprüfungsgesellschaft. Als Wirtschaftsprüfer liegt sein Schwerpunkt im Bereich Asset Management, insbesondere der Verifizierung von Performance Präsentationen nach den Global Investment Performance Standards (GIPS). Er ist seit vielen Jahren Mitglied in Ausschüssen und Arbeitskreisen zum Thema Performance. Er war u. a. Mitglied des neunköpfigen Global Executive Committee des CFA Institute zum Thema GIPS. Zurzeit leitet er das Investment Performance Committee des German Asset Management Standard Committee.

Die **FFA Frankfurt Finance Audit Wirtschaftsprüfungsgesellschaft** ist eine auf den Finanzsektor fokussierte Prüfungs- und Beratungsgesellschaft. Sie betreut nationale und internationale Kreditinstitute, Asset Manager, Finanzdienstleistungsunternehmen, aber auch Unternehmen verwandter Branchen http://www.frankfurtfinanceaudit.de.

Performancerelevanz von Transaktionskosten

Ralf Meinerzag

Einleitung

In vielen Veröffentlichungen wird die Performance von Asset Management Produkten verglichen. Ergebnisse werden von allen Seiten beleuchtet. Immer wieder geht man der Frage nach, warum ein Fonds innerhalb einer Peergroup besser oder schlechter performt/ abgeschnitten hat. Ganz selten wird darauf verwiesen, wie wichtig es ist, dass die Fondsgesellschaft und der Asset Manager auf einen kostengünstigen und effizienten Handel zurückgreifen können. Denn auch hier sind hochwertige technische Lösungen zu günstigen Konditionen ein Performancetreiber und faktisch somit ein Gewinntreiber.

6.1 Institutionelle professionelle Anleger sind kostenkritischer als Retailanleger

Gerade das institutionelle Asset Management ist deutlich kostenkritischer, aufgrund der professionellen Investorenseite, die in den entsprechenden Anlageausschusssitzungen der Fondsgesellschaften regelmäßig das Management kontrollieren und die Anlagepolitik dezidiert hinterfragen. Insofern sind die Transaktions- und Researchkosten der Asset Manager immer wieder ein Thema, das die Vergabe der Gelder an eine Fondsgesellschaft entscheidend mitbestimmt. Denn diese Kosten machen neben den Managementgebühren einen erheblichen Teil der Gesamtkosten aus. Der **Performance-Faktor „Transaktionskosten"** wird somit vermehrt in den letzten Jahren auch als solcher erkannt. Für deutsche institutionelle Anleger hat vor allem ein Trend dazu beigetragen – die Kostentransparenz

R. Meinerzag (✉)
Steubing AG, Frankfurt am Main, Deutschland
E-Mail: ralf.meinerzag@steubing.com

© Springer Fachmedien Wiesbaden GmbH 2017
U. Rieken et al. (Hrsg.), *Kostentransparenz im institutionellen Asset Management*,
DOI 10.1007/978-3-658-12832-6_6

erhöht: Die Bündelung aller Spezialfonds unter dem Dach einer Master-KVG. So werden die Kosten für den institutionellen Investor transparent.

Aktuell beobachten wir vermehrt auf allen Stufen der Wertschöpfungskette des Asset Managements einen dynamischen Wettbewerb unter den Anbietern. Lange Zeit führte das institutionelle Asset Management für die Gesellschaften ein Nischendasein, da die Margen hier schon immer deutlich niedriger waren als im Retailbereich. Dadurch, dass Privatanleger nach der Finanzkrise 2008 momentan nur sehr schwer von Finanzprodukten wie Fonds zu überzeugen sind, hat der **Kampf um institutionelle Mandate** in den letzten Jahren stark zugenommen. Eine Folge: Die historisch gewachsenen und für den Anleger lange intransparenten Marktstrukturen sind aufgebrochen worden und finden sich neu – zum Wohle der Anleger. Gleichzeitig gibt es im Investmentgesetz keinerlei Richtlinien über die verpflichtende Offenlegung der Transaktionskosten in den Verkaufsprospekten. Dennoch ist davon auszugehen, dass gerade solche Kosten ein Bestandteil der Entscheidungsgrundlage von institutionellen Investoren bei der Suche nach einem Asset Manager sind.

Wertpapierdienstleistungsunternehmen haben durch die Richtlinie über Märkte für Finanzinstrumente (MiFID) Best-Execution zu betreiben, aber Asset Manager fallen (noch) nicht unter dieses Instrument. Der größte Anteil der Kosten entfällt jedoch zweifelsfrei auf die **Handelskosten**. Es ist enorm, wie stark sich die Handelskosten zwischen den unterschiedlichen Asset-Klassen tatsächlich unterscheiden: Die jährlichen Handelskosten passiv verwalteter europäischer Staatsanleihen- und Pfandbriefmandate sind teilweise sogar geringer als 0,1 % des Fondsvolumens.

Transaktionskosten im Asset Management fallen typischerweise bei einem vom Asset Manager beauftragten **Broker** an, der mit der Gegenseite für ein Wertpapier Geld- und Briefkurse stellt, die aber noch keine handelbaren Kurse darstellen. Daraus werden nun die Durchschnittskurse gemittelt, die wiederum über verschiedene Broker im Nachhinein erneut gemittelt werden. So werden die Kurse möglichst ohne Ausreißer nach oben oder unten festgelegt. Wichtig ist hierbei auch, dass Kurse die mit einer gewissen Prozentzahl über- oder unterschreiten komplett aus der Mittlung gestrichen werden.

6.2   Der Brokerauswahl kommt eine besondere Bedeutung zu

Es ist somit offensichtlich, dass für das institutionelle Asset Management eine **fundierte Brokerauswahl von besonderer Bedeutung** ist. Des Weiteren müssen die Asset Manager die von den Brokern gelieferten Analysen sorgfältig nach eigenen Kriterien kontrollieren. Denn die von den Brokern angedienten Analysen sind eben nicht unabhängig.

Wichtig ist auch, dass in den Brokergebühren anfallende Researchkosten schon mit inbegriffen sind. Es darf aber nicht sein, dass die inbegriffenen Researchkosten der alleinige Grund für die Bestellung eines Brokers sind. Ein unabhängiger Broker ist letztendlich für den Portfoliomanager auch günstiger, denn die Researchleistung als Dienstleistung zu zahlen, ist effizienter als ein inkludiertes Research.

Für Deutschland gilt momentan: Der Investmentmanager erwirbt bei oder über einen Broker Wertpapiere nach den Grundsätzen der „Best Execution". Für die Qualität der einzelnen Order-Ausführungen und für die Marktgerechtigkeit der Transaktionspreise ist der Portfolio-Manager aber selbst verantwortlich. Er verhandelt die Wertpapiergeschäfte eigenständig. Dabei ist der Portfolio-Manager an seine **treuhänderische Verpflichtung** gebunden, im ausschließlichen Interesse der Fondsanteilseigner zu handeln. Oder anders ausgedrückt: Jeder Anleger darf von seinem Portfolio-Manager eine bestmögliche Order-Ausführung erwarten – und zwar bestmöglich aus Sicht des Investors.

Die Broker stellen dem Investmentmanager **kostenlos Research** zur Verfügung, wenn sie häufig bzw. in großem Volumen im Wertpapiergeschäft beauftragt werden. Investmentmanager sind verpflichtet, die Bereitstellung von Research bei der Entscheidung über die Vergabe der Aufträge zu berücksichtigen, denn damit können sie diesen Kostenblock bei den Brokern reduzieren. Der Broker, der zusätzlichen kostenlosen Research anbietet, muss ausgewählt werden. Gebühren können ausschließlich für die Ausführung der Aufträge erhoben werden. Von den so im Lauf der Zeit vereinnahmten Gebühren reserviert der Broker im Falle des Vorliegens eines sogenannten Commission Sharing Agreements (CSA), dem Kunden (d. h. dem Investmentmanager) zu einem späteren Zeitpunkt Research. Dabei hat der Kunde keinerlei vertraglichen Anspruch diesen Research einzufordern. Sogenannte sonstige geldwerte Vorteile sind nach den Wohlverhaltensregeln des BVI (Bundesverband der Investmentgesellschaften) erlaubt. Dazu zählen Research, Finanzanalysen, Markt- und Kursinformationssysteme unter der Vorgabe, dass diese, soweit sie im Zusammenhang mit Geschäften, die einem Fonds zuzurechnen sind, vereinnahmt werden. Darüber hinaus müssen sie bei den Anlageentscheidungen im Interesse der Anleger verwendet werden. Zudem ist die Absicht, geldwerte Vorteile wie Research zu vereinnahmen, im Verkaufsprospekt des Fonds zu dokumentieren.

Wir glauben nicht an CSA. Letztendlich führt aus unserer Sicht diese **Kleinteiligkeit zu weiteren Kosten.** Zusätzlich fällt bei dieser Transaktion zwischen den beiden Brokern nach deutschem Recht auch noch die Umsatzsteuer an, sodass dieses Modell im Kostenvergleich per se unterlegen ist. Dennoch sehen auch wir die scheinbaren Vorteile für die Asset Manager. Denn Sie müssen das Research oder die Finanzanalysen nicht auch noch durch eigene interne Compliance-Abteilungen prüfen lassen. In Zeiten von vermehrten Personalkosten in diesen Back-Office-Abteilungen durch die verstärkten Regulierungen, ein nicht zu unterschätzender Aspekt. Aber die Kosten der Regulierung setzen die kleinen Fondsanbieter ebenso wie die großen Investmenthäuser stärker unter Druck. Sie entstehen vor allem in der Administration, beispielsweise durch die Pflicht zur angemessenen Dokumentation der Best-Order-Execution im Handel.

6.3   Kostensenkungen durch intelligentes Orderrouting im Interesse des Kunden

Wir haben zur Kostensenkung in den letzten Jahren verstärkt auf die Themen **alternative Handelskanäle und intelligentes Orderrouting** gesetzt. Gerade die Handelsprozesse sind in den letzten Jahren stark technologisiert worden. Es gibt eben nicht mehr nur den Handel an den Börsen, OTC oder den unmittelbaren Geschäftsabschluss zwischen Brokern. Sogenannte Crossing-Systeme auf außerbörslichen Handelsplattformen produzieren deutlich geringere Kosten. Hier werden Käufer und Verkäufer von Wertpapieren zu importierten Börsenpreisen miteinander gematcht. Die moderne Technologie aggregiert Quotes und leitet Trades an eine Vielzahl von Märkten, Börsen, MTFs und Dark- bzw. Lightpools. Insgesamt sind mehr als 50 „Execution-Venues" angeschlossen, inklusive Primärbörsen wie beispielsweise LSE (London Stock Exchange), VIRT-X (SIX SWISS Exchange), XETRA (Deutsche Börse), NYSE (New York Stock Exchange) und NASDAQ.

Teilweise werden solche Orders auch hausintern (innerhalb einer großen Bank) „gecrosst". Zu den Nachteilen des **außerbörslichen Handels** zählt das Fehlen einer Handelsaufsicht beziehungsweise einer Regulierung des Handels. Zudem muss ein Teilnehmer am außerbörslichen Handel unter Umständen im Vergleich zum Börsenhandel schlechtere Kurse oder Requotes hinnehmen. Bei Letzteren handelt es sich um Vorschläge für neue Preiseingaben, die daraus resultieren, dass sich unter Umständen Abweichungen zwischen dem vom Anleger eingegebenen Preis und demjenigen Preis ergeben, der verfügbar ist, wenn die Order geringfügig später im System des Brokers eingeht (Stichwort: Market Timing). Zudem können Teilnehmer am außerbörslichen Handel nicht von der Verengung des Spreads profitieren. Auch die Tatsache, dass der Handel weitestgehend automatisiert erfolgt und keine menschliche Zwischenkontrolle stattfindet, wird häufig als Nachteil gesehen. Auch hier muss der Asset Manager aufpassen, dass er sich bei seiner Entscheidung, welchen Broker er beauftragt, nicht nur von kurzfristigen Kostensenkungsaspekten leiten lässt, sondern eben auch die Gesamtperspektive im Auge behält.

Also, Augen auf an der Bahnsteigkante: Für einen institutionellen Anleger sind mit Ausnahme der bei Aktientransaktionen üblichen Kommissionsgebühren und der bei Geschäften in englischen und schweizerischen Wertpapieren anfallenden Stempelsteuer keine weiteren Kosten erkennbar. Nur diese beiden Kostenarten werden von den Custodians in der Regel für jede einzelne Transaktion ausgewiesen. Das Problem dabei: Gerade diese Kosten machen den geringsten Teil der gesamten Handelskosten aus. Die sogenannten **„impliziten" Komponenten der Handelskosten** – Geld-Brief-Spanne und Timing – haben eine erheblich höhere Performance-Relevanz: Bei Rentenspezialfonds sind sie nahezu für die gesamten Handelskosten verantwortlich und bei Aktienspezialfondsmandaten für mehr als drei Viertel der Handelskosten.

Zusätzlich gewinnt das **Liquiditätsmanagement** immer mehr an Bedeutung. Hier sieht der Broker mithilfe von Smart Order Routing (SOR)-Systemen im Auftrag des

Asset Managers, auf welchen Plattformen die Liquidität für das handelbare Wertpapier am höchsten ist, um die Order bestens zu platzieren. Es gibt Segmente, wie z. B. das für Mittelstandsanleihen, in denen die fehlende Liquidität eines der größten Probleme darstellt. Hier ist der physische Broker gegenüber der hochgezüchteten Technik noch klar im Vorteil.

Aus unserer Sicht muss deswegen nicht nur die technische Kompetenz eines Brokers vor Eintritt in eine längerfristige Geschäftsbeziehung analysiert werden. Es sollte auch Wert auf eine vertrauensvolle Zusammenarbeit gelegt werden, die weit über die technische Ausstattung eines Brokerhauses hinausgeht. Es ist heutzutage nur mit großem Aufwand möglich, die hier beschriebenen Prozesse einer konsequenten Kontrolle zu unterwerfen.

Aufgrund der erfreulicherweise zunehmenden Funktionentrennung und Spezialisierung im Asset Management sind die Vergütungsstrukturen der Verwahrung, der Verwaltung und des Managements von Spezialfondsbeständen mittlerweile weitgehend transparent. Der Portfoliomanager hat somit die Möglichkeit, den preiswertesten und besten Broker auszusuchen, um das Trading seiner Anlagen im Sinne „Best Execution" durchführen zu lassen. Wir weisen aber noch einmal darauf hin, dass wir **rein technologisiertes Trading zur Kostensenkung als „Window Dressing"** betrachten. Denn gerade dieses Ordermanagement ist für den Asset Manager schwer zu durchschauen und dementsprechend zu kontrollieren. Am Ende des Tages können auch hier zusätzliche Kosten für den Asset Manager und somit für den institutionellen Investor versteckt sein.

Über den Autor

Ralf Meinerzag bekleidet seit mehr als 25 Jahren führende Positionen im Finanzwesen. Vor seiner Tätigkeit für die Steubing AG war er in bei der DZ Bank AG in Frankfurt sowie bei der NOBIS Société des Banques Privées S. A. und der Lampebank International S. A. in Luxemburg tätig. Er ist ein ausgewiesener Experte als Vermögensverwalter und für den Rentenhandel.

Die **Steubing AG** mit Sitz in Frankfurt ist seit 1987 im Kapitalmarkt aktiv und beschäftigt aktuell rund 55 Mitarbeiter. Mit Eigenmitteln von rund 36,5 Mio. EUR gehört die Steubing AG zu finanzstärksten Wertpapierhandelsbanken in Deutschland. Das Fundament der Geschäftstätigkeit bilden der Handel und das elektronische Orderrouting in börsennotierten Aktien, Anleihen, Zertifikaten und Optionsscheinen http://www.steubing.com.

Effektives Kostenmanagement in der Fondsadministration

7

Patrick Roll und Michael Czybik

Einleitung

Im Asset Management ist in den letzten Jahren eine stete Zunahme von regulatorischen Anforderungen, Produktentwicklungen sowie Kundenwünschen zu beobachten. Die Fondsadministration muss diese Anforderungen möglichst schnell und gleichzeitig effizient abbilden und wird somit zunehmend zum Wettbewerbsfaktor. Der folgende Artikel bietet einen Überblick über diese Entwicklung und zeigt Möglichkeiten auf, wie die Beherrschung von Prozessen und Kosten in der Fondsadministration gelingen kann.

7.1 Fondsadministration im Überblick

7.1.1 Aufgaben, Bedeutung und Aufstellung der Fondsadministration

Die erfolgreiche Bereitstellung eines Fonds erfordert das harmonische Zusammenspiel einer Vielzahl von Leistungspartnern entlang einer komplexen Wertschöpfungskette. Oberflächlich betrachtet hängt der Erfolg eines Fonds primär vom Asset Management ab. Damit ein Kunde jedoch die benötigten Leistungen, der Vertrieb die notwendige Unterstützung sowie das Asset Management die besten Strategien und geeignetsten Instrumente einsetzen kann, bedarf es einer professionellen Fondsadministration.

P. Roll (✉)
Union Investment Service Bank AG, Frankfurt am Main, Deutschland
E-Mail: Patrick.Roll@union-investment.de

M. Czybik
Union Investment Service Bank AG, Frankfurt am Main, Deutschland
E-Mail: Michael.Czybik@union-investment.de

© Springer Fachmedien Wiesbaden GmbH 2017
U. Rieken et al. (Hrsg.), *Kostentransparenz im institutionellen Asset Management*,
DOI 10.1007/978-3-658-12832-6_7

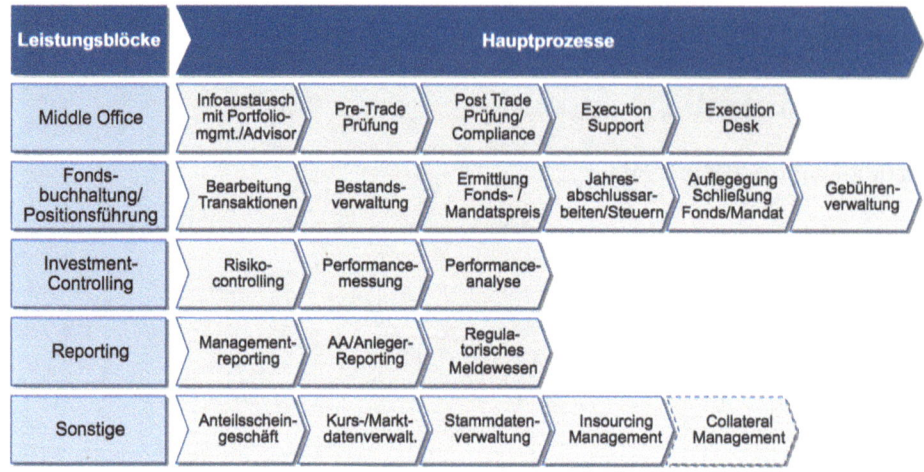

Abb. 7.1 BVI-Prozessmodell der Fondsadministration. (© Union Investment)

Grundsätzlich werden unter dem Begriff „**Fondsadministration**" Back- und Middle-Office-Leistungen zusammengefasst, die eine Kapitalverwaltungsgesellschaft (KVG) benötigt, um einen Fonds anzubieten. Die Leistungsblöcke der Fondsadministration werden durch das Prozessmodell des BVI (siehe Abb. 7.1) beschrieben.

Die Leistungen des „**Middle Office**" umfassen das gesamte Ordermanagement sowie die erforderlichen Prüfungsaufgaben inklusive der Überwachung der Anlagerestriktionen. Von großer Bedeutung sind hier ein schneller reibungsloser STP-Prozess, konsistente Daten in allen Systemen sowie die Abbildbarkeit von Instrumenten wie Prüfroutinen. Kostentreibend wirken sich u. a. Art, Umfang und Komplexität der möglichen Instrumente (z. B. derivative Finanzinstrumente), Produktarten (z. B. Immobilienkreditfonds, Infrastrukturfonds oder Private Equity-Produkte) und Anlagerestriktionen aus. Eine effiziente Kommunikation mit den externen Leistungspartnern (Kontrahenten, Verwahrstellen etc.) über elektronische Formate wie z. B. SWIFT ist für einen schnellen und fehlerfreien Prozess eine Grundvoraussetzung. Da das Leistungsspektrum der Fondsadministration bestimmt, welche Handelsstrategien vom Asset Management eingesetzt und welche Produktausprägungen dem Kunden angeboten werden können, kommt bereits diesem ersten Leistungsblock eine signifikante Bedeutung für die Güte des Angebots der KVG im institutionellen Geschäft zu.

Unter dem Block „**Fondsbuchhaltung**" sind die klassischen Aufgaben der Bestandsführung eines Fonds von der Verbuchung der Transaktionen bis zur Jahresendverarbeitung zusammengefasst. Kostentreibend wirken u. a. die Anbindungsmöglichkeiten (z. B. in Richtung der Verwahrstellen), Art und Umfang abbildbarer Produkte und Instrumente, die Leistungen im steuerlichen Umfeld (z. B. Quellensteuer-Rückerstattung, IFRS-Fähigkeit) sowie das Qualitäts- und Serviceniveau (z. B. Richtigkeitsquoten, Toleranzgrenzen etc.).

Das „**Investment-Controlling**" vereint die vielfältigen Aufgaben des Risikocontrollings, der Performancemessung sowie der Performanceanalyse. Abhängig von der strategischen Positionierung sowie vom zugrunde liegenden Produkt- und Instrumentenspektrum weist der Aufgabenumfang in diesem Block zwischen den Anbietern besonders große Unterschiede auf. Die Leistungsfähigkeit wird dabei auch durch die vorhandene Datenlage sowie die eingesetzte Systemunterstützung nachhaltig geprägt. Differenzierungen gibt es hier u. a. bei der Art, Anzahl und Tiefe der zum Einsatz kommenden Analysen und Verfahren, die in ausreichendem Maße die Vielfalt der Steuerungslogiken, eingesetzten Strategien und Managementtechniken des Fondsmanagements bis hin zu ausgereichten Garantieversprechen widerspiegeln müssen. Daneben wirkt auch der Umfang der dahinter liegenden Inputfaktoren (Instrumente, Indizes, Assetklassen etc.) ebenso kostentreibend wie die Ausgestaltung der Produktpalette.

Relativ standardisiert ist das regulatorische Meldewesen. Allerdings können auch hier insbesondere im institutionellen Geschäft abhängig vom Kunden bzw. der Kundengruppe und den eingesetzten Instrumenten regulatorische Sonderanforderungen bestehen. Bei den sonstigen Elementen des Leistungsblocks „**Reporting**" insbesondere jedoch beim Anlegerreporting, unterscheiden sich die Anbieter stark. Hier reicht die Palette vom einfachen Standardreporting bis hin zu zielgerichteten und komplexen Kundenauswertungen, welche passgenau und flexibel auf die Bedürfnisse des Kunden ausgerichtet sind. Auch die Digitalisierung hat hier bereits zunehmend ihre Spuren hinterlassen. Optimiertes Reporting für mobile Endgeräte, tief gehende Data Analytics und Simulationstools sind bei manchen Anbietern bereits im Angebot.

Im Block „**Sonstige**" finden sich die übergreifenden Leistungen, insbesondere das Anteilsscheingeschäft, das Collateral Management und das Datenmanagement. Beim Letztgenannten hängt der Aufwand stark vom Umfang der erforderlichen Daten sowie vom jeweiligen Qualitätsanspruch ab. Sowohl eine einfache automatische Dateneinspielung eines Providers als auch mehrfach qualitätsgesicherte Datenquellen finden in der Praxis Anwendung. Für komplexe sowie illiquide Instrumente können sogar eigene Bewertungsmodelle und -teams vorhanden sein.

Wenn auch die grundsätzlichen Funktionen der Fondsadministration für Wertpapierfonds und Immobilienfonds vergleichbar sind, ist die prozessuale und technische Abbildung in vielen Bereichen deutlich unterschiedlich. Auch in größeren Häusern, welche beide Fondstypen im Angebot haben, besteht daher noch überwiegend eine organisatorische wie systemtechnische Trennung. U. a. getrieben durch eine Zunahme von Mischprodukten, ein übergreifendes Datenmanagement sowie gesamthafte Risikobetrachtungen ist allerdings auch hier in den letzten Jahren eine zunehmende Vernetzung der beiden Welten zu beobachten.

Obwohl die Leistungen der Fondsadministration – zumindest im deutschen Markt – auf den ersten Blick relativ standardisiert erscheinen, zeigen sich bei näherer Betrachtung deutliche **Differenzierungen.** Unterschiede des Leistungsangebots ergeben sich oft aus der **Größe,** der **organisatorischen Aufstellung** sowie der **strategischen Positionie-rung** des Fondsanbieters.

Eigene Fondsadministrationseinheiten sind für kleinere und mittelgroße KVGen oft nicht wirtschaftlich darstellbar. Daher nutzen diese Institute überwiegend die Angebote großer Serviceanbieter. Dies ermöglicht ihnen einerseits eine Partizipation an den Skaleneffekten größerer Häuser sowie eine Variabilisierung der Kosten, beschränkt andererseits jedoch das Angebot individueller differenzierender Leistungen. Größere global tätige Häuser streben an, die Leistungserstellung über ihre Standorte zu vernetzen und zu vereinheitlichen. Dies ist aufgrund der global vorherrschenden Unterschiede bei Regulatorik und Marktusancen international jedoch nach wie vor nur in einem begrenzten Umfang inhaltlich möglich bzw. wirtschaftlich sinnvoll.

Zum Teil werden Leistungen der Fondsadministration, ob als Master-KVG oder als reiner Serviceanbieter, auch als ein zusätzliches eigenständiges Geschäftsfeld positioniert und Dritten angeboten. Voraussetzungen hierfür sind ein gewisser Standardisierungsgrad des Angebotes sowie eine mandantenfähige organisatorische wie technische Aufstellung. Auch die zugrunde liegende Konzernstruktur kann wesentlichen Einfluss auf die Fondsadministration haben. So ergeben sich durch das Zusammenspiel mit konzerninternen Investmentbanken, Verwahrstellen oder anderen KVGen sowohl Möglichkeiten zur konzernweiten Optimierung, wie z. B. im Datenmanagement, als auch Herausforderungen, z. B. durch regulatorische Anforderungen oder gegenläufige Anforderungen einzelner Einheiten.

Organisatorische Aufstellung und Größe definieren somit den Rahmen der Möglichkeiten für eine KVG. Welche Fondsadministration eine KVG benötigt, hängt in erster Linie jedoch von ihrer strategischen Positionierung ab. Hier existiert ein breites Spektrum möglicher Ausrichtungen: von Anbietern mit einem Fokus auf einfache, standardisierte und kostengünstige Produkte bis hin zu Anbietern mit einem Fokus auf die individuelle, passgenaue und risikooptimierte Erfüllung der Kundenanforderungen. Die Bereitstellung einer adäquaten Fondsadministration begründet somit einen Teil der Wettbewerbsfähigkeit der KVG, gilt es doch die jeweiligen Anforderungen in Bezug auf Leistungsumfang, Qualität, Flexibilität bestmöglich zu erfüllen und dies zu einem vertretbaren Kostenniveau.

7.1.2 Entwicklung der Anforderungen für die Fondsadministration

Getrieben durch Finanzkrise, öffentlichkeitswirksame Schadensfälle sowie Schieflagen von Finanzdienstleistungsunternehmen wurden die **regulatorischen Anforderungen** an die KVGen sowie die von ihnen beauftragten Fondsadministrationen zunehmend erweitert. Schlagworte wie EMIR, MIFIR, MIFID2, AIFMD, UCITS4, SFTR seien hier nur exemplarisch genannt. Neben den direkten Anforderungen sind jedoch auch die regulatorischen Anforderungen der institutionellen Kunden bestmöglich zu unterstützen. Dies umfasst z. B. die Abbildung entsprechender Rechnungslegungsvorschriften wie IFRS oder der Anforderungen aus Solvency II, MaRisk und CRD4. Wer hier schnell im Sinne der Kunden geeignete Lösungen bieten kann, kann sich vom Wettbewerb abheben.

Auch die **Anforderungen der KVGen sowie deren institutionellen Kunden** haben in den letzten Jahren deutlich zugenommen. In Zeiten niedriger Zinsen und steigender regulatorisch bedingter Aufwände sind viele Asset Manager für den Anleger auf der Suche nach zusätzlichen Ertragschancen, etwa durch die Verwendung von Alternative Investments oder durch die Nutzung neuer Management-Strategien und -Instrumente. Auch die Abbildung ausgefeilter Risikomodelle sowie die Verknüpfung von Assets, wie z. B. die Beimischung von direkt gehaltenen Immobilien in Wertpapierfonds, gewinnen kontinuierlich an Bedeutung. Die Bereitstellung solcher Leistungen gelingt jedoch nur durch ein perfekt aufeinander abgestimmtes Zusammenspiel zwischen allen beteiligten Leistungspartnern. Bei erfolgreichen Fondsanbietern hat dies zu einer zunehmenden Vernetzung dieser Einheiten geführt, vom Vertrieb über das Portfoliomanagement, dem Investmentcontrolling zur Administration der verschiedenen Assetklassen. Ob eine erfolgreiche, kostengünstige und schnelle Bereitstellung von Leistungen gelingt, hängt zunehmend auch von der zugrunde liegenden IT-Landschaft ab. Die Aufstellungen reichen von umfassenden Kernsystemen mit möglichst hoher Funktionsabdeckung bis hin zu „Best-of-Breed"-Landschaften, wo für verschiedene Kernfunktionen jeweils die am besten geeigneten Spezialsysteme zum Einsatz kommen. Während bei der ersten Aufstellung Sonderleistungen nur schwer abzubilden sind, ist bei der zweiten Aufstellung das effiziente und komplexe Zusammenspiel vieler Systeme die Herausforderung. Welche Philosophie hier die richtige ist, hängt wieder stark von der gewünschten strategischen Positionierung ab.

Eine **weitere Zunahme der Anforderungen** – sowohl seitens der Gesetzgebung als auch der Kunden – ist zu erwarten. Mit der PRIIBs Verordnung, den technischen Standards zur EMIR-Verordnung und dem Investmentsteuerreformgesetz sind weitere regulatorische Initiativen mit nachhaltigen Effekten für die Leistungen der Fondsadministration bereits auf den Weg gebracht. Ein anhaltendes Zinstief und die stete Suche nach neuen Optimierungsmöglichkeiten dürfte die Zunahme der Anforderungen an die Fondsadministrationen darüber hinaus auch von der Kundenseite in Zukunft weiter befeuern. Wer die gestellten Anforderungen schnell, effizient und passgenau abzubilden vermag, kann sich im Markt differenzieren. Die Fondsadministration rückt somit als Wettbewerbsfaktor zunehmend in den Fokus.

7.1.3 Kosten der Fondsadministration

Die Abbildung steigender regulatorischer Anforderungen sowie die Bereitstellung neuer Leistungen haben auch entsprechende Auswirkungen auf die Kosten der Fondsadministration mit sich gebracht. Das Kostenniveau eines Hauses determiniert sich durch die ablauf- wie aufbauorganisatorische Aufstellung, die technologische Ausstattung, die spezifischen Anforderungen sowie die Fähigkeit diese Anforderungen effizient umzusetzen.

Obgleich **somit keine allgemeingültige Aussage über die Entwicklung des Kostenniveaus einzelner Fondsadministrationsanbieter** möglich ist, können jedoch einige Aussagen über die generelle strukturelle Entwicklung getroffen werden.

Grundsätzlich lässt sich zunächst eine **relative Abnahme des Kostenanteils der klassischen Fondsbuchhaltung** im Verhältnis zu den gesamten Fondsadministrationskosten feststellen. Verursacht wird dieser Shift insbesondere durch einen stärkeren Fokus auf die oftmals auch differenzierenden Zusatzleistungen, wie z. B. im Reporting, im Investmentcontrolling sowie im Datenmanagement. Getrieben durch Automatisierung und Digitalisierung ist der **Anteil der IT-Kosten zunehmend größer geworden.** Infolge dessen ist der Fixkostenblock bei vielen Häusern ebenfalls gewachsen. Letztendlich hat die Vielzahl neuer Anforderungen in Verbindung mit einer komplexeren IT-Landschaft auch zu **steigenden Projektkosten** geführt.

Wie auch verschiedene verworfene Versuche der Branche zur Herstellung eines Kostenvergleichs gezeigt haben, ist ein neutraler Vergleich der Fondsadministrationskosten zwischen unterschiedlichen Instituten selbst unter Einbindung aller beteiligten Einheiten mit überschaubarem Aufwand kaum realistisch herzustellen. Nicht nur die Leistungsspektren der Anbieter haben sich zunehmend weiter voneinander entfernt. Auch gemeinsam genutzte Systeme (z. B. EAI) und Einheiten (z. B. Datenmanagement) oder unterschiedliche Kostenrechnungen (z. B. bzgl. der Gemeinkostenverteilungen für Projektkosten oder Gebäudekosten) und Verrechnungssystematiken (z. B. mit/ohne Gewinnaufschlag) führen bereits auf oberster Ebene zu nicht vergleichbaren Ergebnissen. Zielführende Entscheidungen können auf dieser Basis nicht getroffen werden.

Bei unternehmerischen Entscheidungen gilt es daher immer einen spezifischen Business Case für die jeweilige Situation zu erstellen. Grundlage für dessen Erstellung ist eine entsprechende Kostentransparenz im eigenen Haus. Diese ist jedoch nicht nur erforderlich, um strategische Entscheidungen zu In- oder Outsourcing treffen zu können, sondern stellt auch die Basis zur fundierten Bewertung jeder neuen Anforderung dar. Nur mithilfe transparenter IST-Kosten sowie entsprechender Kostensimulationsmodelle lassen sich Kundenanfragen korrekt bepreisen und Entscheidungen unter Kosten-/Nutzenaspekten richtig treffen. Eine verursachungsgerechte Weiterverrechnung ermöglicht es zudem den Vertriebseinheiten eine realistische Deckungsbeitragsrechnung für ihre Produkte zu erstellen. In der Fondsadministration selbst kann die Kostentransparenz letztendlich auch zur Identifikation von Ineffizienzen sowie generell zur Prozesssteuerung eingesetzt werden.

7.2   Transparenz als Basis für Kostenmanagement

7.2.1   Schaffung von Kostentransparenz

Kostentransparenz ist somit für valide unternehmerische Entscheidungen eine elementare Voraussetzung – wie kann man dies in der Praxis jedoch erreichen? Die Antwort lautet

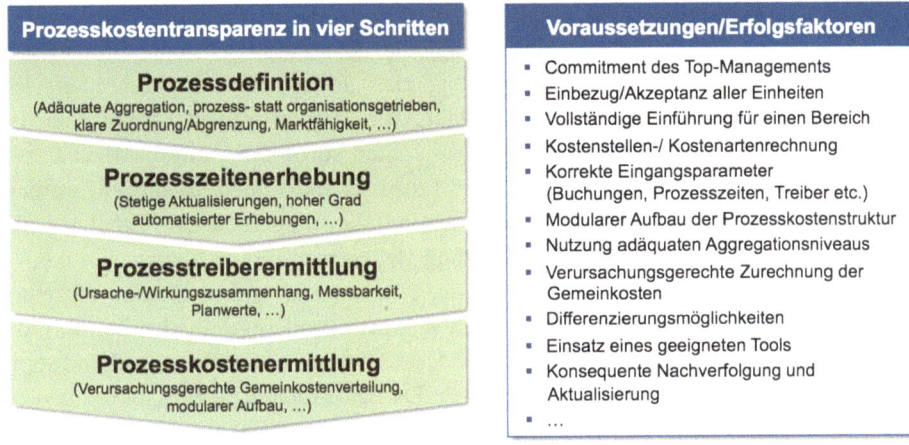

Abb. 7.2 Erfolgreicher Aufbau von Prozesskostentransparenz. (© Union Investment)

durch „Schaffung von umfassender Transparenz aller Inputfaktoren" sowie einer „stringenten Methodik zur korrekten Kombination aller Faktoren". Dies ist nicht einfach.

Grundlage hierfür bildet eine sich an der Aufbauorganisation ausrichtende Kostenarten-/Kostenstellenrechnung. Da für die Bewertung von Leistungen und neuen Anforderungen eine aufbauorganisatorische Kostenrechnung allerdings nicht zielführend ist, bedarf es einer ablauforientierten Kostenrechnung. Diesen Ansatz verfolgt die Prozesskostenrechnung.

Die Implementierung einer Prozesskostenrechnung kann vereinfacht ausgedrückt in vier Schritten realisiert werden (siehe Abb. 7.2).

Prozessdefinition

Die Prozessstruktur in Unternehmen kann sehr unterschiedlich und komplex sein. Aufgrund der Vielzahl von in einem Unternehmen ablaufenden Prozessen ist es sinnvoll, diese mithilfe einer Prozesshierarchie zunächst zu ordnen. Wichtig ist hierbei, dass die Prozesse eines Unternehmens vollständig in der gleichen Systematik abgebildet werden. Die Zuordnung der Prozesse muss zudem eindeutig erfolgen, die Begrifflichkeiten transparent und bekannt sein und die Prozesse messbar. Für Marktvergleiche ist es zudem hilfreich, wenn man eine marktübliche Systematik zugrunde legt. Für die Fondsadministration wird daher oft auf das BVI-Prozessmodell zurückgegriffen. Danach gilt es, ein adäquates Aggregationsniveau zu wählen. Eine Unterscheidung in Hauptprozess, Teilprozess und Tätigkeit kann hier als gutes Maß angesehen werden. Exemplarisch für die Fondsadministration könnte man den Hauptprozess „Fondsbuchhaltung" weiter in die Teilprozesse „Anteilwertermittlung" und „Jahresabschlussbearbeitung" untergliedern, wobei sich die genannten Teilprozesse wiederum in einzelne Tätigkeiten aufgliedern lassen. Hat man sämtliche Teilprozesse den kostenstellenübergreifenden Hauptprozessen zugeordnet, ist die Prozesshierarchie des Unternehmens vollständig.

Prozesszeitenerhebung

Im Anschluss an die Prozessdefinition erfolgt die quantitative Erhebung des Zeitbedarfs einer einmaligen Tätigkeitsdurchführung, der „Prozesszeit". In Verbindung mit der Anzahl der Durchführungen in einem Jahr, dem „Prozesstreiber", erhält man den Nettokapazitätsbedarf. Erhebungsart der Prozesszeiten sowie Erhebungshäufigkeit sollten je nach Beschaffenheit des zu messenden Prozesses individuell ausgewählt werden. Zahlreiche Methoden, wie z. B. die Selbsterfassung, die stoppuhrbasierte Erhebung, die Fremdbeobachtung oder die Expertenschätzung stehen hier zur Verfügung. Grundsätzlich muss die Erhebung aussagekräftig genug, effizient und zudem für den einzelnen Mitarbeiter anonym sein. In der Praxis haben sich insbesondere Methoden bewährt, die durch geeignete Softwareunterstützung zumindest teilweise automatisiert sind und somit ressourcenschonend eingesetzt werden können. Da der erfolgreiche Einsatz der gemessenen Prozesszeiten stark von der Aktualität der gemessenen Ergebnisse abhängig ist, ist eine regelmäßige vollumfängliche Aktualisierung erforderlich. Ergänzend ist eine punktuelle Erhebung bei signifikant veränderten bzw. neuen Prozessen sinnvoll. Anhand dieser Größen werden später die Teilprozesskosten ermittelt.

Ermittlung Prozesstreiber/Kostentreiber

Die in den Kostenstellen identifizierten Teilprozesse lassen sich in leistungsmengeninduzierte (lmi) und leistungsmengenneutrale (lmn) Teilprozesse unterscheiden. Bei den lmi-Teilprozessen sind die Durchführungszeiten p. a., und damit die Kosten des Teilprozesses p. a., von der erbrachten Leistungsmenge abhängig. Daher sind für lmi-Teilprozesse sogenannte Prozesstreiber bzw. Kostentreiber zu ermitteln. Bei deren Auswahl ist darauf zu achten, dass ein direkter Ursache-/Wirkungszusammenhang mit dem Prozessaufwand besteht und dass deren Messung mit einem vertretbaren Aufwand erfolgen kann. Klassische Beispiele in der Fondsaministration sind auf oberster Ebene unter anderem die Anzahl der Fonds, der Anteilscheinklassen, der Segmente oder der Transaktionen. Sofern einzelne Teilprozesse nur für bestimmte Produkttypen erbracht werden, muss eine zusätzliche Differenzierung erfolgen, beispielsweise in Spezialfonds und Publikumsfonds. Weitere Möglichkeiten zur Verfeinerung bietet eine Differenzierung nach Land, Kanal oder sonstigen Ausprägungsmerkmalen. Im Idealfall stehen diese Werte auch als Planwerte zur Verfügung. Dies ermöglicht eine zukunftsorientierte Kosten- und Kapazitätsplanung, welche bei Bedarf um Szenario-Simulationen ergänzt werden kann.

Prozesskostenermittlung

Sobald die drei Bestandteile der Prozesskostenrechnung (Prozessdefinition, Prozesszeitenermittlung, Prozesstreiberermittlung) vorliegen, können die tatsächlichen Prozesskosten ermittelt werden. Qualitativ hochwertige Kostendaten bilden hier die Basis. Buchungen müssen korrekt zugeordnet sein, Gemeinkosten wie beispielsweise für die Räumlichkeiten, die Arbeitsplätze oder Stabsleistungen richtig verteilt sein. Sobald dies sichergestellt ist, können die Kostenstellenkosten (z. B. der Fondsbuchhaltung) dann über den anteiligen Zeitbedarf des Teilprozesses (z. B. Anteilwertermittlung) am gesamten Zeitbedarf der Kostenstelle auf diesen Teilprozess verrechnet werden. Aufgrund der Vielzahl der Prozesse und Inputfaktoren ist hierfür der Einsatz einer spezialisierten Software zu empfehlen. Hier können die einzelnen Parameter zielführend und flexibel zusammengeführt werden. Der Aufbau der zugrunde liegenden Modelle sollte modular gegliedert, gut dokumentiert aber im Bedarfsfall auch einfach zu verändern sein.

Diese Grundform der Prozesskostenrechnung ist dann ausreichend, wenn der Großteil der anfallenden Kosten personalgetrieben ist (Personalaufwand, Sachaufwand, Mietkosten für Gebäude) und weitere anfallende Kosten wie IT-Kosten, Projektkosten und Abschreibungen sich im gleichen Verhältnis verteilen lassen. Da der Anteil von Abschreibungen und IT-/Projektkosten in der Fondsadministration über die letzten Jahre einen erheblichen Anteil an den Gesamtkosten erlangt hat, ist diese Form der reinen Prozesskostenrechnung (Verteilung der Gesamtkosten über Zeitanteile) allerdings nicht mehr ausreichend. Daher bedarf es ergänzender Instrumente, die einen geeigneten Verteilschlüssel zur Verrechnung von Abschreibungen und IT-/Projektkosten auf Produkte und Prozesse ermöglichen. Nach der grundsätzlichen Zuordnung von Systemen zu Prozessblöcken ist die Ermittlung eines individuellen IT-Auslastungsgrades ein möglicher Ansatz. Ziel dieses Verteilschlüssels ist es, die Beanspruchung der Systemlandschaft durch verschiedene Produkte und Prozesse zu messen und hierüber eine beanspruchungsgerechte Kostenzuordnung zu ermöglichen. Für die Verteilung von IT-Kosten kann sich auch eine Kombination mehrerer Einflussfaktoren (z. B. Anzahl der Bestandstitel je Produkttyp sowie Anzahl der Anteilwertermittlungen je Produkttyp) als sinnvoll erweisen.

7.2.2 Herausforderungen der Kostentransparenz

Mithilfe einer wie oben beschriebenen weiterentwickelten Form der Prozesskostenrechnung ist eine verursachungsgerechte Darstellung von Prozesskosten auf Vollkostenbasis möglich. Auch sind mittels Simulationsrechnungen Kosteneffekte durch neue Anforderungen schnell und mit vergleichsweise geringem Aufwand zu ermitteln. Beim Einsatz als Instrument für ein wirksames Kostenmanagement zeigen sich in der praktischen Anwendung allerdings mehrere Herausforderungen, die kontinuierlich zu meistern sind.

Korrekte Inputparameter und Modelle
Bereits kleine Abweichungen oder Fehler bei den Inputfaktoren oder Modellen können größere Fehlallokationen verursachen. Daher ist kontinuierlich darauf zu achten, dass die eingehenden Werte sowie verwendeten Modelle aktuell und korrekt sind. Abschätzungen von Wirkungen neuer Anforderungen, ob von Kundenseite oder dem Gesetzgeber, sind eine (subjektive) Schätzung und können zudem immer nur so gut sein wie die Spezifikation der Anforderung. In der Praxis liegt diese zum Zeitpunkt der Schätzung aber oft nur unvollständig vor. Eine besondere Herausforderung kann auch durch eine mangelnde Differenzierung der Inputparameter entstehen. Diese Gefahr besteht z. B. beim

Fremdbezug von Leistungen, insbesondere im IT-Umfeld. Hier ist daher genau darauf zu achten, dass die vertragliche Ausgestaltung eindeutige Leistungsbeschreibungen und ein prozessual sinnvolles Vergütungsmodell beinhaltet. Nur so kann eine verursachungsgerechte Kostenzuordnung auf Produkte und Prozesse sichergestellt werden.

Interpretation und Verwendung der Ergebnisse
Eine weitere Herausforderung stellt die Interpretation und Nutzung der Ergebnisse dar. Mit dem bloßen Wissen über die aktuellen Kosten kann man nicht automatisch zukünftige Entwicklungen realistisch prognostizieren. Dies gilt insbesondere in Bezug auf die Skalierbarkeit der Kosten z. B. im Kontext von Outsourcing/Insourcing. Bei Outsourcing-Prüfungen sind die Vollkosten der betroffenen Prozesse auf ihre tatsächliche Einsparfähigkeit hin zu überprüfen. Verteilte Kosten, wie übergreifend genutzte IT-Systeme oder Räumlichkeiten sind nicht generell einsparbar. Andererseits können diese Kosten ggf. auch an einen Dienstleister abgegeben werden. Manche Kosten, wie beispielsweise für Infodienste, sind praktisch überhaupt nicht abbaubar und fallen auch bei einem Fremdbezug an. Entscheidend ist somit immer die Einzelfallprüfung mittels eines spezifischen Business Cases. Ähnlich verhält es sich im Rahmen von Insourcing-Prüfungen. So steigen die Gesamtkosten nicht linear mit der Anzahl der neuen Produkte oder Leistungen. In den Vollkosten enthaltene Abschreibungen und IT-/Projektkosten kann man oft herausrechnen. Etwaige gegenläufige Effekte durch sprungfixe Kosten sollten allerdings eine Berücksichtigung in der Bewertung finden. Wie bereits in Abschn. 7.1 erläutert, bieten auch bei vorhandener, vollständiger Kostentransparenz einfache Benchmarking-Vergleiche mit anderen Häusern kaum sinnvolle Ansätze für das Kostenmanagement. Zu unterschiedlich sind die Leistungsspektren, Ausrichtungen, Begrifflichkeiten und letztendlich auch die Methoden und Inputparameter der jeweiligen Kostenrechnungssysteme. Entscheidend ist, ob die erbrachte Leistung vom Kunden honoriert wird.

Faktische Kostentransparenz ist in der Praxis nicht einfach zu erreichen und muss von jedem Haus individuell erstellt werden. Nichtsdestotrotz ist Kostentransparenz die elementare Basis, Anforderungen und Kosten effektiv managen zu können. Für ein wirksames Kostenmanagement sind darüber hinaus allerdings noch weitere Elemente erforderlich.

7.3 Elemente eines wirksames Kostenmanagements

7.3.1 Transparenz über Anforderungen als Ausgangspunkt

Wirksames Kostenmanagement beginnt ganz vorn – beim Kunden. Nur wer ausreichend Transparenz über die Anforderungen der jeweiligen Kundengruppe hat kann diese auch effizient erfüllen. Neben der Grundanforderung genau zu wissen, **wer der Kunde überhaupt ist** – was in größeren verschachtelten Konzernen mit zahlreichen internen wie externen Dienstleisterketten keine Selbstverständlichkeit ist – gilt es genau zu ermitteln

was der Kunde wirklich braucht. Dies setzt ein hohes Maß an Kundenverständnis voraus, denn es gilt für überwiegend nur allgemein formulierte Kundenwünsche passgenaue, effiziente und wertschöpfende Lösungen zu erstellen.

Von Vorteil sind hier neben einem hohen gegenseitigen (Fach-)Verständnis **vernetzte Strukturen** zwischen den beteiligten Einheiten. Nur wenn Anforderungen, Wirkungszusammenhänge und Kostentreiber ganzheitlich betrachtet werden, können optimale Lösungen entwickelt werden. Dies führt in der Praxis bereits dazu, dass Back-Office-Mitarbeiter ihre Kollegen im Vertrieb begleiten oder Vertriebsmitarbeiter in Back-Office-Einheiten hospitieren. Die Implementierung neuer Produkte oder die Umsetzung regulatorischer Anforderungen erfolgt dann in einheitsübergreifenden Teams. Die frühzeitige Einbindung der Fondsadministration ist somit ein Erfolgsgarant für eine ebenso schnelle wie effiziente Umsetzung. Damit die Ablauf- wie Aufbauorganisation der Fondsadministration effektiv auf die Kundenbedürfnisse ausgerichtet werden kann, bedarf es darüber hinaus noch weiterer Instrumente. Produkte und Mengen sind von den Vertriebseinheiten der KVGen möglichst realistisch und vorausschauend zu planen. Neben den Planungen zu Leistungstiefe und -breite sind zudem noch die Anforderungen zu Qualität sowie erforderliche Flexibilitätskorridore kontinuierlich mit den Back-Office-Bereichen abzustimmen. Mithilfe dieser Informationslage kann sich eine Fondsadministration in Verbindung mit eigener Prozess- und Kostentransparenz zu einem echten nutzenstiftenden Leistungspartner entwickeln. Der Abgleich, ob dies in der Praxis auch geschieht, kann mittels regelmäßiger Kundenbefragungen erfolgen. Allgemeine Indikationen hierzu lassen sich auch durch die regelmäßigen Rankings und Bewertungen der Branche ablesen, wie z. B. von Feri, Morningstar oder der Zeitschrift „Capital".

Wie zum Teil auch in der Automobilindustrie zu beobachten, wo Zulieferer für Innovationen und Weiterentwicklungen sorgen, kann eine Fondsadministration mit einem hohen Reifegrad letztendlich sogar zum **Impulsgeber** avancieren. Impulse können einerseits der Effizienzsteigerung oder Serviceverbesserung dienen, andererseits aber auch die Entwicklung von neuen Leistungen und Produkten unterstützen. Zudem können Risiken für Kunden wie für KVGen frühzeitig erkannt und sinnvolle Absicherungsmaßnahmen ergriffen werden.

7.3.2 Strukturelle Rahmenbedingungen als Voraussetzung

Zu wissen, was der Kunde benötigt, ist der erste Schritt im Kostenmanagement. Die richtigen Schlüsse daraus abzuleiten der zweite, eine erfolgreiche Umsetzung der dritte. Damit dies gelingt, bedarf es einiger struktureller Rahmenbedingungen (siehe Abb. 7.3).

Prozessmanagement
Je volatiler und vielfältiger die Anforderungen der Kunden sind, desto wichtiger wird eine **modulare Aufstellung der Aufbau- und Ablauforganisation.** Die umfasst auch die Anwendungsarchitektur, die es ermöglichen sollte, sowohl neue Anforderungen schnell und

1	**Integrierter Lösungsanbieter**	• Transparenz und Verständnis über Kundenanforderungen („Was der Kunde braucht") • Integrierte Aufstellung (Einbindung in Entwicklung, Transparenz über Planungen etc.) • Impulsgeberfunktion für Weiterentwicklungen
2	**Prozess-management**	• Modular aufgestellte Aufbau- und Ablauforganisation • Vollständige Transparenz über Prozesse (Ablauf, Zeiten, Zusammenhänge etc.) • Gelebtes kontinuierliches Prozessmanagement („Lean Management")
3	**Kostentransparenz und -steuerung**	• Durchgängige Kostentransparenz (Prozesse, Treiber, Simulationen, etc.) • Kostenoptimierte Aufstellung der Wertschöpfungskette (Lean, Automatisierung etc.) • Verursachungsgerechte Verrechnung (Deckungsbeitrag, Produktkalkulation etc.)
4	**Ressourcen- und Produktions-management**	• Vorausschauende mittel- bis langfristige Kapazitätsplanung (Ex-Ante) • Operative Kapazitätssteuerung (Kurzfristig/Intraday) • Kontinuierliche Planungsüberprüfung/–korrektur (Ex-Post, z. B. mittels Produktivität)
5	**Qualitäts- und Risikomanagement**	• Bedarfsgerechte Qualitätssicherungsmaßnahmen (Ex-Ante) • Angemessenes Qualitäts-/Risikocontrolling und -reporting • Geeignete Risiko- und Notfallsysteme (Ex-Post)
6	**Personal und Führungs-entwicklung**	• Verankerte Kultur zur Kundenorientierung und zum Prozessmanagement • Passgenaue skillbasierte Mitarbeiter- wie Führungsentwicklung • Lernende Organisation und hohe Change Management-Kompetenz
7	**Informations-management**	• Bedarfsgerechtes Managementreporting • Ausgefeiltes Kennzahlen- und Reportingsystem • Umfangreiches Wissensmanagement
8	**Dienstleister-management**	• Selektive Nutzung Dienstleister zur Optimierung der Wertschöpfungskette • Reibungsfreie Integration in Prozessablauf und Steuerung • Zielführendes Vertrags-/SLA-Management

Abb. 7.3 Elemente einer wirkungsvollen Aufstellung in der Fondsadministration. (© Union Investment)

effizient abzubilden als auch Mengenveränderungen ohne Performanceeinbußen abzuwickeln. In Anbetracht einer zunehmenden Vernetzung von Daten und Produkten ist es vorteilhaft, wenn mehrere unterschiedliche Produkte (z. B. Wertpapier- und Immobilienfonds) systemseitig verknüpft sowie Daten übergreifend zusammengeführt werden können (z. B. im Rahmen des Reportings). Eine flexible Konnektivität in Form universeller Schnittstellen und verarbeitbarer Datenformate ist ein weiteres Plus. Entscheidend für die dauerhafte Wettbewerbsfähigkeit ist ein **gelebtes Prozessmanagement,** welches es ermöglicht, die eigene Organisation stets kostenoptimal auf den Kunden und deren Anforderungen in Bezug auf Leistung, Qualität und Flexibilität auszurichten. Hierzu gehört, dass neue Impulse strukturiert unter Kosten-/Nutzenaspekten bewertet, gemeinsam mit dem Auftraggeber priorisiert und im Anschluss effizient und rasch umgesetzt werden.

Kostentransparenz und -steuerung

Eine **kostenoptimale Aufstellung nach dem „Lean"-Prinzip** fokussiert dabei auf die wertschöpfenden Leistungen und vermeidet bestmöglich Ineffizienzen und Verschwendung. Standardisierung wie Automatisierung können dabei unterstützen, sind jedoch nicht als grundsätzlich strategische Ausrichtung zu verstehen und nicht immer automatisch auch die beste Lösung. So lohnt sich eine Automatisierung von Leistungen oft nur bei höheren Stückzahlen oder Prozesskosten. Neben einer Zunahme des Fixkostenblocks werden hierdurch zudem oft auch die Flexibilität und die Möglichkeit der individuellen Kundenansprache reduziert. Ein höherer Standardisierungsgrad verschärft dies noch. Grundsätzlich sollte dennoch versucht werden, organisations- und mandantenübergreifend möglichst einheitliche Prozessbestandteile zu etablieren. Eine nachhaltig optimierte Aufstellung der Wertschöpfungskette gelingt jedoch nur bei vollständiger **Kostentransparenz** und einer stetigen Überprüfung sämtlicher Leistungen. Sowohl die Einstellung nicht genutzter Leistungen als auch ein Rückbau automatisierter Leistungen oder teurer Zusatzsysteme können hier zur Optimierung beitragen.

Ressourcen- und Produktionsmanagement
Zur Erfüllung der Anforderungen von morgen ist Weitblick erforderlich. Diesen gewinnt man durch ein entsprechendes Ressourcenmanagement, welches aus fundierten Planungen der Marktbereiche eine **Roadmap für die Entwicklung des Personals** ableitet. In einem Umfeld mit zunehmend komplexeren Anforderungen gewinnt das **Personalmanagement** mit effektivem Rekrutierungsprozess, hoher Schulungskompetenz und geringer Fluktuation weiter an Bedeutung. Nur so ist in Verbindung mit einem effektiven Trainings- und Wissensmanagement die generelle Leistungsfähigkeit des Personals – also das „Können" aufrechtzuerhalten. Ein **effizientes Produktionsmanagement,** welches auch selbst kontinuierlich weiterentwickelt wird, stellt die tägliche Leistungsfähigkeit auch in stürmischen Zeiten sicher.

Qualitäts- und Risikomanagement
Qualität stellt stets ein gewünschtes Anspruchsniveau sicher und ist daher grundsätzlich im Sinne der Pareto-Optimierung steuerbar. Bei vielen Prozessen der Fondsadministration, wie z. B. der Fondspreisermittlung, können jedoch bereits kleine Fehler zu großen Schäden führen. Der Fokus im Qualitätsmanagement liegt daher hier überwiegend auf der bestmöglichen Vermeidung von Fehlern bereits ex ante durch **geeignete Qualitätssicherungsmaßnahmen.** Neben materiellen Schäden gilt es auch Reputationsschäden zu vermeiden. Falls doch einmal ein Fehler auftreten sollte, bedarf es einer effektiven Organisation, die dafür sorgt, dass dieser schnell identifiziert wird, Folgeschäden somit vermieden werden und vergleichbare Fälle in der Zukunft nicht wieder auftreten können. Ein effektives Risiko- und Qualitätscontrolling unterstützt hierbei und sorgt für die entsprechende Transparenz. Das Prozessmanagement sorgt für die Optimierung.

Personal- und Führungsentwicklung
In einem Umfeld mit ständig wachsenden Anforderungen sowie sich verändernden Leistungen ist es essenziell, die richtigen Mitarbeiter und Skills an Bord zu haben. Neben einer **hervorragenden Fachkompetenz,** die mit der stetigen Zunahme der Anforderungen sogar noch anspruchsvoller geworden ist, bedarf es zur Bewältigung der kontinuierlichen Veränderung auch exzellenter **Change-Management-Fähigkeiten,** sowohl auf Führungs- als auch auf Mitarbeiterebene. Zur Sicherung des Wissens sowie zum Wissensaufbau bedarf es funktionierender Schulungs- und Wissensmanagementsysteme. Das Zielbild ist eine lernende Organisation.

Informationsmanagement

Mithilfe des Wissensmanagements ist auch sicherzustellen, dass die Arbeitsabläufe oder deren Änderungen den Mitarbeitern stets bekannt sind. Auf Managementebene sollten alle entscheidungs- oder risikorelevanten Informationen, z. B. mittels geeignet verdichteter Kennzahlen und Reports vorliegen.

Dienstleistermanagement

Eine besondere Bedeutung kommt dem Sourcing und Dienstleistermanagement zu. Ein vollumfänglicher Lean-Management-Ansatz umfasst eine konstante Überprüfung, ob bestimmte Elemente der Wertschöpfungskette intern oder besser extern erbracht werden sollten. Wie in Kap. 2 bereits angesprochen, ist bei einer **Sourcingentscheidung** die reine Transparenz über die bestehenden Kosten nicht ausreichend (siehe Abb. 7.4).

Zunächst gilt es, den Sourcing-Gegenstand möglichst genau zu definieren und die damit verbundenen Kosten möglichst gut zuzuordnen. Hier kann die Prozesskostenrechnung schnell konkrete Ergebnisse liefern. Dann kommt es auf das jeweilige Angebot an. Hier gilt es nun die Leistungen bzgl. Tiefe, Breite und Güte abzugleichen und mögliche Gaps oder Zusätze entsprechend monetär – oder im Zweifel auch strategisch – zu bewerten. Aus dem, um diesen Korrekturposten bereinigten, internen Kostenblock sind dann die in einem realistischen Zeitraum abbaubaren Kosten im Zielzustand als Vergleichsbasis abzuleiten. Besonderes Augenmerk ist hierbei auf die IT- und Projektkosten zu

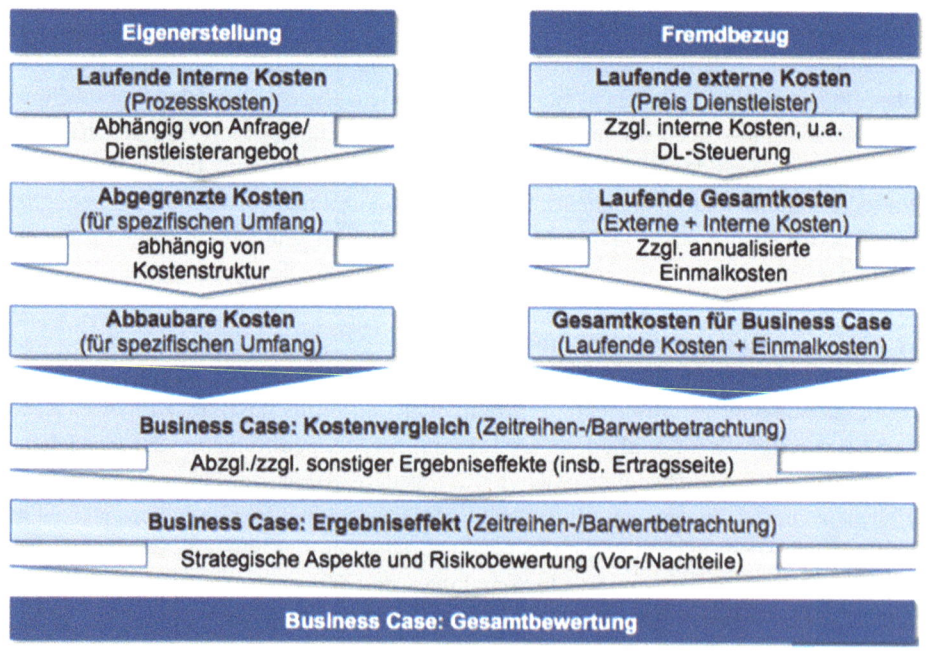

Abb. 7.4 Bewertungsvorgehen für Sourcing. (© Union Investment)

legen. Als Einmalkosten sind die Kosten für den Abbau und die anfallenden Kosten zur Herstellung des Zielzustands anzusetzen. Gegenläufige Kosten, insbesondere der Dienstleistersteuerung, vervollständigen die Kostenseite. Bewertete Chancen und Risiken, insbesondere für die Ertragsseite, machen das Bild dann komplett. Ein solider Business Case betrachtet anschließend alle Kosten-/Nutzeneffekte im Zeitablauf. Kostensteigerungsraten wie ein Barwertfaktor können entsprechend ergänzt werden. Mittels Szenario-Analysen erhält man schließlich eine relativ gute monetäre Gesamteinschätzung. Für die abschließende Entscheidung können natürlich noch qualitative wie strategische Aspekte herangezogen werden.

Bei fremdvergebenen Leistungen ist ein professionelles Dienstleistermanagement erforderlich. Dieses beginnt bereits mit dem Abschluss eines geeigneten Vertrages, in dem möglichst konkret die wesentlichen Leistungselemente sowie deren verursachungsgerechte Preise fixiert sind. Ein besonderes Augenmerk gilt der Handhabung von Veränderungen. Hier sollten vorausschauend möglichst eindeutige Regelungen zum Umgang mit Leistungs- und Mengenanpassungen sowie Projektverfahren (Klassifikation der Projekte, Mitwirkungspflichten, Kostenverteilungen etc.) aufgenommen werden. Dies umfasst sowohl regulatorisch getriebene Anforderungen als auch vom Kunden initialisierte Anpassungen. Entsprechende Vereinbarungen zu Kostensenkungen im Zeitablauf durch Optimierungen sowie realistische Regelungen zur Beendigungsunterstützung sowie Notfallprozeduren runden das Bild ab. Erforderlich ist dies insbesondere deshalb, weil ein Wechsel eines Providers im besten Fall meist nur mit hohem Aufwand, im schlechtesten Fall überhaupt nicht möglich ist.

Bei einem eigenen Angebot im Rahmen eines Insourcings gelten die Aussagen allerdings gleichermaßen. Auch hier ist eine jeweilige individuelle Prüfung mittels Business Case erforderlich. Durch die Aufnahme eines weiteren Kunden in der Fondsadministration kann man aufgrund abweichender Prozessanforderungen sogar auf eine schlechtere Skalenkurve rutschen, Flexibilität für bestehende Mandanten einbüßen oder mit sprungfixen Kosten zu kämpfen haben.

7.3.3 Kulturelle Verankerung als Erfolgsfaktor

Mit der Kundenausrichtung sowie der Schaffung eines strukturellen Rahmens ist die Basis für ein effektives Kostenmanagement geschaffen. Erst die kulturelle Verankerung macht das System aber erfolgreich. Das „Können" muss mit dem „Wollen" einhergehen.

Dies beginnt wieder bei der Kundenorientierung. Ein Anbieter der Fondsadministration, ob intern oder extern, muss auf allen Ebenen eine **Dienstleistermentalität** verinnerlicht haben und als echter Partner fungieren. Für ein erfolgreiches Lean- und Kostenmanagement ist ein klares **Commitment** von der Führungsspitze bis hin zu jedem Mitarbeiter erforderlich. Entscheidungen müssen **neutral im Sinne des Unternehmens** getroffen werden ohne politische oder persönliche Einflüsse. Die **stetige Überprüfung sämtlicher Anforderungen** wie Prozesse muss sozusagen in der „DNA" eines jeden

Mitarbeiters verankert sein. Es bedarf einer **Fehlerkultur** mit gegenseitigem Vertrauen und einer offenen Kommunikation – auch gegenüber den Mandanten.

Eine kulturelle Verankerung kann man im Gegensatz zu den strukturellen Rahmenbedingungen jedoch weder implementieren noch über Nacht einführen. Dies bedarf einer kontinuierlichen Beschäftigung und Weiterentwicklung des Eigenverständnisses sowie einer ebenso kontinuierlichen Anwendung der Prinzipien. Unterstützt werden kann dies durch eine begleitende Weiterentwicklung der verantwortlichen Führungskräfte. Wenn es einem aber gelingt, solch ein System im eigenen Hause zu etablieren, kann man einen bedeutenden Beitrag in der Wertschöpfungskette leisten – sowohl für die KVGen als auch deren Kunden. Die Fondsadministration kann somit zum Wettbewerbsfaktor werden.

7.4   Fazit und Ausblick

Festzuhalten bleibt, dass die Fondsadministration einen zentralen Baustein der Wertschöpfungskette im institutionellen Fondsgeschäft darstellt, deren Bedeutung als wettbewerbsdifferenzierender Beitrag in den letzten Jahren noch zugenommen hat. Einhergehend mit stetig steigenden Anforderungen – sowohl seitens der Kunden als auch des Gesetzgebers – sind die schnelle Bereitstellung passgenauer Lösungen und die Beherrschung der Kosten zu wesentlichen Erfolgsfaktoren nicht nur für die Fondsadministrationseinheiten selbst, sondern auch für die KVGen und deren Kunden geworden.

Kostentransparenz in der Fondsadministration bildet die Basis sowohl für valide unternehmerische Entscheidungen als auch zur kostenoptimalen Umsetzung neuer Anforderungen. Erreicht werden kann dies durch die Etablierung einer weiterentwickelten Prozesskostenrechnung. In Verbindung mit einer strukturell wie kulturell nachhaltig verankerten Steuerungslogik ist es möglich, nicht nur ein wirksames Kostenmanagement zu gewährleisten, sondern auch den Abnehmern der Leistungen, also den KVGen sowie den institutionellen Kunden, passgenau den bestmöglichen Service zu bieten. In Anbetracht weiter wachsender Anforderungen in Verbindung mit Margen- und Kostendruck wird solch eine Aufstellung zunehmend zu einem wichtigen Wettbewerbsfaktor.

Über die Autoren

Patrick Roll ist seit 2006 bei Union Investment als Abteilungsleiter verantwortlich für die Steuerungs-, Entwicklungs- und Stabsaufgaben im Segment Fondsdienstleistungen mit den Geschäftsfeldern Investmentdepotgeschäft, Fondsadministration und Fondsbrokerage. Von 1999 bis 2005 war er für die Unternehmerberatung Droege & Comp. insbesondere in den Themenfeldern „Transaction Banking" und „Asset Management" tätig. Er hat Betriebswirtschaftslehre an der Universität Mannheim studiert sowie einen MBA in den USA erworben.

Michael Czybik ist als Leiter der Gruppe Controlling im Segment Fondsdienstleistungen seit 2009 bei Union Investment neben den klassischen Controlling-Tätigkeiten u. a. für die Themen Prozesskostenrechnung, Kapazitätsplanung sowie Produktionsmanagement verantwortlich. Zuvor war der gelernte Bankkaufmann und Finanz- und Investmentökonom (VWA) bereits in verschiedenen Positionen in Controlling-Einheiten bei Union Investment, Credit Suisse und der Frankfurter Sparkasse tätig.

Die **Union Investment** Gruppe ist mit einem verwalteten Vermögen von rund 275,3 Mrd. EUR der Experte für Fondsvermögensverwaltung in der genossenschaftlichen FinanzGruppe und eine der größten deutschen Fondsgesellschaften. 2754 Mitarbeiter betreuen 1230 Fonds für private und institutionelle Anleger. Insgesamt vertrauen Union Investment über vier Millionen Kunden ihr Geld an (Stand der Zahlenangaben: 30. Juni 2016) http://www.union-investment.de.

Teil III

Kosten aus rechtlicher und regulatorischer Sicht

Regulatorische Anforderungen an Kosten und Kostentransparenz im Asset Management

8

Christian Schmies

Einleitung

Das Geschäft des „Asset Management" oder der Vermögensverwaltung lässt sich in rechtlicher Hinsicht und damit auch hinsichtlich der relevanten regulatorischen Anforderungen an die Kostentransparenz in die „individuelle Vermögensverwaltung" und die „kollektive Vermögensverwaltung" unterteilen.

Die individuelle Vermögensverwaltung, vom Gesetzgeber als „Finanzportfolioverwaltung" bezeichnet, ist die Verwaltung einzelner oder mehrerer in Finanzinstrumenten angelegter Vermögen für andere mit Entscheidungsspielraum. Aufsichtsrechtlich ist sie eine unter dem Gesetz über das Kreditwesen („KWG") erlaubnispflichtige Finanzdienstleistung und eine Wertpapierdienstleistung im Sinne des Wertpapierhandelsgesetzes („WpHG").

Die kollektive Vermögensverwaltung bezeichnet hingegen die Verwaltung von Vermögenswerten, die in Investmentvermögen oder in anderen kollektiven Anlagevehikeln gebunden sind. Das Geschäft der kollektiven Vermögensverwaltung ist seit der Umsetzung der europäischen Richtlinie über die Verwalter alternativer Investmentvermögen („AIFMD") in Deutschland im Wesentlichen durch das Kapitalanlagegesetzbuch („KAGB") geregelt. Dabei setzt der Begriff des Investmentvermögens im Sinne des KAGB allerdings nicht zwingend voraus, dass der Organismus mehrere Anleger hat; es ist vielmehr ausreichend, dass die maßgeblichen Fondsdokumente die Anzahl möglicher Anleger nicht auf einen Anleger begrenzen. Und in der Tat hat seit jeher ein Großteil der deutschen Spezialfonds lediglich einen Anleger, unterliegt aber trotz funktionalen Ähnlichkeiten zur individuellen Vermögensverwaltung den rechtlichen Bestimmungen über Investmentvermögen.

C. Schmies (✉)
Hengeler Müller, Frankfurt am Main, Deutschland
E-Mail: Christian.schmies@hengeler.com

© Springer Fachmedien Wiesbaden GmbH 2017
U. Rieken et al. (Hrsg.), *Kostentransparenz im institutionellen Asset Management*,
DOI 10.1007/978-3-658-12832-6_8

8.1   Regulatorische Anforderungen an Kosten bei Investmentvermögen

8.1.1   Materielle Restriktionen

Der Schwerpunkt der investmentrechtlichen Kostenregulierung liegt traditionell in Anforderungen an die Transparenz von Kosten, die für die Anleger mit dem Erwerb von Investmentanteilen verbunden sind. Dagegen enthält sich das Investmentrecht traditionell weitgehend verbindlicher Vorgaben, welche Kosten oder gar in welcher Höhe den Anlegern Kosten im Zusammenhang mit der Fondsanlage berechnet werden dürfen, sei es unmittelbar oder mittelbar durch Belastung des Fondsvermögens. Dies erscheint grundsätzlich konsequent, bleibt es in einer marktwirtschaftlich verfassten Ordnung doch grundsätzlich den Parteien eines Vertragsverhältnisses überlassen, die kommerziellen Konditionen ihrer vertraglichen Beziehung eigenverantwortlich zu regeln. Gleichwohl ergeben sich aus dem KAGB auch einige materielle Restriktionen hinsichtlich der Kostengestaltung bei Investmentvermögen, die über bloße Transparenzanforderungen hinausgehen und den grundsätzlich gegebenen Freiraum der Kapitalverwaltungsgesellschaften (KVG) bei der Vereinbarung von Vergütungen und Aufwendungserstattungen beschränken.

8.1.1.1 Verhaltenspflichten in Bezug auf Kosten

Gemäß § 26 Abs. 5 KAGB muss eine KVG über geeignete Verfahren verfügen, um bei Investmentvermögen unter Berücksichtigung des Wertes des Investmentvermögens und der Anlegerstruktur eine Beeinträchtigung von Anlegerinteressen durch unangemessene Kosten, Gebühren und Praktiken zu vermeiden.

§ 26 Abs. 5 KAGB dient der Umsetzung von Vorgaben aus der OGAW-Richtlinie, ist jedoch auch auf AIF-KVG anwendbar und damit auch bei der Verwaltung von Spezial-AIF zu beachten. Da die Pflichten aus § 26 Abs. 5 KAGB „unter Berücksichtigung der Anlegerstruktur" zu erfüllen sind, gilt bei der Umsetzung von § 26 Abs. 5 KAGB allerdings kein „One Size Fits All"-Prinzip. Vielmehr sind bei der Beantwortung der Frage, welche Kosten, Gebühren und Praktiken als „unangemessen" im Sinne des § 26 Abs. 5 KAGB anzusehen sind, auch die Erfahrung, Expertise und Schutzbedürftigkeit des jeweiligen Anlegerkreises zu berücksichtigen. Dies bedeutet, dass im Geschäftsverkehr mit erfahrenen Spezialfondsanlegern ggf. geringere Anforderungen anzusetzen sind als bei der Verwaltung von Publikums-Investmentvermögen.

Das KAGB selbst enthält keine Präzisierungen, unter welchen Voraussetzungen Kosten, Gebühren und Praktiken als „unangemessen" zu betrachten sind. Aus den Gesetzgebungsmaterialien geht hervor, dass der Gesetzgeber unter anderem Folgendes im Blick hatte:

1. erhöhte Gebührenbelastungen durch exzessive Umschlagshäufigkeit (Churning),
2. Belastung der Anleger mit rücknahmebedingten Transaktionskosten; und
3. bestimmte Gestaltungen erfolgsabhängiger Vergütungen (Performance Fees).

Eine Vorkehrung zur Vermeidung einer Beeinträchtigung von Anlegerinteressen durch Churning kann insbesondere die Festlegung eines Orientierungswertes für die Portfolioumschlagshäufigkeit (Portfolio Turnover Rate) sein. Für Publikums-Investmentvermögen hat der Gesetzgeber die Angabe einer Portfolioumschlagsrate im Prüfbericht inzwischen als Pflichtangabe vorgeschrieben (vgl. § 26 Abs. 1 Nr. 14 KAPrüfBV). Diese Anforderung gilt jedoch nicht für Immobilienfonds sowie für Spezial-AIF (vgl. § 26 Abs. 2 KAPrüfBV).

Bei der Belastung der Anleger mit rücknahmebedingten Transaktionskosten hat der Gesetzgeber Beeinträchtigungen der Anlegerinteressen vor Augen, die den in einem Fonds investierten Anlegern drohen, wenn durch großvolumige Anteilsscheingeschäfte anderer Anleger, insbesondere bei Anteilszeichnungen und -veräußerungen in kurzer zeitlicher Abfolge erhebliche Transaktionskosten entstehen, die dem Fondsvermögen insgesamt zur Last fallen und daher die Rendite für die verbleibenden Anleger reduziert. Bei Spezial-AIF ist diese Problematik allerdings regelmäßig von geringerer Relevanz als bei Publikumsfonds, da die Mehrzahl von Spezial-AIF nur einen Anleger oder Anleger aus einem Konzern aufweist und die KVG bei Spezial-AIF auch im Übrigen oftmals in engerem Kontakt zu den Anlegern stehen, sodass Anteilsscheingeschäfte oftmals besser plan- bzw. vorhersehbar sind als bei Publikumsfonds.

Performanceabhängige Vergütungen sind auch bei Publikumsfonds nicht per se unzulässig, allerdings kann die konkrete Gestaltung von performanceabhängigen Vergütungen zu einer Beeinträchtigung von Anlegerinteressen durch unangemessene Kosten führen. Mit der im Juni 2011 eingeführten Genehmigungspflicht der Anlagebedingungen von Publikumsfonds ist im Bereich der Publikumsfonds nunmehr gewährleistet, dass Vereinbarungen einer performanceabhängigen Vergütung ebenso wie die Kostenklauseln im Übrigen einer aufsichtsbehördlichen Prüfung unterliegen.

8.1.1.2 Kostenklauseln in Anlagebedingungen

Von Gesetzes wegen müssen die Anlagebedingungen von Publikums-Investmentvermögen bestimmte Regelungen zu Kosten enthalten. Bis zum Juni 2011 stellten die Kostenregelungen einen nicht genehmigungspflichtigen Bestandteil der Vertrags- bzw. Anlagebedingungen von Publikums-Investmentvermögen dar. Seitdem unterliegen auch die Kostenklauseln in den Anlagebedingungen von Publikums-Investmentvermögen der Prüfung und Genehmigung der BaFin.

Ausweislich der Gesetzesbegründung soll die Höhe der Verwaltungsvergütung ungeachtet der Genehmigungspflicht der Kostenklauseln eine wirtschaftliche Entscheidung bleiben, die im Ermessen der KVG steht und keiner Kontrolle durch die BaFin unterliegt. Jedoch ist die BaFin berechtigt und verpflichtet, die Anlagebedingungen von Publikums-Investmentvermögen daraufhin zu prüfen, ob sie unangemessene Kosten- und Gebührenregelungen enthalten.

Im Zusammenhang mit der Einführung der Genehmigungspflicht der Vertrags- bzw. Anlagebedingungen von Publikums-Investmentvermögen hat die BaFin zusammen mit dem BVI sogenannte „Musterbausteine" für Kostenklauseln für verschiedene Fondstypen entwickelt, die sie ihrer Genehmigungspraxis zugrunde legt. Diese Musterbausteine sind nicht verbindlich, vielmehr sind Abweichungen von den Musterbausteinen möglich. Die Entwicklung der Musterbausteine war und ist jedoch einer konsistenten Verwaltungspraxis der BaFin bei der Genehmigung von Kostenklauseln dienlich und zeigt den Marktteilnehmern gleichzeitig auf, welche Klauseln die BaFin grundsätzlich für zustimmungsfähig erachtet. Die BaFin hat ihre Verwaltungspraxis in Bezug auf Kostenklauseln darüber hinaus in diversen Veranstaltungen und Publikationen (vgl. Von Diest, BaFin-Journal 3/2012, S. 10 ff.) näher dargelegt und dabei eine Reihe offener Fragen geklärt. So erkennt die BaFin bspw. an, dass eine KVG neben der Vergütung für ihre Verwaltungstätigkeit eine zusätzliche Vergütung für die Durchführung von Wertpapierdarlehensgeschäften verlangen kann.

Die Anlagebedingungen von Spezial-AIF unterliegen insgesamt, und damit auch hinsichtlich der Kostenklauseln, keiner Genehmigungspflicht durch die BaFin. Sie sind der BaFin vielmehr lediglich einzureichen.

8.1.1.3 Kostenbelastungsverbot bei Zielfondserwerb

Für einen recht abgegrenzten Fall enthält § 196 Abs. 2 KAGB ausnahmsweise ein konkretes Kostenbelastungsverbot. Nach dieser Bestimmung dürfen einem OGAW-Publikums-Investmentvermögen keine Ausgabeaufschläge und keine Rücknahmeabschläge im Hinblick auf Anteile an Investmentvermögen belastet werden, die direkt oder indirekt von derselben KVG oder von einer KVG verwaltet werden, mit der die investierende KVG durch eine wesentliche unmittelbare oder mittelbare Beteiligung verbunden ist. Die Restriktion gilt entsprechend für den Erwerb von Investmentanteilen für andere Publikumsinvestmentvermögen als OGAW (vgl. u. a. §§ 218, 220, 230 Abs. 1 KAGB) und auch für Spezial-AIF (§ 284 Abs. 1 KAGB), kann bei Spezial-AIF jedoch abbedungen werden (vgl. § 284 Abs. 2 KAGB).

8.1.2 Transparenzanforderungen

8.1.2.1 Investmentrechtliche Anforderungen

Die Anforderungen an die Kostentransparenz bei Investmentvermögen ergeben sich im Wesentlichen aus den gesetzlichen Anforderungen an kostenbezogene Informationen in:

I. den Anlagebedingungen;

II. den Verkaufsunterlagen, d. h. Verkaufsprospekt, wesentliche Anlegerinformationen sowie bei Spezialfonds dem Informationsdokument nach § 307 KAGB; und

III. den Berichten bzgl. des Investmentvermögens.

I. Anlagebedingungen
Publikums-Investmentvermögen

Von Gesetzes wegen müssen die Anlagebedingungen von Publikums-Investmentvermögen bestimmte Regelungen zu Kosten enthalten. Bis zum Juni 2011 stellten die Kostenregelungen einen nicht genehmigungspflichtigen Bestandteil der Vertrags- bzw. Anlagebedingungen dar. Seitdem unterliegen auch die Kostenklauseln in den Anlagebedingungen der Prüfung und Genehmigung der BaFin.

Die kostenbezogenen Angabepflichten für die Anlagebedingungen offener Publikums-Investmentvermögen ergeben sich im Wesentlichen aus § 162 Abs. 2 Nr. 11–14 KAGB. Kraft Verweises sind dieselben Anforderungen jedoch auch bei geschlossenen Investmentvermögen zu beachten (§ 266 Abs. 2 KAGB). Demnach müssen die Anlagebedingungen Angaben enthalten zu:

A. Vergütungen und Aufwendungserstattungen (§ 162 Abs. 2 Nr. 11 KAGB)

B. Ausgabeaufschlag und Rücknahmeabschlag (§ 162 Abs. 2 Nr. 12 KAGB)

C. Pauschalgebühren (§ 162 Abs. 2 Nr. 13 KAGB)

D. Kosten bei Erwerb von Anteilen an anderen Investmentanteilen (§ 162 Abs. 2 Nr. 14 KAGB).

A. Vergütungen und Aufwendungserstattungen

Bei den Dienstleistungen, die eine KVG bei der Verwaltung von Investmentvermögen für die Fondsanleger erbringt, handelt es sich zivilrechtlich um eine besondere Form der entgeltlichen Geschäftsbesorgung. Die KVG hat daher grundsätzlich einen Anspruch auf Vergütung für ihre Dienstleistungen sowie auf Ersatz der Aufwendungen, die sie bei der Ausübung ihrer Verwaltungstätigkeit eingeht.

Der Vergütungsanspruch der KVG ebenso wie ihr Aufwendungsersatz ist nach den Vorgaben des KAGB näher in den Anlagebedingungen eines Publikums-Investmentvermögens zu regeln. Die Anlagebedingungen von Publikums-Investmentvermögen müssen dabei bestimmen, nach welcher Methode, in welcher Höhe und aufgrund welcher Berechnung die Vergütungen und Aufwendungserstattungen aus dem Investmentvermögen an die Verwaltungsgesellschaft, aber auch an die Verwahrstelle und Dritte zu leisten sind. Der Vergütungsanspruch der Verwahrstelle sowie sonstiger Dritter ergibt sich dabei nicht aus den Anlagebedingungen, sondern aus den vertraglichen Vereinbarungen, welche die KVG mit der Verwahrstelle bzw. sonstigen Dritten in Bezug auf das Investmentvermögen abgeschlossen hat; die Vereinbarungen in den Anlagebedingungen ermöglichen es der KVG insofern lediglich, Erstattung dieser Aufwendungen aus dem Investmentvermögen zu verlangen.

Die KVG erhält typischerweise zumindest eine feste Verwaltungsvergütung (Management Fee), die sich aus einem Prozentsatz des verwalteten Vermögens berechnet. Bei Publikums-Investmentvermögen sehen die Anlagebedingungen oftmals eine „bis zu"-Klausel für die Verwaltungsvergütung vor, welche es der KVG erlaubt, die Verwaltungsvergütung bis zu der durch die „bis zu"-Klausel vorgesehenen Höchstgrenze zu variieren. Bei Spezial-AIF dürften derartige „bis zu"-Vereinbarungen kaum vorkommen.

Durch die Regelung in den Anlagebedingungen, welche Vergütungen, Kosten und Gebühren dem Fondsvermögen zur Last fallen, wird der Vergütungs- und Aufwendungsersatzanspruch der KVG präzisiert, aber auch beschränkt; denn grundsätzlich können dem Fondsvermögen nur die Vergütungen, Kosten und Gebühren belastet werden, die in den Anlagebedingungen aufgeführt sind. Sofern die KVG bei der Verwaltung des Fonds zusätzliche Aufwendungen eingehen und dem Fonds belasten will, bedarf es somit einer Änderung der Anlagebedingungen, die bei Publikums-Investmentvermögen der Genehmigung durch die BaFin, bei Spezial-AIF einer Vereinbarung mit dem bzw. den Anlegern bedarf.

B. Ausgabeaufschlag und Rücknahmeabschlag

Aus den Anlagebedingungen muss sich bei Publikums-Investmentvermögen ebenfalls die Höhe des Ausgabeaufschlags bei der Ausgabe von Investmentanteilen bzw. des Abschlags bei der Rücknahme von Investmentanteilen sowie sonstige vom Anleger zu entrichtende Kosten ergeben. Bei Spezial-AIF spielen Ausgabeaufschläge eine vernachlässigbare Rolle, denn sie dienen im Wesentlichen der Incentivierung des Vertriebs von Publikumsfonds; entsprechendes gilt für Rücknahmeabschläge, obgleich diese bisweilen auch bei Spezial-AIF mit mehreren Anlegern als Instrument eingesetzt werden, um eine Belastung des Fondsvermögens aufgrund von Zu- und Abflüssen mit kurzer Haltedauer zu reduzieren.

C. Pauschalgebühren

Die KVG kann mit den Anlegern in den Anlagebedingungen eine Pauschalgebühr für die Vergütungen und Kosten vereinbaren. In diesem Fall muss in den Anlagebedingungen angegeben werden, aus welchen Vergütungen und Kosten sich die Pauschalgebühr zusammensetzt und welche Kosten dem Investmentvermögen gesondert in Rechnung gestellt werden.

D. Kosten bei Erwerb von Anteilen an anderen Investmentanteilen

Sofern ein Publikums-Investmentvermögen in andere Investmentanteile investiert, müssen die Anlagebedingungen ferner vorsehen, dass der Jahresbericht sowie der Halbjahresbericht des investierenden Investmentvermögens bestimmte Informationen über die

Kosten enthält, die den Anlegern mittelbar durch die Anlage in derartige Investmentanteile entstehen, insbesondere durch Ausgabeaufschläge und Rücknahmeabschläge, aber auch durch die Verwaltungsvergütung, die auf Ebene der Zielfonds anfällt.

Spezial-AIF

Die Pflichtbestandteile für Anlagebedingungen aus § 162 Abs. 2 KAGB gelten grundsätzlich nur für Publikums-Investmentvermögen. Der Inhalt der Anlagebedingungen von Spezial-AIF wird durch das KAGB hingegen nicht im Detail vorgeschrieben. Vielmehr bestimmt § 273 Satz 1 KAGB insofern lediglich, dass die Anlagebedingungen vor der Ausgabe von Investmentanteilen schriftlich festzuhalten sind. Allerdings orientieren sich die vom BVI entwickelten Musteranlagebedingungen für Spezial-AIF in Form und Inhalt an den Musteranlagebedingungen für Publikums-AIF. Bei Spezial-AIF wird die Vergütung für die KVG sowie die Verwahrstelle allerdings oftmals nicht in den Anlagebedingungen, sondern in der sogenannten „Dreiervereinbarung" zwischen Anleger, KVG und Verwahrstelle geregelt.

II. Prospektpublizität

Publikums-Investmentvermögen

a. Verkaufsprospekt

Zusätzlich zu den Mindestregelungsvorgaben für die Anlagebedingungen muss auch der Verkaufsprospekt von Publikums-Investmentvermögen bestimmte kostenbezogene Angaben enthalten, die sich aus § 165 Abs. 3 KAGB ergeben. Die Prospektpflichten umfassen insbesondere:

1. **Angaben zu Ausgabe- und Rücknahmepreisen** (§ 165 Abs. 3 Nr. 1 4 KAGB);
   Der Verkaufsprospekt muss neben Angaben zur Berechnung und Veröffentlichung der Ausgabe- und Rücknahmepreise auch Angaben zu den mit der Ausgabe und der Rücknahme von Investmentanteilen verbundenen Kosten sowie etwaigen sonstigen Kosten und Gebühren machen, aufgeschlüsselt nach denjenigen, die vom Anleger zu zahlen sind und denjenigen, die vom Investmentvermögen getragen werden.

2. **Gesamtkostenquote und Transaktionskosten** (§ 165 Abs. 3 Nr. 1–4 KAGB);
   Der Verkaufsprospekt muss ferner angeben, dass für das Investmentvermögen eine Gesamtkostenquote (Total Expense Ratio – „TER") in Form einer einzigen Zahl berechnet wird, die auf den Zahlen des vorausgehenden Geschäftsjahres berechnet wird und muss angeben, welche Kosten bei der Berechnung der Gesamtkostenquote einbezogen werden. Darüber hinaus muss der Verkaufsprospekt die Anleger darüber informieren, dass die Transaktionskosten aus dem Investmentvermögen bezahlt werden und dass die Gesamtkostenquote die Transaktionskosten nicht umfasst.
   Die Gesamtkostenquote soll dem Anleger einen übersichtlichen Blick auf die laufenden Kosten seiner Fondsanlage geben und damit insbesondere auch der besseren Vergleichbarkeit verschiedener Fondsprodukte dienen. Aufgrund der Tatsache, dass Transaktionskosten nicht in die Gesamtkostenquote eingehen, vermag die TER aber nur einen beschränkten Einblick in die tatsächlichen laufenden Kosten eines Investmentvermögens zu geben.

3. **Angaben bei Berechnung einer Pauschalgebühr** (§ 165 Abs. 3 Nr. 7 KAGB);
    Sofern in den Anlagebedingungen eine Pauschalgebühr vereinbart wird, muss der
    Verkaufsprospekt Angaben enthalten, aus welchen Vergütungen und Kosten sich
    die Pauschalgebühr zusammensetzt und Hinweise enthalten, ob und welche Kosten
    dem Investmentvermögen gesondert in Rechnung gestellt werden.

4. **Angaben zu Rückvergütungen** (§ 165 Abs. 3 Nr. 8 KAGB);
    Der Verkaufsprospekt muss ferner beschreiben, ob der Verwaltungsgesellschaft
    Rückvergütungen der aus dem Investmentvermögen an die Verwahrstelle und an
    Dritte geleisteten Vergütungen und Aufwendungserstattungen zufließen; auch muss
    der Verkaufsprospekt die Anleger informieren, ob ein wesentlicher Teil der Vergü-
    tungen, die aus dem Investmentvermögen an die Verwaltungsgesellschaft geleistet
    werden, für Vertriebsvergütungen verwendet werden.

    Sowohl die Offenlegung der an die KVG fließenden Rückvergütungen als auch die
    Offenlegung von Vertriebsvergütungen sollen den Anleger über etwaige Interessenkon-
    flikte informieren, denen die KVG bei der Verwaltung des Investmentvermögens bzw.
    Vertriebsintermediäre bei dem Vertrieb unterliegen. Die Verwaltungsgesellschaft wird
    für ihre Dienstleistungen grundsätzlich durch ihre feste und/oder erfolgsabhängige Ver-
    gütung vergütet. Könnte die Verwaltungsgesellschaft dem Fondsvermögen ohne Weite-
    res Aufwendungen für Dritte in Rechnung stellen, die durch Zahlungen dieser Dritten
    an die KVG letztlich wieder dieser zufließen, könnte die Festlegung der Verwaltungs-
    vergütung in den Anlagebedingungen leicht umgangen werden.

5. **Angaben zu Kosten bei Erwerb von Investmentanteilen** (§ 165 Abs. 3 Nr. 9
    KAGB)
    Der Verkaufsprospekt muss schließlich auch Informationen zu den Kosten enthal-
    ten, welche im Falle des Erwerbs von Anteilen an anderen Investmentvermögen
    entstehen. Dem Anleger soll dadurch vor Augen geführt werden, dass aufgrund der
    Doppelstöckigkeit der Fondsanlage die Rendite der Anlage durch Kosten auf beiden
    Ebenen reduziert werden kann.

b. Wesentliche Anlegerinformationen

Bei Publikums-Investmentvermögen treten die wesentlichen Anlegerinformationen
als weiteres, deutlich knapper gehaltenes Informationsmedium neben den Verkaufsprospekt. Auch die wesentlichen Anlegerinformationen müssen zwingend Angaben zu
den Kosten der Fondsanlage enthalten. Inhalt und Format der wesentlichen Anlegerinformationen sind durch europarechtliche Vorgaben deutlich stärker vereinheitlicht, als
dies bislang bei den Verkaufsprospekten der Fall ist.

Nach der insoweit maßgeblichen europäischen Verordnung (EU) Nr. 583/2010 sind
die Kosten des Fonds in folgender Gliederung anzugeben

1. Einmalige Kosten vor und nach der Anlage;

2. Laufende Kosten des Fonds; und
3. Kosten, die der Fonds unter bestimmten Umständen zu tragen hat.

Zu den **einmaligen Kosten** vor und nach der Anlage zählen insbesondere Ausgabeaufschläge und Rücknahmeabschläge. Im Rahmen der „**laufenden Kosten**" ist die Gesamtkostenquote anzugeben, und zwar grds. auf der Grundlage der im letzten Geschäftsjahr angefallenen laufenden Kosten ohne Einbeziehung der Transaktionskosten. Wurde die Zahlung einer Performance Fee vereinbart, ist diese zusätzlich als Prozentsatz des durchschnittlichen Nettovermögens anzugeben.

Bei den **Kosten, die der Fonds unter bestimmten Umständen** zu tragen hat, handelt es sich insbesondere um Kosten, die von der Wertentwicklung des Fonds abhängig sind. In Bezug auf diese Kosten müssen dem Anleger die Voraussetzungen und der Zeitpunkt für die Erhebung derartiger Kosten dargelegt werden. Bei Performance Fees ist sowohl eine abstrakte Beschreibung als auch die Angabe der im Vorjahr tatsächlich angefallenen erfolgsabhängigen Vergütung erforderlich.

Spezial-Investmentvermögen
Die Prospektanforderungen des § 165 Abs. 5 KAGB finden auf Spezial-AIF keine Anwendung. Allerdings muss auch den Anlegern eines Spezial-AIF seit Umsetzung der AIFM-Richtlinie in deutsches Recht vor der Anlage in einen Spezial-AIF ein Informationsdokument zur Verfügung gestellt werden, das gemäß § 307 Abs. 1 Satz 2 Nr. 13 KAGB auch Angaben zu Entgelten, Gebühren und sonstigen Kosten unter Angabe von Höchstbeträgen enthalten muss, die von den Anlegern mittelbar oder unmittelbar getragen werden. Die vom BVI entwickelten Musterbausteine (vgl. BVI, Musterbausteine für Informationspflichten gegenüber semi-professionellen und professionellen Anlegern, Stand Februar 2016) enthalten in Bezug auf die Angaben zu Kosten keine näheren Vorgaben. In der Praxis dürfte es jedoch ratsam sein, sich an dem Katalog der Pflichtangaben aus § 165 Abs. 3 KAGB zu orientieren (so bereits Zingel in: Baur/Tappen (Hrsg.), Investmentgesetze, § 307 KAGB, Rdn. 13).

III. Berichtswesen
Regulatorische Anforderungen für die Kostentransparenz bei Investmentvermögen gelten schließlich auch für das Berichtswesen, d. h. insbesondere für die Jahres- und Halbjahresberichte von Investmentvermögen.

Die diesbezüglichen Anforderungen ergeben sich insbesondere aus § 102 Abs. 2 KAGB und umfassen im Wesentlichen folgende Angabepflichten:

A. Gesamtkostenquote
B. Pauschalgebühren

C. Rückvergütungen

D. Zielfondsbezogene Kosten.

A. *Gesamtkostenquote*

Der Jahresbericht muss die Gesamtkostenquote des Investmentvermögens im Berichtszeitraum enthalten. Wurde für das Investmentvermögen eine *Performance Fee* vereinbart, ist diese gesondert als Prozentsatz des durchschnittlichen Nettoinventarwerts anzugeben.

B. *Pauschalgebühren*

Im Falle der Vereinbarung einer Pauschalvergütung müssen im Jahresbericht die Vergütungen an die Kapitalverwaltungsgesellschaft, Verwahrstelle und an Dritte offengelegt werden

C. *Rückvergütungen*

Der Jahresbericht eines Investmentvermögens muss ferner Angaben enthalten, ob der Kapitalverwaltungsgesellschaft Rückvergütungen der aus dem Investmentvermögen an die Verwahrstelle oder an Dritte geleisteten Vergütungen und Aufwendungserstattungen zugeflossen sind. Ferner sind auch Bestandsprovisionen offenzulegen.

D. *Zielfondsbezogene Kosten*

Der Jahresbericht eines Publikumsinvestmentvermögens muss ferner Angaben zu zielfondsbezogenen Kosten enthalten, nämlich Angaben zum Betrag der Ausgabeaufschläge und Rücknahmeabschläge, die dem investierenden Investmentvermögen im Berichtszeitraum für den Erwerb und die Rücknahme von Zielfondsanteilen berechnet worden sind sowie Angaben zum Betrag der Verwaltungsvergütung, die auf Zielfondsanteile erhoben worden ist.

8.1.2.2 Wertpapierhandelsrechtliche Anforderungen

Im Bereich des Retail-Vertriebs erfolgt die Vermarktung von Investmentanteilen regelmäßig durch Vertriebsintermediäre und nicht durch die Kapitalverwaltungsgesellschaft selbst. Nicht nur im Fall des Retail-Vertriebs, sondern generell, wenn Dritte in die Anbahnung bzw. Vermittlung von Anlagen in Fonds eingebunden sind, kann die damit erbrachte Dienstleistung ihrerseits regulatorischen Anforderungen an Kostentransparenz unterliegen.

Im Fall der Vermarktung von Fondsanteilen durch Dritte erbringen diese regelmäßig eine Wertpapierdienstleistung (Anlageberatung, Anlagevermittlung, etc.) bzw. Finanzanlagenvermittlung im Sinne der Gewerbeordnung, sodass die investmentrechtlichen Anforderungen an Kostentransparenz ggf. durch zusätzliche wertpapierhandelsrechtliche Anforderungen bzw. Anforderungen nach der Finanzanlagenvermittlungsverordnung ergänzt werden. Insbesondere sind Wertpapierdienstleistungsunternehmen unabhängig von investmentrechtlichen Anforderungen an Kostentransparenz selbst verpflichtet, Kunden über Kosten und Nebenkosten ihrer Dienstleistungen zu informieren (§ 31 Abs. 3 Satz 3 Nr. 4 WpHG). Die kostenbezogenen Informationspflichten werden durch § 5 Abs. 2 Satz 2 Nr. 5 WpDVerOV weiter konkretisiert.

Ferner müssen Wertpapierdienstleistungsunternehmen bei der Annahme von Zuwendungen die Anforderungen von § 31d WpHG beachten, wonach Zuwendungen, wie z. B. die Annahme von Vertriebsprovisionen vonseiten der Kapitalverwaltungsgesellschaften, nur zulässig sind, wenn a) die Zuwendung darauf ausgerichtet ist, die Qualität der Dienstleistung für den Kunden zu verbessern; b) die Zuwendung der ordnungsgemäßen Dienstleistung nicht entgegensteht und c) eine ordnungsgemäße Offenlegung der Zuwendung gegenüber den Kunden erfolgt.

8.2 Regulatorische Anforderungen an Kosten bei der individuellen Vermögensverwaltung

8.2.1 Einleitung

Die individuelle Vermögensverwaltung ist, soweit sie die Verwaltung von Finanzinstrumenten umfasst, eine als „Finanzportfolioverwaltung" erlaubnispflichtige Finanzdienstleistung und gleichzeitig wertpapierhandelsrechtlich eine Wertpapierdienstleistung. Obgleich institutionelle Anleger in Deutschland einen Großteil ihres Vermögens in Spezialfonds verwalten lassen, spielt die individuelle Vermögensverwaltung auch bei der Verwaltung des Vermögens institutioneller Anleger eine erhebliche Rolle. Nach der Statistik des BVI verwalteten allein KVGen, die neben der Fondsverwaltung grundsätzlich auch die individuelle Vermögensverwaltung betreiben können (§ 20 Abs. 2 Nr. 1; § 20 Abs. 3 Nr. 2 KAGB), per 31. Dezember 2015 ein Vermögen von 378 Mrd. EUR im Rahmen individueller Vermögensverwaltungsmandate.

8.2.2 Wertpapierhandelsrechtliche Anforderungen

8.2.2.1 Grundlagen

Anders als das Investmentrecht mit dem KAGB unterliegt die individuelle Vermögensverwaltung keiner umfassenden Regulierung durch ein einheitliches Gesetzeswerk. Die Qualifikation der Finanzportfolioverwaltung als Wertpapierdienstleistung hat jedoch zur Folge, dass Finanzportfolioverwalter bei der Erbringung ihrer Vermögensverwaltungsdienstleistungen wertpapierhandelsrechtlichen Organisations- und Verhaltenspflichten unterliegen, aus denen sich auch gewisse Anforderungen in Bezug auf die Kosten der Vermögensverwaltung ergeben.

Zivilrechtlich handelt es sich bei der individuellen Vermögensverwaltung ebenfalls um eine entgeltliche Geschäftsbesorgung, sodass der Vermögensverwalter Anspruch auf Vergütung seiner Dienstleistungen hat und Ersatz von Aufwendungen verlangen kann. Zumindest der Vergütungsanspruch bedarf hinsichtlich Höhe und sonstiger Ausgestaltung (Abrechnungsintervalle, Zahlungsmodalitäten) der Präzisierung durch vertragliche Vereinbarung.

Die wertpapierhandelsrechtlichen Anforderungen, denen Vermögensverwalter bei der Erbringung ihrer Dienstleistungen unterliegen, hängen u. a. von der Art des jeweiligen Kunden ab. Den europäischen Vorgaben entsprechend differenziert das WpHG zwischen sogenannten Privatkunden, professionellen Kunden und geeigneten Gegenparteien, wobei die Erleichterungen im Umgang mit geeigneten Gegenparteien nur bei anderen Wertpapierdienstleistungen als der Finanzportfolioverwaltung relevant sind (§ 31b WpHG). Bei dem Großteil sogenannter „institutioneller Anleger", insbesondere bei Versicherungsunternehmen, KVG und Kreditinstituten, handelt es sich wertpapierhandelsrechtlich um professionelle Kunden. Allerdings beschränkt sich die Kategorie der Privatkunden nicht auf natürliche Personen und kann durchaus auch bestimmte institutionelle Anleger erfassen; problematisch ist in diesem Zusammenhang vor allem die Klassifizierung von Stiftungen, kirchlichen Einrichtungen aber auch bestimmter Versorgungswerke.

8.2.2.2 Vorvertragliche Information

Für alle wertpapierhandelsrechtlichen Kundenkategorien, d. h. auch für professionelle Kunden, schreibt das WpHG vorvertragliche Informationen vor, die sich u. a. auch auf Kosten und Nebenkosten der Wertpapierdienstleistung erstrecken müssen (§ 31 Abs. 3 Satz 3 Nr. 4 WpHG).

Für Privatkunden präzisiert die WpDVerOV als Ausführungsverordnung zum WpHG die Angabe-Erfordernisse in Bezug auf Kosten näher (§ 5 Abs. 2 Nr. 5 WpDVerOV). Danach müssen Wertpapierdienstleistungsunternehmen Kunden über den Gesamtpreis informieren, den der Kunde im Zusammenhang mit einem Finanzinstrument bzw. einer Wertpapierdienstleistung zu zahlen hat. Darüber hinaus muss der Kunde über sämtliche Gebühren, Provisionen, Entgelte und Auslagen informiert werden, die damit zusammenhängen, einschließlich ggf. über das Wertpapierdienstleistungsunternehmen abzuführender Steuern.

Wenn ein Teil des Gesamtpreises in einer Fremdwährung oder in einer anderen Währung als Euro dargestellt ist, müssen die betreffende Währung und der angewandte Wechselkurs und die damit verbundenen Kosten angegeben werden. Ist eine genaue Angabe der Kosten nicht möglich, ist die Berechnungsgrundlage anzugeben.

Schließlich sind Privatkunden darauf hinzuweisen, dass dem Kunden aus den Geschäften im Zusammenhang mit dem Finanzinstrument oder der Wertpapierdienstleistung noch weitere Kosten und Steuern entstehen können, die nicht über das Wertpapierdienstleistungsunternehmen gezahlt oder von ihm in Rechnung gestellt werden.

8.2.2.3 Berichtspflichten

Neben den vorvertraglichen Informationspflichten unterliegen Vermögensverwalter auch während des Vermögensverwaltungsmandats laufenden Transparenzanforderungen. Für alle wertpapierhandelsrechtlichen Kundenkategorien schreibt § 31 Abs. 8 WpHG vor, dass Wertpapierdienstleistungsunternehmen ihren Kunden in geeigneter Form über ausgeführte Geschäfte bzw. die erbrachte Wertpapierdienstleistung berichten müssen. Die Berichtspflichten werden durch §§ 8, 9 WpDVerOV näher konkretisiert.

8.2.3 Zuwendungen

Wie bereits oben erwähnt, unterliegen Wertpapierdienstleistungsunternehmen und damit auch Vermögensverwalter sowohl bei der Gewährung als auch bei der Annahme von Zuwendungen den Restriktionen des § 31d WpHG.

8.3 Schluss

Sowohl das KAGB als auch das WpHG enthält eine Vielzahl von Anforderungen, welche die Kostentransparenz von Investmentanlagen gewährleisten soll. Die Anforderungen sind allerdings im Wesentlichen auf die Anleger von Publikumsinvestmentvermögen zugeschnitten, während die regulatorischen Vorgaben zur Kostentransparenz im Bereich der Spezial-AIF eher generisch gehalten sind. Dem liegt das gesetzgeberische Verständnis zugrunde, dass Anleger von Spezial-AIF nicht desselben Schutzes durch aufsichtsrechtliche Regulierung benötigen wie Anleger von Publikumsfonds. Gerade für Anleger von Spezial-AIF ist es daher geboten, sich mit ihrer KVG über ein angemessenes Maß an Kostentransparenz zu verständigen.

Über den Autor

Dr. Christian Schmies hat Rechtswissenschaft und Politikwissenschaft in Bonn, Bologna und Washington D.C. studiert. Er ist seit 2007 als Rechtsanwalt bei Hengeler Mueller Partnerschaft von Rechtsanwälten mbB in Frankfurt am Main tätig und dort seit 2013 Partner im Bereich Banking & Finance. Seine Tätigkeitsschwerpunkte liegen im Bereich Bankaufsichtsrecht und Asset Management.

Hengeler Mueller ist eine Partnerschaft von Rechtsanwälten mit Büros in Berlin, Düsseldorf, Frankfurt am Main, München, Brüssel, London und Shanghai. In der Sozietät sind heute über 240 Rechtsanwältinnen und Rechtsanwälte (davon 90 Partner/innen) tätig http://www.hengeler.com.

Aufsichtsrechtliche Aspekte der Verwaltungsvergütung einer KVG

Alexander Poppe und Norbert Stabenow

Einleitung

Dieser Beitrag befasst sich mit zwei verschiedenen Aspekten der Verwaltungsvergütung von Kapitalverwaltungsgesellschaften (KVG). Im ersten Teil des Beitrags geht es um den Einfluss der Kosten der KVG, die durch die Erfüllung aufsichtsrechtlicher Pflichten bedingt sind, ohne dass diese in einem unmittelbaren Zusammenhang mit einer spezifischen Leistung gegenüber dem Anleger stehen, auch wenn sie zu den Aufgaben der Fondsverwaltung gehören. Diese Kosten müssen dennoch durch die Verwaltungsvergütung abgedeckt werden, damit die KVG dauerhaft gewinnbringend arbeiten kann. Die KVG hat hier keine Möglichkeit, derartige Kosten separat als zusätzliche Verwaltungsvergütung oder als Aufwendungsersatz an die Anleger weiterzugeben. Im zweiten Teil stellt der Beitrag genau umgekehrt die Frage, inwieweit für spezifische Leistungen gegenüber dem Anleger im Rahmen der Fondsverwaltung die rechtliche Möglichkeit besteht, die Verwaltungsvergütung aufzugliedern und neben der allgemeinen Verwaltungsvergütung zusätzliche Verwaltungsvergütungen oder Aufwandserstattungen für diese Leistungen zu vereinbaren. Es geht damit um die gemeinsame Frage, ob das Kostenrisiko für bestimmte Kosten im Zusammenhang mit der Fondsverwaltung bei der KVG oder beim Anleger liegt und inwieweit die KVG die Möglichkeit der Übertragung dieses Risikos auf den Anleger hat.

A. Poppe (✉) · N. Stabenow
HSBC INKA, Düsseldorf, Deutschland
E-Mail: a.poppe@inka-kag.de

N. Stabenow
E-Mail: norbert.stabenow@hsbc.de

© Springer Fachmedien Wiesbaden GmbH 2017
U. Rieken et al. (Hrsg.), *Kostentransparenz im institutionellen Asset Management*,
DOI 10.1007/978-3-658-12832-6_9

9.1 Aufsichtsrechtlich bedingte Kosten

Dass die aufsichtsrechtlichen Anforderungen an eine KVG Aufwand verursachen und damit Geld kosten, ist hinlänglich bekannt. Ein genauerer Blick auf die Situation zeigt, dass auch hierbei zwischen **mittelbaren Kosten,** die durch Effizienzsteigerungen zumindest teilweise kompensiert werden können, und **unmittelbaren Kosten,** bei denen dies nicht möglich ist, unterschieden werden kann. Während im ersten Fall die Höhe der Vergütung im Wesentlichen geschäftspolitisch bestimmt werden kann, ist dies im zweiten Fall nicht grenzenlos möglich; derartige Kosten setzen damit durchaus für die Vergütung eine Grenze nach unten.

9.1.1 Mittelbare aufsichtsrechtliche Kosten der Fondsverwaltung

Zu den mittelbaren aufsichtsrechtlichen Kosten zählen wir alle Kosten, die der Erfüllung aufsichtsrechtlicher Anforderungen dienen, deren **Höhe aber nicht durch das Gesetz vorgegeben** ist und die KVG im Rahmen der Marktgegebenheiten diese Kosten selbst in der Hand hat. Hierzu zählen zum Beispiel der Aufwand für Personal und IT. Jene Kosten, die durch eine erhöhte Komplexität des Geschäfts, zum Beispiel die Notwendigkeit der Einführung einer neuen Software zur Fondsbuchhaltung auf Grund der gestiegenen Anzahl der verwalteten Fonds, bedingt sind, zählen wir hierzu nicht.

Nachfolgend sollen lediglich exemplarisch einige Gebiete kurz angesprochen werden, die im Laufe der Zeit aufsichtsrechtlich immer differenzierter und umfangreicher reguliert worden sind und damit zu einem erhöhten Aufwand geführt haben.

Allgemeine Verhaltens- und Organisationsvorschriften: Der Gesetzgeber hat, auch aufgrund europarechtlicher Vorgaben, die Anforderungen an das Verhalten und die Organisation einer KVG im Laufe der Jahre immer weiter ausgebaut und verfeinert. Bei Erlass des Gesetzes über Kapitalanlagegesellschaften (KAGG) im Jahre 1957 bestimmte dieses neben der allgemeinen Regulierung einer Kapitalanlagegesellschaft als Kreditinstitut in § 9 Abs. 1 für die Anforderungen an die Tätigkeit der Fondsverwaltung lediglich:

> „Die Kapitalanlagegesellschaft hat mit der Sorgfalt eines ordentlichen Kaufmanns das Sondervermögen für gemeinschaftliche Rechnung der Anteilinhaber zu verwalten und deren Interessen zu wahren…"

Gesetzliche Vorgaben zur internen Organisation und zum Verhalten, die sich speziell auf das Fondsmanagement bezogen, fehlten weitgehend. Allerdings hat das BAKred bzw. die BaFin im Laufe der Zeit durch Verlautbarungen detailliertere Vorgaben gemacht, die die Organisation und das Verhalten einer KVG bestimmen. Hierzu zählen insbesondere die InvMaRisk aus dem Jahre 2010 (siehe BaFin, Rundschreiben 2010).

Der Begriff des ordentlichen Kaufmanns findet sich im KAGB nicht mehr. Stattdessen enthält das KAGB in den §§ 26 bis 30 detailliert formulierte allgemeine Verhaltens- und

Organisationspflichten, die bei der Fondsverwaltung einzuhalten sind. Generalklauselartig verlangt der Gesetzgeber in § 26 Abs. 2 Nr. 1 KAGB immerhin, dass die KVG ihrer Tätigkeit ehrlich, mit der gebotenen Sachkenntnis, Sorgfalt und Gewissenhaftigkeit und redlich nachzugehen hat.

Diese Verhaltensvorschriften decken sich in Teilen mit den Anforderungen aus den InvMaRisk, gehen aber auch teilweise darüber hinaus. Zum Teil finden sich spezifische Verhaltensvorschriften auch in den entsprechenden EU-Verordnungen, sodass wegen deren unmittelbarer Geltung eine entsprechende Vorschrift im KAGB nicht notwendig ist. So ist zum Beispiel die in Nr. 10 der InvMaRisk geforderte Compliance-Funktion nun in Art. 61 der AIF-Level-II-Verordnung (siehe EU Verordnung 231/2013) zur AIFM-Richtlinie geregelt.

Ein Aspekt, der in der Zukunft zu einer weiteren Erhöhung des Verwaltungsaufwandes führen wird, ist die Stimmrechtsausübung im Ausland. Die Stimmrechtsausübung gilt seit jeher als ein wesentliches Merkmal der Fondsverwaltung. Obwohl der Gesetzgeber die Pflicht der KVG zur Stimmrechtsausübung nie auf das Inland beschränkt hat, hat die Aufsicht die Nichtwahrnehmung von Stimmrechten im Ausland aufgrund des damit erhöhten Aufwandes nicht beanstandet. § 94 Satz 3 KAGB gestattet in diesem Fall jedoch lediglich die regelmäßige Vertretung der KVG, nicht aber den Verzicht auf die Stimmrechtsausübung. Dementsprechend sehen die neuen Wohlverhaltensregeln des BVI anders als bisher die Ausübung von Stimmrechten im Ausland explizit vor.

Meldepflichten: Die aufsichtsrechtlichen Meldepflichten einer KVG wurden im Laufe der Zeit schrittweise ausgeweitet. Einen sehr großen Schritt und damit verbunden einen sehr hohen Aufwand für AIF-Verwaltungsgesellschaften stellte die Implementierung des AIF-Reportings nach § 35 KAGB und Anhang IV der AIFM-Level-II-Verordnung dar. Die Kapitalverwaltungsgesellschaft hat hierbei für jeden AIF, also auch für jeden Spezialfonds, umfangreiche Daten an die Aufsicht zu melden. In der Regel sind pro Fonds mehrere hundert Datensätze zu übermitteln, wobei sich der Inhalt der Daten, je nach aufsichtsrechtlichen Vorgaben im Laufe der Zeit ändert. KVGen mit einer hohen Zahl verwalteter Fonds sind hierbei den Weg einer rein technischen Lösung gegangen, die zwar einen sehr hohen Implementierungsaufwand verursacht hat, aber mit der Hoffnung verbunden ist, den dann folgenden laufenden Aufwand für die Erstellung der Meldungen entsprechend klein zu halten. Für kleine AIF-Verwaltungsgesellschaften bzw. solche, die nur eine geringe Anzahl an AIFs verwalten, mag es dagegen günstiger sein, die Meldungen manuell zu erstellen.

Produktderegulierung: Dieses Beispiel fällt insoweit aus der Rolle, als dass weniger Regulierung zu mehr Aufwand führen kann. Mit dem Begriff der Produktderegulierung ist hier gemeint, dass das Gesetz das Anlagespektrum eines Fonds erweitert, also neuartige Anlagegegenstände als zulässig erachtet. Dies war beispielsweise mit der Einführung der Hedgefonds durch das Investmentgesetz im Jahre 2004 sowie der Erweiterung des für OGAWs geltenden Wertpapierbegriffes auf Anteile an geschlossenen Fonds durch das Investmentänderungsgesetz im Jahre 2007 mit Einführung des § 47 Abs. 1 Satz 1 Nr. 7 InvG (heute § 193 Abs. 1 Satz 1 Nr. 7 KAGB) der Fall und zeigt sich im

KAGB durch die Vorschrift des § 282, der, anders als man dies bei offenen Fonds bisher gewohnt war, kein Spektrum zulässiger Anlagegegenstände mehr vorgibt, sondern als Kriterium lediglich die Ermittelbarkeit des Verkehrswertes genügen lässt. Vorweggenommen durch eine Änderung der Aufsichtspraxis (siehe BaFin 2015) lässt das KAGB seit Umsetzung von OGAW V für bestimmte offene Fonds nun auch den Erwerb von Gelddarlehen unter bestimmten Umständen zu.

Wenn die KVG die mit der Deregulierung verbundenen Möglichkeiten nutzen will, muss sie zunächst die hierfür notwendigen Verfahren mit Blick auf z. B. Erwerbs- und Veräußerungsvorgänge, Buchhaltung, Bewertung, Risikomanagement und Überwachung sowie Besteuerung implementieren. Teilweise bedeutet ein bestimmter Typ von Anlagegegenständen auch einen erhöhten laufenden Aufwand. Dies ist zum Beispiel bei Investitionen in Private Equity der Fall, bei denen der manuelle Anteil der Arbeiten höher ist als bei einem börsengehandelten Wertpapier. Genau genommen ist der erhöhte Aufwand nicht dadurch bedingt, dass es weniger Regulierung gibt, sondern dass die bestehende Regulierung zur Verwaltung eines Anlagegegenstandes, anders als bisher, auf neue Arten von Anlagegegenständen angewandt werden muss, wenn die KVG von dieser Möglichkeit Gebrauch machen will.

Besteuerung: Zwar nicht aufsichtsrechtlich, aber doch gesetzgeberisch bedingt ist der Implementierungs- und der laufende Aufwand im Zusammenhang mit der Besteuerung eines Fonds und seiner Anleger. In diesem Zusammenhang sei lediglich kurz erwähnt, dass die Einführung eines materiellen Fondsbegriffs und der Investitionsgesellschaften durch das AIFM-Steueranpassungsgesetz im Jahre 2013 mit der Einführung qualitativer Anforderungen, insbesondere mit dem Katalog zulässiger Anlagegegenstände in § 1 Abs. 1b InvStG zu einem hohen dokumentarischen und Überwachungsaufwand geführt hat. Insofern ist es zu begrüßen, dass sich der Gesetzgeber von der Investitionsgesellschaft künftig wieder verabschieden will.

9.1.2 Unmittelbare aufsichtsrechtliche Kosten der Fondsverwaltung

Diese Kosten sind unmittelbar durch die Fondsverwaltung bedingt und können nicht durch Effizienzsteigerung oder anders kompensiert werden. Dazu zählen wir die Kosten für die Vorhaltung von Eigenkapital durch § 25 KAGB sowie auf den Fonds bezogene gesetzlich geregelte Gebühren und Abgaben wie zum Beispiel die Kosten für die Genehmigung von Anlagebedingungen durch die BaFin.

§ 25 Abs. 1, Abs. 4 KAGB verlangt, dass die KVG den höheren Betrag aus 1) Anfangskapital + 0,02 % des verwalteten Fondsvolumens, jedoch max. 10 Mio. EUR, und 2) ein Viertel der fixen Gemeinkosten als Eigenmittel vorhalten muss.

Die Berechnung erfolgt gemäß Art. 34 b Abs. 2 der Delegierten Verordnung (EU) Nr. 241/2014 der Kommission vom 7. Januar 2014 zur Ergänzung der Verordnung (EU) Nr. 575/2013 des Europäischen Parlaments und des Rates im Hinblick auf technische

Regulierungsstandards für die Eigenmittelanforderungen an Institute nach der sogenannten Subtraktionsmethode, wonach von den Gesamtaufwendungen bestimmte vorgegebene Positionen abgezogen werden.

Eine AIF-KVG muss nach § 25 Abs. 6 KAGB i. V. m. Art. 14 der AIF-Level-II-VO zur Deckung von Berufshaftungsrisiken zusätzliche Eigenmittel in Höhe von 0,01 % des verwalteten AIF-Portfolios vorhalten. (Diese Anforderung kann unter bestimmten Umständen auf 0,008 % gesenkt werden.) Lässt man das Anfangskapital und das Maximum außer Betracht, so hat beispielsweise eine auf die Verwaltung von Spezialfonds ausgerichtete Master-KVG zusätzlich zum Anfangskapital 0,03 % des Spezialfonds-Volumens als liquide Mittel vorzuhalten. Die Eigenmittelanforderungen des § 25 KAGB führen nicht unmittelbar zu einem Aufwand in der GuV der KVG, jedoch zu Opportunitätskosten, da sie nach § 25 Abs. 7 KAGB in liquide oder liquidierbare Mittel anzulegen sind und keinen spekulativen Charakter haben dürfen. Dieser Betrag mindert somit die Eigenkapitalrendite für die Anteilseigner der KVG, da dieser Betrag zusätzlich aufgebracht werden muss, um das Geschäftsmodell zu betreiben.

Weitere aufsichtsrechtlich bedingte Kosten sind die von der BaFin erhobenen Gebühren für die Genehmigung von Anlagebedingungen und Verwahrstelle sowie die jährliche BaFin-Umlage. Diese richtet sich bei KVGen gemäß § 16 f Abs. 1 Nr. 2 FinDAG nach dem Volumen der verwalteten Investmentvermögen und kann bei einer größeren KVG mehrere hunderttausend Euro pro Jahr ausmachen.

9.2 Gesetzliche Grenzen für die Aufgliederung der Verwaltungsvergütung einer Kapitalverwaltungsgesellschaft

Die zweite hier behandelte Frage befasst sich mit der Möglichkeit der Ausgestaltung der Verwaltungsvergütung einer KVG unter dem Aspekt, inwieweit die KVG die Möglichkeit hat, ihre Verwaltungsvergütung aufzugliedern und neben einer „allgemeinen" Verwaltungsvergütung weitere zusätzliche Verwaltungsvergütungen für spezifische Verwaltungsleistungen zu erheben oder bestimmte Leistungen statt mit der Vergütung zu erfassen als erstattbare Aufwendung auszuweisen. Die im Zusammenhang mit der Gestaltung der Verwaltungsvergütung auch oft diskutierten Fragen, ob eine „bis zu"-Regelung rechtlich zulässig ist oder inwieweit von der KVG das Recht der allgemeinen Geschäftsbedingungen nach § 305 BGB zu beachten ist (siehe Fehrenbach und Maetschke 2010) sind dagegen nicht Themen dieses Beitrags.

Üblicherweise wird die Verwaltungsvergütung als ein bestimmter, oft prozentual ausgedrückter Teil des verwalteten Nettoinventarwertes eines Fonds zu einem bestimmten Stichtag formuliert, wobei oftmals bei Publikumsfonds jedoch nur im Jahr der Auflegung, eine bestimmte, als absoluter Betrag ausgedrückte Mindestvergütung (pro Geschäftsjahr) vereinbart werden kann. Unüblich ist dagegen die Vereinbarung einer Verwaltungsvergütung als bestimmter, fixer Geldbetrag unabhängig vom Fondsvolumen.

Die Verwaltungsvergütung ist nicht auf eine bestimmte Serviceleistung bezogen, sondern umfasst ganz unspezifisch die Tätigkeit der KVG im Rahmen der kollektiven Vermögensverwaltung, wozu nach § 1 Abs. 19 Nr. 24 KAGB die Portfolioverwaltung, das Risikomanagement, administrative Tätigkeiten, der Vertrieb von eigenen Investmentanteilen sowie bei AIF Tätigkeiten im Zusammenhang mit den Vermögensgegenständen des AIF gehören. (Diese Aufgaben ergeben sich aus Anhang I der AIFM-Richtlinie 2011/61/EU und Anhang II der OGAW-Richtlinie 2009/65/EG.)

Jedoch werden mitunter neben einer allgemeinen Verwaltungsvergütung auch zusätzliche Verwaltungsvergütungen für bestimmte Tätigkeiten oder Dienstleistungen erhoben. Ein Beispiel ist die zusätzliche Verwaltungsvergütung für den Erwerb oder die Veräußerung von Immobilien nach § 101 Abs. 2 Nr. 1 KAGB. Daneben ist eine erfolgsabhängige Verwaltungsvergütung als weitere Vergütungskomponente verbreitet. Schließlich wird so gut wie immer die Möglichkeit der Aufwendungserstattung vereinbart (siehe Abb. 9.1).

Die Unterscheidung zwischen Vergütung und Aufwendungsersatz, aber auch die Beschränkung auf diese beiden Komponenten hat ihre Grundlage in den gesetzlichen Regelungen (z. B. in §§ 79 Abs. 1, 89 a Abs. 1 Satz 1, 93 Abs. 3 KAGB). Diese sehen vor, dass eine KVG nur Anspruch auf die Vergütung und den Aufwendungsersatz hat; darüber hinausgehende Ansprüche auf sonstige Entgelte oder Kostenerstattungen der KVG sind nicht vorgesehen. Aufwendungsersatz kann die KVG nur für solche Geschäfte verlangen, die sie für gemeinschaftliche Rechnung der Anleger getätigt hat. Der Aufwendungsersatz umfasst keine Gewinnspanne, sondern nur die tatsächlich entstandenen Kosten. Eine Vereinbarung über einen pauschalisierten Aufwendungsersatz wird dagegen insgesamt, nicht nur in Höhe des den tatsächlichen Aufwand übersteigenden Teils, als Vergütungsregelung zu behandeln sein. (Anders, wenn bei externen Kosten ein „Cap" vereinbart ist, bei dem die KVG den darüber hinausgehenden Teil selbst übernimmt.)

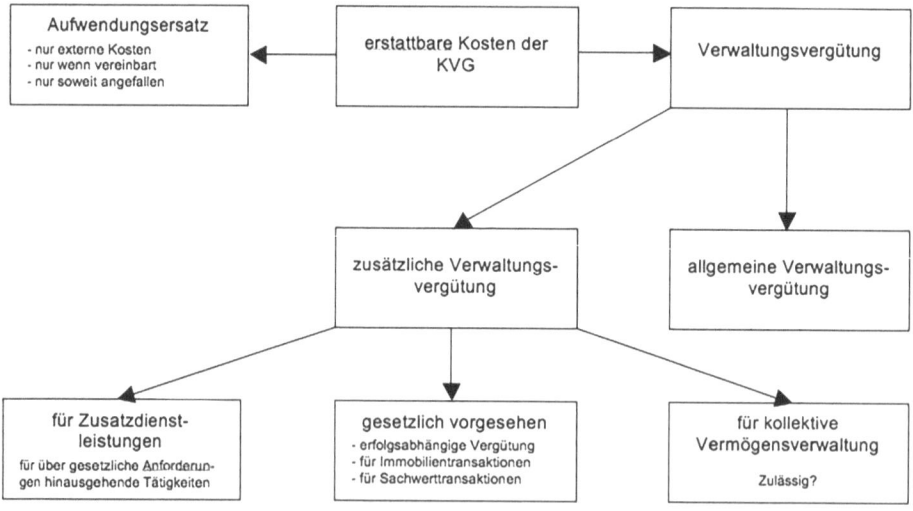

Abb. 9.1 Kostenerstattung ©Poppe/Stabenow

Die **gesetzliche Unterscheidung zwischen Vergütung und Aufwendungsersatz** bedeutet, dass auch in der Preisvereinbarung genau zwischen diesen beiden Kostenbestandteilen unterschieden werden muss. Die KVG kann daher nicht ohne weiteres den Katalog an erstattbaren Aufwendungen mit Komponenten anreichern, die dann nicht mehr aus der Verwaltungsvergütung bzw. Vergütung an Dritte gezahlt werden müssen. Sie kann daher auch nicht ihren eigenen internen Aufwand für bestimmte Tätigkeiten als Aufwand ausweisen und sich zusätzlich zur Verwaltungsvergütung bezahlen lassen; derartige Entgelte gehören zur Verwaltungsvergütung bzw. zur Vergütung Dritter. So ist zum Beispiel fraglich, ob die Kosten für die Beauftragung von Stimmrechtsbevollmächtigten, anders als im „Musterbaustein für Kostenregelung von Sondervermögen (ohne Immobilien-Sondervermögen)" der BaFin vom 4. September 2012 dargestellt, einen Aufwand darstellen, oder ob sie nicht vielmehr, genauso wie die Kosten für externe Portfoliomanager, als Vergütung, ggf. für Dritte, behandelt werden müssten, ist doch die Ausübung von Stimmrechten nach § 94 KAGB genauso eine gesetzliche Aufgabe der KVG wie das Portfoliomanagement. Als Aufwendungen sind nur solche (externen) Kosten erstattbar, die der Verwaltung eines bestimmten Fonds konkret zuordenbar sind (BGH, Urteil vom 19.05.2016, Az. III ZR 399/14, Rn. 27).

Diese Unterscheidung ist nicht lediglich für die Zuordnung von Zahlungen aus dem Fonds an die KVG oder an Dritte von Bedeutung. In den Preisvereinbarungen findet sich üblicherweise eine mehr oder weniger genaue Methode zur Berechnung der Verwaltungsvergütung, während in Bezug auf Aufwendungserstattungen lediglich geregelt wird, welche Aufwendungen erstattbar sind. Implizit bedeutet dies, dass **alle** aufgeführten Aufwendungen und in tatsächlich entstandener Höhe erstattbar sind (§ 162 Abs. 2 Nr. 11 KAGB gilt auch für Aufwendungserstattungen). Dabei ist weder eine relative noch eine absolute Obergrenze definiert, während bei der allgemeinen Verwaltungsvergütung eine solche (in der Regel relative) Obergrenze durch Festlegung der Vergütungshöhe vereinbart ist. Außerdem muss die gezahlte Vergütung im Jahresbericht als solche ausgewiesen werden, während die Aufwendungen üblicherweise nicht aufgeschlüsselt werden (gemäß § 11 Abs. 1 Nr. II Nr. 4 und 5 KARBV werden die Aufwendungen nur in Prüfungs- und Veröffentlichungskosten und Sonstige Aufwendungen unterteilt, wobei nach § 16 Abs. 1 Nr. 3 e) KARBV nur wesentliche sonstige Aufwendungen nachvollziehbar aufzuschlüsseln und zu erläutern sind).

Eine ähnliche Wirkung wie die Aufwendungserstattung hat eine zusätzliche Verwaltungsvergütung, die an ein bestimmtes Ereignis oder eine bestimmte Tätigkeit anknüpft, unabhängig davon, ob sie als absoluter oder als relativer Betrag vereinbart ist. Dementsprechend gestaltet sich auch die Risikoverteilung für entstandene Kosten unterschiedlich: Sind diese mit der allgemeinen Verwaltungsvergütung abgegolten, so trägt das Risiko erhöhter Kosten die KVG. Kann dagegen die KVG entstandene Kosten als Aufwand oder im Rahmen einer zusätzlichen Verwaltungsvergütung dem Fonds belasten, so trägt das entsprechende Kostenrisiko der Anleger.

Die **Aufspaltung der Verwaltungsvergütung** kann allerdings durchaus im Interesse des Anlegers sein. Dies ist dann der Fall, wenn eine KVG unter dem Gebot der

Einheitlichkeit der Verwaltungsvergütung diese höher ansetzen müsste, um aufwendige seltene Geschäftsvorfälle zu berücksichtigen, obwohl nicht sicher ist, ob diese in einem Geschäftsjahr überhaupt vorkommen. Hier kann es für den Anleger ökonomisch von Vorteil sein, wenn die KVG derartige Geschäftsvorfälle aus der allgemeinen Verwaltungsvergütung herausnimmt und diese separat bepreist, sodass eine entsprechende Kostenbelastung des Fonds nur erfolgt, wenn sich ein solcher Geschäftsvorfall ereignet.

Das Gesetz sagt wenig dazu, ob die Verwaltungsvergütung (abgesehen von einer erfolgsabhängigen Vergütung und den wenigen im Gesetz genannten Fällen) als einheitliche Vergütung, die nicht weiter ausdifferenziert werden kann, ausgestaltet sein muss oder ob die Kapitalverwaltungsgesellschaft in der Gestaltung frei ist. Lediglich die Methode, in welcher Höhe und aufgrund welcher Berechnung die Vergütung berechnet wird, muss bei Publikumsfonds festgelegt werden. Jedoch ist die KVG selbst verpflichtet, die von ihr verwendete Vergütungsregelung daraufhin zu überprüfen, ob sie geeignet ist, zulasten des Anlegers unangemessen hohe Kosten zu verursachen.

So bestimmt § 26 Abs. 5 KAGB: „Die Kapitalverwaltungsgesellschaft muss insbesondere über geeignete Verfahren verfügen, um bei Investmentvermögen unter Berücksichtigung des Wertes des Investmentvermögens und der Anlegerstruktur eine Beeinträchtigung von Anlegerinteressen durch unangemessene Kosten, Gebühren und Praktiken zu vermeiden."

Diese Vorschrift ist zwar primär auf die tatsächlich entstehenden Kosten, auch bei Dritten, wie z. B. Brokern oder der Verwahrstelle, gerichtet, schließt aber die Verantwortung der KVG für Vergütungsvereinbarungen als Grundlage für zu hohe Kosten selbstverständlich ein. Damit ist zwar noch nicht gesagt, welchen konkreten Gestaltungsmöglichkeiten die Vergütungsvereinbarung zugänglich ist, dürfte aber Vergütungsgestaltungen, die die Verwaltungsleistung als besonders preiswert erscheinen lassen, widersprechen.

Ausgangspunkt für die Formulierung der Vergütungsregelung ist zunächst § 162 Abs. 2 Nr. 11 KAGB. Hiernach muss in den Anlagebedingungen eines Publikumsfonds festgelegt werden, nach welcher Methode, in welcher Höhe und auf Grund welcher Berechnung die Vergütungen und Aufwendungserstattungen aus dem Investmentvermögen an die KVG zu leisten sind. Für Spezialfonds gilt diese Regelung allerdings nicht; jedoch ist aus dem Schriftformerfordernis der Anlagebedingungen des § 273 Satz 1 KAGB abzuleiten, dass die Vereinbarung über Vergütung und Aufwendungserstattung als Teil des Rechtsverhältnisses zwischen der KVG und dem Anleger vollständig schriftlich niedergelegt sein muss und als Teil der Anlagebedingungen gilt.

Verstreut im Gesetz finden sich vereinzelte Vorschriften, die Regelungen für bestimmte Fälle enthalten. So trifft das KAGB in den §§ 101 Abs. 2 Nr. 1 und 270 Abs. 4 zum Beispiel eine Regelung für den Fall, dass eine erfolgsabhängige Verwaltungsvergütung oder eine zusätzliche Verwaltungsvergütung für den Erwerb oder die Veräußerung bestimmter Vermögensgegenstände (Immobilien und Sachwerte) vereinbart wird. Das Gesetz setzt damit die Zulässigkeit der Aufspaltung der Verwaltungsvergütung für besondere Tätigkeiten voraus, knüpft aber hieran korrespondierende Reportingpflichten für den Jahresbericht eines Publikumsfonds. Ob dies eine abschließende gesetzlich geregelte Ausnahme von einem Grundsatz der Einheitlichkeit der Verwaltungsvergütung darstellt oder ob die KVG generell frei in der Aufgliederung der Verwaltungsvergütung ist und die genannten Vorschriften lediglich besondere Regelungen für den Ausweis der genannten Vergütungsbestandteile im Jahresbericht enthalten, bleibt aber offen.

In der Literatur wird vertreten, dass eine weitere Aufgliederung für über die regelmäßige Verwaltung „hinausgehende" Tätigkeiten zulässig ist (siehe Rozok in Emde et al. 2012, § 41 Rn. 13). Hierbei werden im Einklang mit den oben erwähnten Musterbausteinen für Kostenregelungen der BaFin eine Beteiligung der KVG an den Erträgen aus Wertpapierdarlehens- und -pensionsgeschäften sowie für die Durchsetzung gerichtlicher und außergerichtlicher Ansprüche für zulässig gehalten. Die besondere Verwaltungsvergütung im Zusammenhang mit dem Erwerb von Immobilien wird mit dem damit verbundenen besonderen erhöhten Aufwand begründet; eine Vergleichbarkeit mit der Verwaltungsvergütung für andere Fonds würde ohne den gesonderten Ausweis erschwert (siehe Fehrenbach und Maetschke 2010, S. 1149, 1150). Die hier wiedergegebenen Meinungen implizieren damit aber auch gleichzeitig, dass im Grundsatz eine Einheitlichkeit der Verwaltungsvergütung für die „regelmäßige" Verwaltungstätigkeit anzunehmen ist.

Die **Sicht des Grundsatzes der Einheitlichkeit der Verwaltungsvergütung ist zu befürworten.** Erstens darf der Anleger – ausgehend von der oben genannten Anforderung des § 26 Abs. 5 KAGB – von einer KVG verlangen, dass die Preisgestaltung für den Anleger keine unangenehmen Überraschungen birgt, weil ein bestimmtes Ereignis gesondert von der normalen Verwaltungsvergütung bepreist wird und weder der Anleger noch die KVG wissen kann, wie oft ein solches Ereignis in einem Geschäftsjahr auftritt. Zweitens erschwert eine aufgegliederte Verwaltungsvergütung die Vergleichbarkeit der Vergütung verschiedener Anbieter, sodass der Anleger nicht ohne weiteres erkennen kann, ob eine bestimmte KVG marktgerechte Vergütungen verlangt oder nicht. Ist unter diesen beiden Gesichtspunkten eine Vergütungsregelung ungewöhnlich, so ließe sich ggf. auch mit dem Argument der überraschenden Klausel nach § 305 c BGB die Unwirksamkeit dieser Regelung begründen.

Schwierig ist dann jedoch die Frage zu beantworten, ob man, abgesehen von den bereits im Gesetz angelegten Fällen, zwischen einer „regelmäßigen" Verwaltungstätigkeit einer KVG und einer darüber „hinausgehenden" Tätigkeit unterscheiden kann. Ein Ansatzpunkt wäre davon auszugehen, dass sich der Grundsatz der Einheitlichkeit der Verwaltungsvergütung auf sämtliche gesetzlich geforderten Leistungen der kollektiven Vermögensverwaltung im Sinne von § 1 Abs. 19 Nr. 24 KAGB erstreckt. Gemäß § 20 Abs. 2, 3 KAGB dürfen externe KVGen nur die kollektive Vermögensverwaltung und die dort aufgeführten Dienstleistungen und Nebendienstleistungen erbringen. Im Zusammenhang mit der kollektiven Vermögensverwaltung wären damit dann nur die sonstigen Tätigkeiten nach § 20 Abs. 2 Nr. 8 und Abs. 3 Nr. 9 KAGB, also gerade keine Tätigkeiten, die zum gesetzlich erforderlichen Mindestumfang der kollektiven Vermögensverwaltung gehören, einer separaten Vergütungsregelung zugänglich. Hierzu kann beispielsweise ein Fondsreporting gehören, soweit es über die gesetzlichen Reportingpflichten hinausgeht. Gleiches würde für eine Vergütung gelten, die eine KVG für die Vorbereitung und Durchführung einer Anlageausschusssitzung vereinnahmen möchte, oder für eine Vergütung für eine Performanceanalyse, die die gesetzlichen Vorgaben, wie z. B. nach § 166 Abs. 2 Nr. 5 KAGB, übersteigt.

Daran schließt sich die Frage an, ob auch bei Tätigkeiten differenziert werden kann, die zum gesetzlichen Aufgabenumfang nach § 1 Abs. 19 Nr. 24 KAGB gehören. Es wäre natürlich bedenklich, wenn eine KVG eine (zusätzliche) Vergütung für die Platzierung einer Order oder die Einbuchung eines erworbenen Wertpapiers oder Derivats in ihr Fondsbuchhaltungssystem verlangt. Denn dann verliert eine „allgemeine" Verwaltungsvergütung jedwede Aussagekraft, und der Anleger kann die auf ihn zukommenden Kosten kaum noch abschätzen. Entsprechend ebenso wenig zulässig scheint es, sonstige alltäglichen Vorgänge, wie z. B. die Stellung von Anträgen auf Quellensteuererstattung im Rahmen des normalen Erstattungsverfahrens, einer gesonderten Vergütung vorzubehalten. Man könnte jedoch eventuell – anlehnend an die gesetzliche Regelung der §§ 101 Abs. 2 Nr. 1 und 270 Abs. 4 KAGB – daran anknüpfen, ob es sich um einen eher seltenen, aber mit einem Immobilienerwerb vergleichbar aufwendigen Vorgang handelt. Dies könnte zum Beispiel den Erwerb von nicht-börsennotierten Unternehmensbeteiligungen (Private Equity) oder die Gewährung von Darlehen betreffen. Auch hier gelten die oben angeführten ökonomischen Überlegungen, mit denen eine gesonderte Vergütung für den Erwerb von Immobilien gerechtfertigt wird. Andererseits sehen §§ 101 Abs. 2 Nr. 1 und 270 Abs. 4 KAGB eine entsprechende Berichtspflicht für andere als die dort genannten zusätzlichen Verwaltungsvergütungen nicht vor.

Zumindest für Publikumsfonds, bei denen eine entsprechende gesonderte Berichtspflicht für eine zusätzliche Verwaltungsvergütung besteht, wäre die Zulassung einer weiteren zusätzlichen Verwaltungsvergütung ohne korrespondierende Berichtspflicht bedenklich. Bei Spezialfonds mag eine Aufgliederung eher vertretbar sein; jedoch darf eine solche Aufgliederung nicht dazu führen, dass die Regelung über die Verwaltungsvergütung ihre Aussagekraft einbüßt.

9.3   Zusammenfassung

Die mit der Fondsverwaltung verbundenen Kosten einer KVG sind teilweise solche, die durch allgemeine aufsichtsrechtliche Anforderungen bedingt und mit keiner direkten Leistung gegenüber dem Anleger verbunden sind. Hier hat die KVG nur die Möglichkeit, diese Kosten über die allgemeine Verwaltungsvergütung zu verdienen. Soweit die Kosten der Fondsverwaltung im Zusammenhang mit einer Leistung gegenüber dem Anleger stehen, gehen die Autoren von einem Grundsatz der Einheitlichkeit der Verwaltungsvergütung aus. Es besteht daher nur in einem gewissen Umfang die Möglichkeit, sich diese Leistungen mit einer zusätzlichen Verwaltungsvergütung vergüten zu lassen. Dies betrifft insbesondere über die gesetzlichen Anforderungen hinausgehende Leistungen sowie Leistungen, bei denen das Gesetz eine Reportingpflicht mit der zusätzlichen Verwaltungsvergütung verbindet. Bei Spezialfonds sind möglicherweise weitere Spielräume vertretbar; die Grenzen werden aber auch dort überschritten, wo zusätzliche Verwaltungsvergütungen für alltägliche Leistungen im Rahmen der Fondsverwaltung vereinbart werden.

Literatur

BaFin: Rundschreiben 5/2010 (WA) vom 30.06.2010 zu den Mindestanforderungen an das Risikomanagement für Investmentgesellschaften – InvMaRisk

BaFin: Änderung der Verwaltungspraxis zur Vergabe von Darlehen usw. für Rechnung des Investmentvermögens vom 12.05.2015

Emde T, Dornseifer F, Dreibus A, Hölscher L (2012) Investmentgesetz

EU: Delegierte Verordnung Nr. 231/2013 der Kommission vom 19. Dezember 2012 zur Ergänzung der Richtlinie 2011/61/EU des Europäischen Parlaments und des Rates im Hinblick auf Ausnahmen, die Bedingungen für die Ausübung der Tätigkeit, Verwahrstellen, Hebelfinanzierung, und Beaufsichtigung

Fehrenbach T, Maetschke M (2010) Zusätzliche Verwaltungsvergütung und AGB-rechtliche Transparenzkontrolle bei offenen Immobilienfonds, WM 2010, 1149

Über die Autoren

Alexander Poppe studierte Betriebswirtschaft in Münster. 2002 wechselte er von KPMG Düsseldorf zu HSBC INKA und ist dort seit 2007 Mitglied der Geschäftsführung.

Norbert Stabenow studierte Rechtswissenschaften in Bayreuth. Er war zunächst als Rechtsanwalt in der Kanzlei Shearman & Sterling in Düsseldorf und von 2004 bis 2010 als Syndikus für HSBC Trinkaus & Burkhardt tätig. Seit 2010 ist er Leiter der Rechtsabteilung der INKA.

HSBC INKA gehört mit einem verwalteten Volumen in Investmentvermögen von knapp 180 Mrd. EUR zu einer der führenden Kapitalverwaltungsgesellschaften in Deutschland. HSBC INKA ist eine 100 %ige Tochtergesellschaft der HSBC Trinkaus & Burkhardt AG und Teil der HSBC-Gruppe.

Die Niederlande I: Pionier im europäischen Pensionsmarkt

Frank Vogel

Einleitung

Kostentransparenz und Kostenbenchmarking am Beispiel der Niederlande, verdeutlicht am Praxisbeispiel des niederländischen Pensionsfonds Stichting Pensioenfonds Achmea SPA des Versicherungskonzerns Achmea.

Dieser Beitrag skizziert die aktuelle Situation der Kostentransparenz und der regulatorischen Anforderungen im niederländischen Pensionsmarkt und zeigt Lösungsansätze für das herausfordernde Marktumfeld. Auch werden mit dem niederländischen Pensionsfonds der Achmea-Gruppe der Blickwinkel und die Erfahrungen eines Marktteilnehmers verdeutlicht. Abschließend wird erläutert, warum die Umsetzung von Kostentransparenz in Deutschland schwierig ist.

10.1 Regulatorische Anforderungen und Kostentransparenz in den Niederlanden – eine Bestandsaufnahme

Der niederländische Markt der betrieblichen Altersversorgung (bAV) ist der am weitesten entwickelte Pensionsmarkt in Europa. Die Regulierung und das Thema Transparenz nehmen dort einen sehr hohen Stellenwert ein. Dies ist unter anderem der hohen Relevanz der bAV in diesem Markt geschuldet. Das Marktvolumen der Niederlande ist mit einem Pensionsvermögen von 1266 Mrd. EUR mehr als dreimal so groß wie der deutsche Markt und auch im Vergleich zu anderen europäischen Staaten erheblich höher. Im Verhältnis zum Bruttoinlandsprodukt (BIP) wird die Spitzenstellung der Niederlande

F. Vogel (✉)
KAS BANK N. V. - German Branch, Frankfurt am Main, Deutschland
E-Mail: frank.vogel@kasbank.com

© Springer Fachmedien Wiesbaden GmbH 2017
U. Rieken et al. (Hrsg.), *Kostentransparenz im institutionellen Asset Management*,
DOI 10.1007/978-3-658-12832-6_10

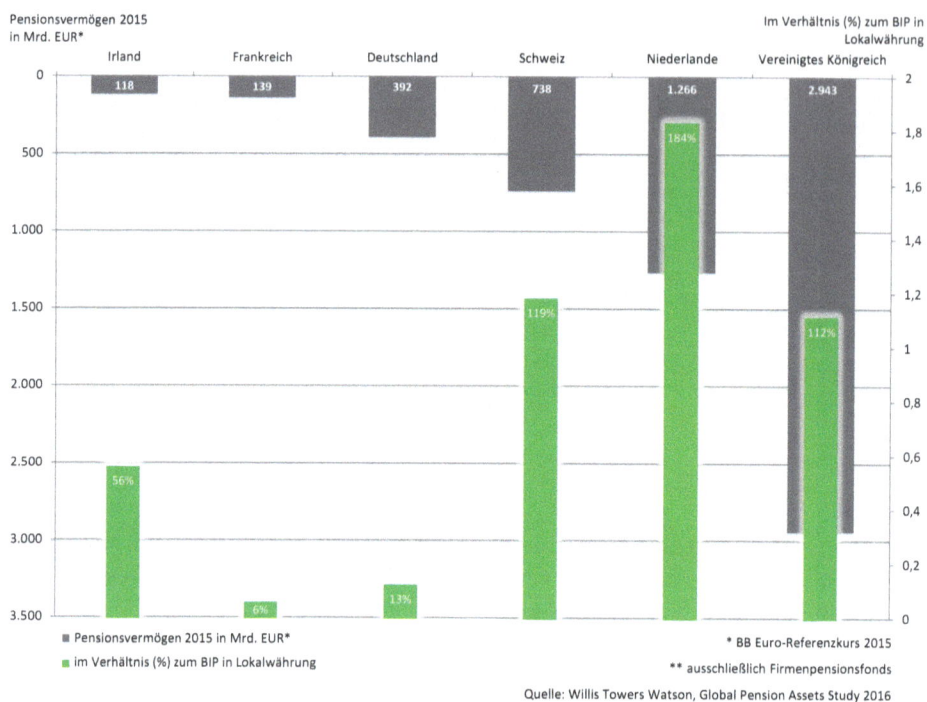

Abb. 10.1 Pensionsvermögen im Verhältnis zum BIP. (© KAS BANK)

besonders deutlich: Pensionsvermögen machen rund 185 % des BIP aus. Damit sind die Niederlande weltweit führend. Großbritannien kommt gerade einmal auf 112 % und die Schweiz auf 119 % der Wirtschaftsleistung. Der deutsche Pensionsmarkt ist mit einem Pensionsvermögen von 13 % des BIP dagegen deutlich im Hintertreffen. (siehe Abb. 10.1).

Die Verbreitung der bAV ist in den Niederlanden weit größer als in anderen europäischen Ländern. 90 % der niederländischen Arbeitnehmer verfügen über eine Anwartschaft auf eine bAV. In Deutschland sind es lediglich 60 % der Erwerbstätigen – und das in Unternehmen, die eine bAV überhaupt anbieten. Deutlich wird der Umstand, dass die bAV hierzulande noch längst nicht Standard ist, daran, dass in jedem siebten Unternehmen überhaupt keine bAV angeboten wird.

Die höhere Relevanz der bAV in den Niederlanden ist schon systembedingt zu begründen. Die Altersvorsorge wird dort zwar wie in Deutschland in einem 3-Säulen-Modell umgesetzt: der gesetzlichen Rentenversicherung, der bAV sowie der privaten Vorsorge. Allerdings stellt die gesetzliche Rente lediglich eine einheitliche Basisabsicherung auf Höhe des Existenzminimums dar. Auch besteht in den Niederlanden ein stärkerer Zugang zur bAV durch die Allgemeinverbindlichkeit von Tarifverträgen. Das heißt, wenn die Sozialpartner beschließen, Regelungen zur bAV anzubieten, kann von staatlicher Seite eine branchenweite Verpflichtung zur Implementierung der bAV verfügt

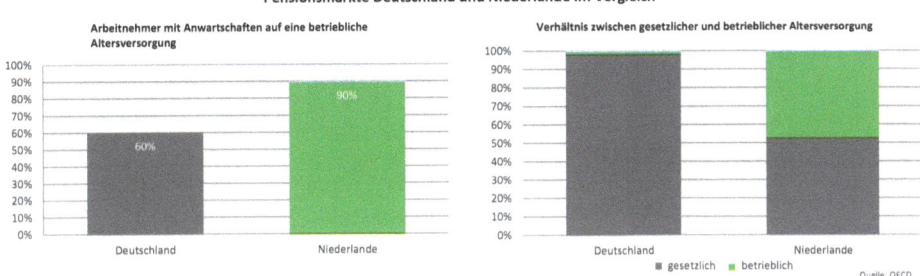

Abb. 10.2 Vergleich zwischen den Niederlanden und Deutschland hinsichtlich Verbreitung der bAV und dem Verhältnis zwischen gesetzlicher und betrieblicher bAV. (© KAS BANK)

werden. Der bAV kommt somit in den Niederlanden eine sehr große Bedeutung zu: Rund ein Drittel der gesamten Rentenzahlungen entfällt auf die betriebliche Rente. Der Anteil der bAV am gesamten Rentenaufkommen in Deutschland liegt hingegen nur bei etwa 4 % (siehe Abb. 10.2).

In den Niederlanden steht der Schutz des Beitragszahlers wegen der hohen Relevanz der bAV ganz klar im Vordergrund. Dies macht sich vor allem in einem sehr hohen Regulierungsgrad bemerkbar, der deutlich weiter geht als bisherige EU-Regulierungen, wie IORP I und IORP II. Der in den Niederlanden geltende Pensions Act und seine Erweiterung durch das Financial Assessment Framework (FTK) sind sogar einzigartig in Europa. Bereits seit 2011 müssen niederländische Pensionseinrichtungen ihre Kosten, die in Verbindung mit dem Betrieb der einzelnen Vorsorgeeinrichtungen stehen, an die Aufsichtsbehörden melden. 2015 wurde das Rahmenwerk FTK sogar noch einmal verschärft mit einer Vielzahl von Maßnahmen für eine erhöhte Transparenz bei Prozessen, Kosten und Verbindlichkeiten.

Für niederländische Pensionsfonds sind eine Kapitaldeckung der Pensionsverpflichtungen von mindestens 105 % und eine monatliche Berichterstattung des Ausfinanzierungsgrades an die Aufsichtsbehörden gesetzlich vorgeschrieben. Dabei werden die Pensionsverpflichtungen und auch das vorhandene Vermögen jeweils zu Marktpreisen bewertet. Bedingt durch einen individuell von den Aufsichtsbehörden verfügten zusätzlichen Kapitalpuffer, beträgt die erforderliche Deckungsquote für die einzelnen Pensionseinrichtungen in der Praxis sogar zwischen 120 % bis 130 %. Grund hierfür sind die während der Finanzkrise 2008/2009 signifikant gesunkenen Ausfinanzierungsquoten. So lag der Ausfinanzierungsgrad Anfang 2009 nur noch bei 92 % im Durchschnitt und ist auch im derzeitigen Marktumfeld bei einigen niederländischen Pensionsfonds wieder unter 100 % gefallen. Im Vergleich dazu: In Deutschland zum Beispiel liegt der Ausfinanzierungsgrad im Mittelstand sogar nur unterhalb der 50 %-Marke.

In den Niederlanden erfolgt eine kontinuierliche engmaschige Kontrolle des Ausfinanzierungsgrades durch das monatliche FTK-Reporting. Wird die gesetzliche Mindestgrenze dauerhaft unterschritten, besteht grundsätzlich die Gefahr von Rentenkürzungen

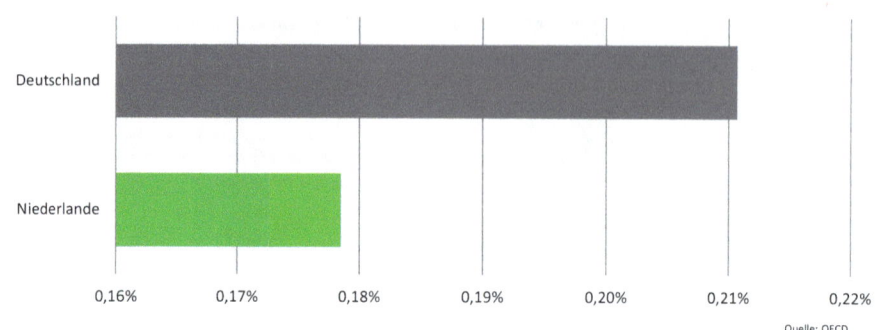

Abb. 10.3 Gesamtkosten der Altersvorsorgeeinrichtungen im Vergleich – Niederländische Kostenquote ist 20 % geringer. (© KAS BANK)

für die Versorgungsberechtigten. Einige Pensionsfonds in den Niederlanden mussten in der Vergangenheit bereits Rentenkürzungen für die Versorgungsberechtigten durchführen, da der Ausfinanzierungsgrad unter die Mindestschwelle gesunken ist. Das Problem sind einerseits weiter fallende Markt- und Diskontierungszinsen, wodurch die Pensionsverpflichtungen tendenziell steigen. Andererseits haben auch direkte und indirekte Kosten erheblichen Einfluss auf die Höhe des verwalteten Deckungskapitals. Das heißt, zu hohe Kosten wirken sich langfristig negativ auf das Pensionsvermögen aus und vermindern somit auch den Ausfinanzierungsgrad, was wiederum zu Rentenkürzungen führen kann.

Allerdings zeigen die Niederlande, dass eine striktere Regulierung und Transparenz nicht zwangsläufig mit steigenden Kosten verbunden sein müssen. Ganz im Gegenteil, die Kostenquote ist dort sogar 20 % niedriger als in Deutschland, wie OECD-Analysen belegen (siehe Abb. 10.3). Das lässt sich damit erklären, dass niederländische Pensionsfonds durch das umfangreichere Reporting bereits Strukturen und Prozesse zur Kostenkontrolle etabliert haben und dadurch eine hohe Effizienz erreichen. Die strengeren gesetzlichen Anforderungen bedingen eine erhöhte Kostentransparenz, die niedrigere Kosten nach sich zieht. Eine größtmögliche Transparenz liefert Erkenntnisse, welche Kosten in welcher Höhe anfallen und auf welche Weise diese entstehen. Das ist essenziell, um Kosten senken zu können. Kosteneinsparungen können wiederum zu einer deutlich höheren betrieblichen Rente führen. Laut Angaben der niederländischen Aufsichtsbehörde AFM (Authority for the Financial Markets), vergleichbar mit der deutschen BaFin, ergeben bereits 1 % weniger Kosten 30 % mehr Rente.

In den Niederlanden werden Kostensenkungspotenziale darüber hinaus auch durch weitreichende Analysen gehoben. Dabei werden Kosten nicht isoliert betrachtet, wodurch sie lediglich eine begrenzte Aussagekraft haben, sondern in Wechselwirkung mit Faktoren wie Performance, Risiko und Asset-Allokation. Dadurch können Anlageentscheidungen fundierter getroffen, Prozesse effizienter gestaltet und Portfolios genauer beurteilt werden. Die AFM regt diese tiefer gehende Analyse sogar an und betreibt ein in Europa bisher einzigartiges Kostenbenchmarking. Dabei dient ein ganzheitlicher Kostenansatz als

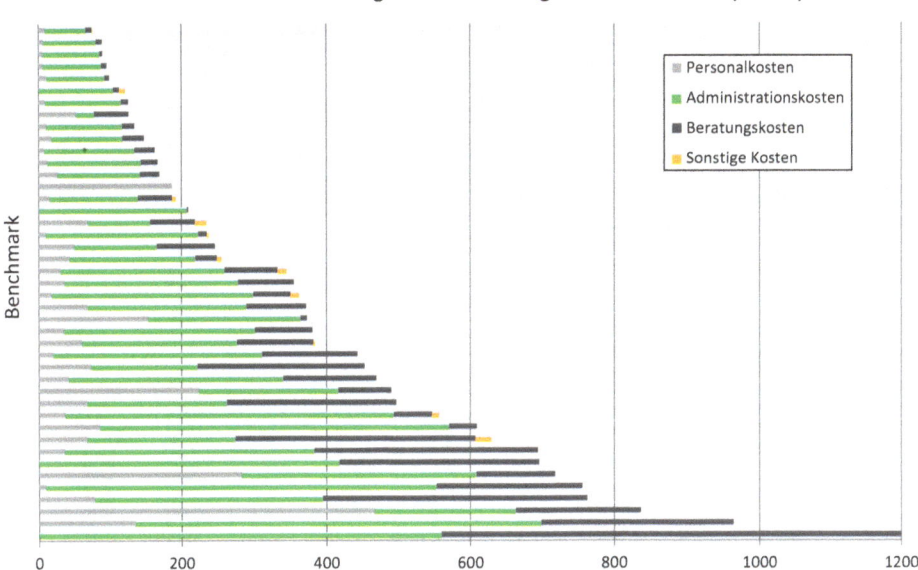

Abb. 10.4 Ganzheitliche Betrachtung der Kosten im Vergleich zur Benchmark. (© KAS BANK)

Grundlage, um Transaktions-, Administrations- und Managementkosten sowie indirekte Kosten innerhalb einer Gruppe ähnlich strukturierter Pensionsfonds oder anderer Marktteilnehmer zu betrachten. Es werden darüber hinaus die Kosten je Versorgungsberechtigtem ausgewiesen und Faktoren aufgezeigt, welche die Höhe der Auszahlungen an die Rentner direkt beeinflussen können. Die folgende Abb. 10.4 zeigt die Benchmarkinganalyse der Kosten von 40 niederländischen Pensionsfonds.

Die KAS BANK, die in den Niederlanden führend bei der Administration von Altersvorsorgevermögen ist, unterstützt ihre Kunden als einer der ersten Anbieter mit einem aussagekräftigen Kostenbenchmarking. Alle gesetzlich und aufsichtsrechtlich geforderten und erhobenen Daten werden dabei zu konsolidierten Kostentransparenzbetrachtungen zusammengeführt. Die Herausforderung besteht in diesem Zusammenhang zweifellos in der Bildung adäquater Peergroups, um aus dem Vergleich der einzelnen Institutionen einen maximalen Erkenntnisgewinn zu generieren. Oft hat vor allem die gewählte Anlagestrategie einen besonders hohen Einfluss auf die Kosten, denn durch aktive Anlagestrategien, die auf Erzielung einer benchmarkorientierten Überrendite ausgerichtet sind, werden oftmals höhere Kosten verursacht als bei der passiv verwalteten Anlageform. Darüber hinaus spielt auch die Detailtiefe für die Erhebung der Daten und Durchführung der Benchmarkinganalyse eine Rolle. Insgesamt gesehen lassen sich durch die Darstellung in klar definierten Peergroups und durch die Vergleichbarkeit sowie erhöhte Transparenz weitere Einsparmöglichkeiten identifizieren.

Skaleneffekte ergeben sich in den Niederlanden ebenfalls durch eine Konsolidierung am Markt, die sich auch künftig weiter fortsetzen dürfte, da diese Entwicklung durch die

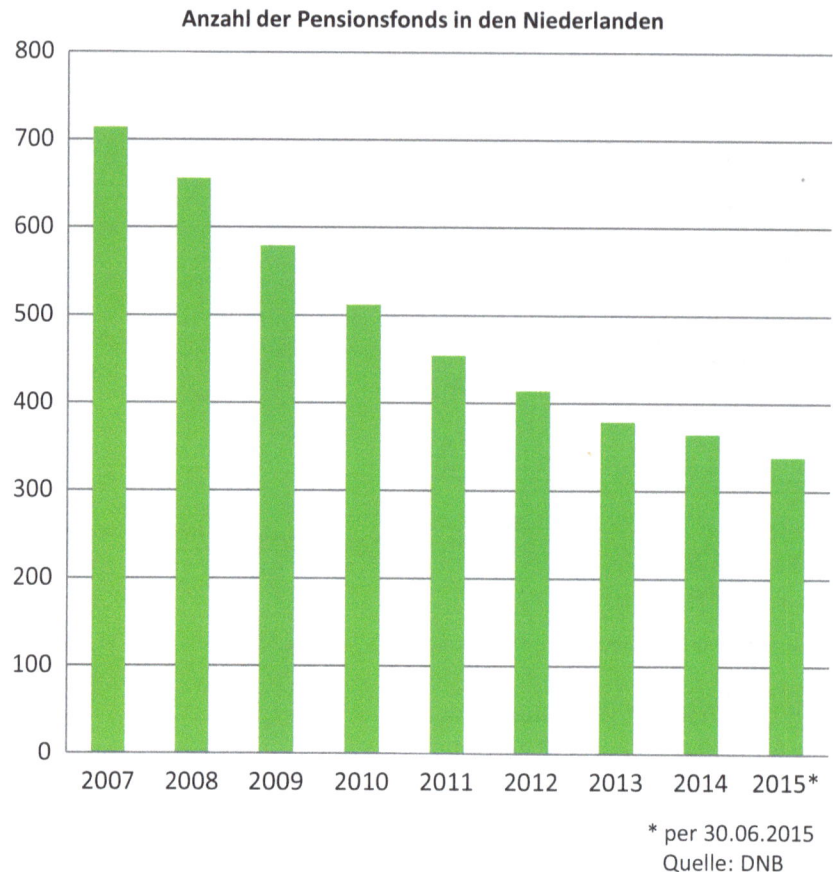

Abb. 10.5 Kostenersparnis auch durch Skaleneffekte. (© KAS BANK)

Aufsichtsbehörden forciert wird. So ermutigt die niederländische Zentralbank DNB aktiv kleinere Fonds, sich größeren Einheiten anzuschließen oder darin aufzugehen. Insbesondere bei kleinen und mittleren Pensionsfonds in den Niederlanden hat bereits eine deutliche Konsolidierungswelle stattgefunden. Seit 2005 ist die Anzahl der Pensionsfonds von rund 800 auf nunmehr 350 gesunken. Der größte Rückgang mit 60 % wurde bei den Unternehmenspensionsfonds verzeichnet (Abb. 10.5).

Innovative Lösungen zeigen die Niederlande auch in der Schaffung neuer Pensionsvehikel, wie zum Beispiel die nun für Anfang Januar 2017 geplanten APFs (Algemeen Pensioenfonds). Es wird erwartet, dass die APFs erheblich kosteneffizienter sind als kleinere Pensionsfonds. Diese können sich den größeren APFs anschließen, ohne ihre Identität oder Anlagestrategie aufzugeben. Darüber hinaus sind auch unterschiedliche Risikoprofile innerhalb eines APFs möglich. Experten sehen eine Ersparnis für kleine und mittlere Pensionsfonds durch den Wechsel in APFs von 30 bis 40 % der

Verwaltungsaufwendungen. Es haben bereits etliche vor allem kleinere niederländische Pensionsfonds angekündigt, sich einem APF anschließen zu wollen.

Dabei wird ein Paradigmenwechsel in den Niederlanden deutlich. Denn der Trend geht verstärkt von Defined Benefit (DB)-Modellen mit einer definierten Leistungszusage hin zu Defined Contribution (DC)-basierten bAV-Lösungen, die auf eine Garantie künftiger Auszahlungen verzichten und lediglich auf festgelegte und eingezahlte Beiträge basieren, die dann von einem Asset Manager verwaltet und angelegt werden.

Zwar stellen die DC-Modelle eine Entlastung der Unternehmen und Einrichtungen der bAV dar, allerdings werden die Risiken des Investments damit einseitig auf den Beitragszahler übertragen. Dies erfordert im Gegenzug einen besonderen Schutz der Versorgungsberechtigten und überdurchschnittliche regulatorische Anforderungen zur Transparenz und Kontrolle bei Prozessen und Kosten, wie sie in den Niederlanden zu finden sind.

10.2 Praxisbeispiel Stichting Pensioenfonds Achmea SPA

Achmea ist eines der führenden Versicherungsunternehmen in den Niederlanden mit Schwerpunkt auf Kranken-, Lebens- und Schaden- und Unfallversicherung. Etwa die Hälfte aller niederländischen Haushalte hält Versicherungsverträge über diese Gesellschaft. Der Pensionsfonds der Achmea-Gruppe, „Stichting Pensioenfonds Achmea" (SPA), zählt zu den größten niederländischen Pensionsfonds. In ihm sind in den vergangenen Jahren mehrere kleinere Pensionsfonds der Achmea-Gruppe verschmolzen worden. SPA ist für die betriebliche Altersversorgung der gesamten Achmea-Gruppe in den Niederlanden verantwortlich und übernimmt sowohl die Administration der Rentenbeiträge der späteren Begünstigten, als auch die Anlage der Assets sowie die Rentenauszahlungen. Im Laufe der vergangenen Jahre ist SPA durch Übernahmen und Fusionen der Achmea-Gruppe deutlich gewachsen. So ist die Anzahl der Versorgungsberechtigten in 2014 um 7000 auf insgesamt 35.000 gestiegen. Dazu gehören rund 15.000 aktive Achmea-Mitarbeiter, ca. 16.000 ehemalige Achmea-Arbeitnehmer und rund 4000 Rentner. Das verwaltete Anlagevermögen belief sich zum Jahresende 2014 auf 6,2 Mrd. EUR. Der Ausfinanzierungsgrad von SPA lag mit 125 % deutlich über der gesetzlichen Mindestanforderung. Derzeit liegt der Ausfinanzierungsgrad bei 118 %. Obwohl SPA mit jährlichen Kosten pro Rentner von rund 204 EUR ganz klar unter dem Durchschnitt der Peergroup liegt, tritt der Pensionsfonds für eine noch größere Detailtiefe bei der Transparenz bestimmter Kosten ein, um die Anlagestrategie und den gesamten Wertschöpfungsprozess noch effizienter zu gestalten und mehr Handlungsoptionen zu erhalten. SPA führt seit 2015 das nicht gesetzlich vorgeschriebene Kostenbenchmarking durch und setzt bei der Kostenanalyse vor allem bei den Transaktionskosten an, um weitere Potenziale zu heben. Die höhere Transparenz und die Kenntnis über verschiedene Kostenstrukturen versetzt SPA darüber hinaus nach eigenen Angaben in eine bessere Position bei der Verhandlung mit Asset Managern und anderen Dienstleistern sowie bei der

Kommunikation mit den Begünstigten. Um weitergehende Erkenntnisse und Erfahrungen bei der Umsetzung einer verstärken Kostentransparenz und -analyse sowie den daraus gewonnenen Mehrwert zu erläutern, hat die KAS BANK Wiebe Hofstra, Manager Investment and Control bei Stichting Pensioenfonds Achmea, näher befragt.

10.2.1 Interview mit Wiebe Hofstra, Manager Investment and Control beim niederländischen Pensionsfonds „Stichting Pensioenfonds Achmea", zum Thema Kostentransparenz, Kostenanalyse und Kostenbenchmarking

Was ist für SPA maßgeblich im Kostentransparenzprozess? Wurde dieser durch den Gesetzgeber initiiert oder von SPA selbst?

Wiebe Hofstra: Die in 2011 verschärften gesetzlichen Regulierungen, die ein Kostenreporting beinhalteten, hatten eine verstärkte Kostentransparenz zur Folge. SPA unterstützt das Reporting seit Einführung durch die DNB. Aus unserer Sicht sind es allerdings Minimalstandards, die kontinuierlich verbessert und weiterentwickelt werden müssen. Die Verantwortung für Transparenz und Kostenkontrolle liegt eindeutig bei den Pensionsfonds, die ihre Kosten kennen sollten und wissen müssen, wo diese entstehen. Für uns steht unsere Verantwortung gegenüber den Begünstigten im Vordergrund, deshalb müssen wir unsere Kosten genau im Blick haben, diese analysieren und die Kosten minimieren.

Was sind die Vorteile von Kostentransparenz?

Eine verbesserte Kostenkontrolle, Transparenz darüber, wo Kosten entstehen und damit auch die Möglichkeit, Kosteneinsparungspotenzial zu identifizieren. Dies ist auch für die Kommunikation mit den Begünstigten wichtig.

Gibt es Risiken von Kostentransparenz?

Wir sehen es als eine Pflicht, die Kosten zu kennen und zu wissen, dass die Einrichtung nicht zu viel bezahlt. Es ist allerdings ein Risiko, wenn sich das Management teilweise zu stark auf die Kosten fokussiert, dann kann natürlich auch die Qualität leiden oder auch der Service. Es ist wichtig, sich dessen bewusst zu sein, dass nicht zwangsläufig die niedrigsten Kosten das Beste für den Pensionsfonds bedeuten. Es ist auch ein Risiko, wenn die Pensionsfonds die Kosten ihrer Asset Manager offenlegen und daraus negative Schlagzeilen in der Presse erscheinen. Das Thema ist allerdings sehr komplex und die Gefahr besteht, dass vorschnell berichtet wird, ohne genau zu hinterfragen. Dies schürt natürlich die Verunsicherung bei den Versorgungsberechtigten. Dies ist durchaus ein Risiko, wenn der Fokus auf Kosten anstatt auf Qualität und Entwicklungen gelegt wird.

Gab es direkte Auswirkungen aufgrund der Kostentransparenz? Können Sie konkrete Beispiele nennen?

Ja, in einigen Fällen konnten wir anhand der Kosten Entscheidungen fällen, die mit einer Kostenreduktion verbunden waren. In unserem Pensionsfonds-Komitee diskutieren wir die Kosten für jedes Mandat. In einem Fall waren die Transaktionskosten sehr hoch. Dieser Fall wurde an den Fiduciary Manager übergeben, um Empfehlungen und Pläne zur Kostenreduktion einzuholen. Nach eingehender Analyse entschieden wir uns, das Mandat von aktiv auf passiv zu ändern und haben dadurch 60 % der Kosten eingespart.

In einem anderen Fall haben wir uns vor der Umstrukturierung unseres Portfolios ein Angebot bei einem Asset Manager für die Transaktionskosten eingeholt. Da dieses zu hoch war, haben wir nachverhandelt und das zweite Angebot fiel niedriger aus. Dies zeigt, dass es hilft, die Asset Manager nach den Kosten zu fragen und ihnen klar zu machen, dass man darüber informiert werden will, wie sich die Kosten zusammensetzen. Seitdem befassen sie sich sehr viel stärker mit diesem Thema.

Macht Kostentransparenz das Management der Vermögen leichter oder schwieriger?

Leichter, denn Kostentransparenz und -kontrolle ermöglichen eine bessere Einschätzung und sind Basis für fundierte Entscheidungen. Mit einem ausgeprägten Kostenbewusstsein kann ein detailliertes Budget erstellt werden, das sicherlich in der Initialphase aufwendig ist und Diskussionen mit den Anbietern aufwirft, aber für das weitere Management essenziell ist.

Die externen Kosten wie Transaktionskosten werden ja von den Asset Managern an die Verwahrstelle gemeldet und fließen in das FTK-Reporting ein. Wie zeitaufwendig ist es, die relevanten internen Kosten zur Verfügung zu stellen?

Die Zusammenstellung unserer internen Kosten ist nicht übermäßig zeitaufwendig, da unsere Mitarbeiter über die notwendige Erfahrung und das Know-how verfügen und wir bereits Strukturen dafür etabliert haben. Wir berichten unsere innerbetrieblichen Kosten wie zum Beispiel Mietaufwendungen. Die Gehälter, die über Achmea bezahlt werden, sind als Kostenblock ebenfalls enthalten.

Müssen Sie die Asset Manager dazu drängen, damit diese ihre Kosten offenlegen, oder ist es einfach, die Daten zu erhalten?

Uns werden Informationen zu unseren Kosten von unserer Verwahrstelle, den Asset Managern und dem Fiduciary Manager zur Verfügung gestellt. Es ist mittlerweile nicht mehr schwierig, die Informationen über Gebühren, die wir an die Asset Manager zahlen, transparent offenzulegen. Aber sobald es sich um andere Kosten handelt, wird es komplexer. Wenn ich zum Beispiel Informationen über die Transaktionskosten bei meinen Fiduciary Managern erhalten möchte und diese jedes Quartal überwachen will, ist es nicht so einfach, diese Informationen von den Dienstleistern zu bekommen. Eine besondere Herausforderung besteht darin, wenn es zum Beispiel um Budgetierung geht. Die

Dienstleister wollen die Informationen oftmals nicht herausgeben, wenn sie nicht wissen, was mit ihnen passiert. Aber die Zusammenarbeit mit den Asset Managern wird immer besser und sie versuchen Möglichkeiten zu finden, um das Reporting zu gewährleisten.

Die gleiche Entwicklung bemerken wir bei den Verwahrstellen. Diese kann ich nach Reports, Kennzahlen und vielleicht auch nach Benchmarks fragen. Im nächsten Schritt muss ich jedoch an meine Asset und Portfolio Manager herantreten und sie nach Erklärungen und Begründungen fragen.

Wie verlässlich sind die zur Verfügung gestellten Daten? Ist es zum Beispiel schwierig, mit Schätzungen der Transaktionskosten für Bonds zu arbeiten?
Ein Kostenbenchmarking ist immer nützlich, auch wenn es zunächst nur Schätzwerte sind. Anhand dieser Auswertungen können wir gezielt Fragen stellen, um Prozesse zu optimieren. Erst kürzlich hat die Pensioenfederatie neue, noch genauere Benchmarkdaten veröffentlicht.

Welche Kosten sind für die Analyse am wichtigsten und warum?
Die Transaktionskosten sind der wichtigste Kostenfaktor für SPA. Darauf liegt der Fokus. Die Management-Kosten werden von dem Fonds selbst verwaltet. Jährlich werden die Manager geprüft und mit Hilfe von externen Beratern nach marktüblichen Standards eingeschätzt. Die Performance-Kosten sind nachrangig für SPA. Sollte die Performance hoch sein, aber auch die Kosten, hängt dies von der Assetklasse ab. Hier muss dann entschieden werden, welches Kostenlevel in der Zukunft gezahlt werden soll.

Wie aufwendig ist es für SPA, die Kostentransparenz-Information zu analysieren?
Die Analyse der Ergebnisse ist für uns mittlerweile nicht mehr allzu aufwendig. Wir haben versierte Mitarbeiter im Team, die das Geschäft kennen. Diese wissen, welche Kosten entstehen und warum. Die Daten, die geliefert werden, können wir auf jeden Fall managen. Ich denke eher, dass es unseren Fiduciary Manager mehr Zeit bei der Herstellung und Gewährleistung der gewünschten Kostentransparenz kostet, da dieser bei entsprechender Mandatierung die Verantwortung für die Kapitalanlage übernimmt und von der Investmentstrategie bis zur Umsetzung involviert ist.

Sind die Kosten wichtig bei der Kooperation mit Asset Managern, Brokern und Banken oder eher ein Randthema?
Die Kostenthematik ist sehr wichtig für SPA und bei den Transaktionskosten ist SPA führend hinsichtlich der Kostentransparenz im Vergleich zu anderen Pensionsfonds.

Wie wird die künftige Entwicklung in diesem Bereich aussehen? Geht es bereits zu weit, oder kann bzw. sollte die Transparenz noch erhöht werden?
Wie erwähnt ist unsere Auffassung, dass die gesetzlichen Anforderungen Minimalanforderungen sind. Für uns sollte es durchaus tiefer gehen. In Zukunft wird auch die

Qualität des Tradings eine größere Rolle spielen. Wir versuchen, die Informationen über die Tradingkosten nachzuvollziehen. Aber das ist nicht einfach. Die Anforderungen an die Daten, die dafür benötigt werden, steigen. Dabei ist es durchaus wesentlich, wann ein Trading stattfindet, sodass Opportunitätskosten in Zukunft wohl sehr viel wichtiger werden sollten. Momentan untersuchen wir Zins-Swaps und wir erhoffen uns eine genaue Analyse des Tradingprozesses, um zu erfahren, ob wir den korrekten Preis gezahlt haben.

Was ist der zusätzliche Nutzen des Kostenbenchmarkings?
Mit dem Benchmarking erhalten wir unabhängige Informationen, mit denen wir uns vergleichen können. Transparenz alleine ist nicht aussagefähig genug. Mit dem Benchmarking haben wir die Möglichkeit, uns mit dem Wettbewerb zu vergleichen und zu sehen, wie gut oder schlecht wir selbst performen. Und wir können auch gut voneinander lernen.

Würden Sie zu einer Kostenbenchmark-Initiative beitragen, wenn es zeitaufwendig wäre, die Daten zur Verfügung zu stellen?
Ein Benchmarking sollte erschwinglich sein und nicht zu viel Zeit in Anspruch nehmen.

Die unten aufgeführte Grafik zeigt die Kosten von SPA im Vergleich zu den Wettbewerbern. Welche Aussage kann man daraus ableiten?
Die Abb. 10.6 macht deutlich, dass die Kosten von SPA im Vergleich zur Peergroup niedrig sind und wesentlich unterhalb der Benchmark liegen. Allerdings ruht sich SPA darauf nicht aus. Es gibt immer Ansatzpunkte, um weiter zu optimieren.

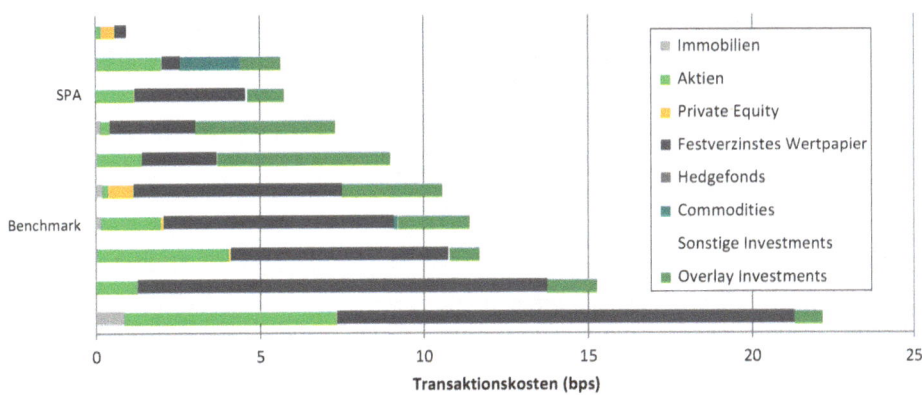

Abb. 10.6 Übersicht aus dem SPA Cost Benchmarking Report. (© KAS BANK)

10.3 Conclusio

Die Anforderungen an die Einrichtungen der bAV sind auch in Deutschland in den vergangenen Jahren immer komplexer geworden und dürften auch künftig weiter zunehmen.
Insbesondere in einem Umfeld niedriger Zinsen, des demografischen Wandels mit einer
steigenden Lebenserwartung und somit höheren Leistungsansprüchen und zunehmenden regulatorischen Anforderungen ist der Kostenfaktor ganz maßgeblich, um eine aus-
kömmliche Rendite zu erwirtschaften.

Allerdings liegt das Hauptaugenmerk bei den bAV-Verantwortlichen hierzulande
immer noch auf Performance und nicht auf den Kosten. Damit verschenken Einrichtungen der bAV in Deutschland erhebliches Potenzial Kosten zu senken und die Rendite
zu steigern. Das Beispiel Niederlande zeigt, dass die Erhöhung der Kostentransparenz
und ein Benchmarking Möglichkeiten darstellen, um Einsparpotenziale überhaupt erst zu
erkennen und Effekte daraus zu heben.

In Deutschland zeigt sich im Vergleich zu den Niederlanden ein ganz anderes Bild.
Der Markt der bAV hinkt insbesondere bei der Kostentransparenz noch weit hinterher.
Dafür gibt es zahlreiche Gründe. Entscheidend ist aber, dass es in Deutschland keinen
Druck gibt, Kosten zu erheben und offenzulegen – dies weder von den Aufsichtsbehör-
den noch von öffentlicher Seite. Umfangreiche regulatorische Anforderungen und die
Pflicht zur Kostentransparenz und -kontrolle wie in den Niederlanden sind hierzulande
nicht zu finden. Und die Veröffentlichung der Kosten pro Begünstigten, wie es zum Beispiel bei unserem Nachbarn gang und gäbe ist, ist in Deutschland derzeit undenkbar.

Auch wird damit eine Chance vertan, durch Kostentransparenz das Vertrauen in die
bAV zu stärken, als einen Qualitätsaspekt der bAV zu etablieren und dadurch auch den
Verbreitungsgrad zu erhöhen. Wie eine in Deutschland durchgeführte repräsentative
Umfrage des Meinungsforschungsinstituts forsa im Auftrag der KAS BANK aus dem
Jahr 2015 ergab, sind den Versicherten transparente Kosten bei der bAV sogar weitaus
wichtiger als die Rendite. Demnach stuften 86 % der Befragten Kostentransparenz als
wichtig oder sehr wichtig ein. Hohe Wertsteigerungen der investierten Beiträge wurden
nur von 70 % als wichtig oder sehr wichtig eingeschätzt. Dass bei der Transparenz deutlicher Nachholbedarf besteht, zeigt sich auch bei den Informationen zur bAV. Lediglich
41 % der Befragten fühlten sich der forsa-Umfrage zufolge gut oder sehr gut über die
Entwicklungen und Möglichkeiten der bAV informiert. Dabei ist jedem vierten Deutschen gar nicht bewusst, dass Kosten für eine bAV überhaupt anfallen.

Zahlreiche Marktteilnehmer stimmen zwar durchaus zu, dass eine höhere Kostentransparenz und damit ein ganzheitlicher Kostenüberblick geschaffen werden muss, aber
sie führen gleichzeitig auch etliche Hinderungsgründe für eine Umsetzung an. So besteht
zum einen eine Vertraulichkeitserklärung mit den Asset Managern, sodass die Kosten nicht ohne Weiteres offengelegt werden dürfen bzw. nicht detailliert zur Verfügung
gestellt werden. Auch spielt der Umstand eine Rolle, dass der Asset Manager, mit dem

vielleicht schon seit Jahren Beziehungen bestehen, nicht brüskiert werden soll, indem er gegebenenfalls auf Ineffizienzen aufmerksam gemacht wird.

Viele Marktteilnehmer in Deutschland argumentieren auch, dass es viel zu komplex sei, die Kosten ganzheitlich zu erheben und damit ein viel zu hoher Aufwand bestünde. Einige Kosten, wie zum Beispiel die Miete der Pensionseinrichtungen oder auch die Gehälter, werden demnach von den Muttergesellschaften gezahlt und werden daher gar nicht auf den Pensionär umgelegt.

Wie aus einem Bericht für die unabhängige britische Verbraucherorganisation Financial Services Consumer Panel „Investment Costs: An Unknown Quantity" vom November 2014 hervorgeht, gibt es auch seitens der Asset Manager und bAV-Verantwortlichen Informationsdefizite. Nicht alle Kosten, wie zum Beispiel bestimmte Handelskosten, sind für Fondsmanager transparent und jederzeit verfügbar. Intransparenz und Ineffizienz beim Trading im Rahmen von Anlageprozessen können zu erheblich höheren Kosten führen. Da Trading und Administration zu den größten Kostenblöcken der bAV gehören, liegen die Kosten oftmals im zweistelligen Prozentbereich über denen bei effizienter Handhabung und Kostentransparenz. Das Beispiel Niederlande zeigt, dass durch ein aktives Kostenmanagement erhebliche Einsparungen möglich sind. Denn das Kostenniveau liegt dort deutlich unter dem deutschen Level.

Dabei besteht die Prozesskette aus den drei großen Themenbereichen: Erhebung der Daten, das Auswerten und das Handeln. Um die Kosten zu erheben, müssten sich die Marktteilnehmer auf Standards einigen, denn es gibt derzeit noch kein standardisiertes Format. Gegebenenfalls müsste ein eigener Standard für jeden Durchführungsweg geschaffen werden. Wichtig ist, dass ein Standard mit dem Markt festgelegt wird und nicht für den Markt und dieser in den Prozess mit einbezogen wird. Auch sind eine Frequenz der Offenlegung zu bestimmen und festzulegen, wer die Daten erhebt, wie zum Beispiel die BaFin. Darüber hinaus ist es wichtig zu überlegen, wie die erhobenen Daten analysiert und genutzt werden. Auch gilt es, die Wahrnehmung am Markt für Benchmarking-Vergleiche und tiefer gehende Analysen, wie zum Beispiel Kosten in Relation zu Performance oder Risiko, zu schärfen und den Mehrwert zu verdeutlichen. Diese Daten bieten eine Diskussionsgrundlage für Gespräche mit allen Anbietern, wie auch Asset Managern, Depotbanken etc. Sie sind die Basis, um Optimierungsprogramme zur Kostenreduktion zu entwickeln und eine höhere Transparenz gegenüber den Begünstigten zu erreichen.

Deutschland steht an einem Wendepunkt der Entwicklung, da durch das herausfordernde Marktumfeld neue Lösungsansätze in der bAV notwendig sind. Die Niederlande haben mögliche Wege vorgezeichnet. Allerdings muss in Deutschland erst ein Umdenken stattfinden. Denn gerade beim Thema Kosten, das hierzulande noch vernachlässigt wird, schlummern große Potenziale.

Über den Autor

Frank Vogel ist seit Januar 2011 als Geschäftsleiter bei der KAS BANK N. V. - German Branch tätig und verantwortet alle Vertriebsaktivitäten der KAS BANK Gruppe in Deutschland. Zuvor war er zehn Jahre bei der Citigroup in London und Frankfurt beschäftigt, zunächst im Relationship-Management, später als Head of Sales Investor Services. Nach seinem Masterstudium begann Frank Vogel seine berufliche Laufbahn in der Finanzindustrie bei der Londoner Börse.

Die **KAS BANK N.V.** ist eine unabhängige Bank für Geschäftskunden und zählt in den Niederlanden zu den führenden Anbietern von Wertpapierdienstleistungen für institutionelle Kunden aus dem Altersvorsorgesegment. Über ihre deutsche Niederlassung bietet die KAS BANK als spezialisierter Wertpapierdienstleister für Altersvorsorgevermögen mittelständischen Versorgungseinrichtungen und Unternehmen mit Pensionsvermögen neben ihrer Funktion als Verwahrstelle vor allem Mehrwertdienstleistungen aus den Bereichen Governance, Risikosteuerung, Transparenz- und Kostenanalyse sowie umfassende regulatorische Reportinglösungen.

Niederlande II: Kostentransparenz von Pensionsfonds

11

Eric Veldpaus und Tomas Wijffels

Einleitung

Pensionsfonds in den Niederlanden sind Teil des Sozialsystems. Pensionsfonds veranlagen die Gelder der Angestellten, um diesen ein angemessenes Einkommen in der Rente zu sichern. Pensionsfonds verwalten diese Gelder im besten Interesse ihrer Mitglieder. Der Vorstand ist für die Gesamtperformance des Pensionsfonds zuständig.

Mitglieder haben ein Recht zu erfahren, wie ihr Geld ausgegeben wird. Wir sind davon überzeugt, dass ein Pensionsfonds (bzw. der Vorstand) in der Lage sein sollte, die Mitglieder darüber zu informieren und aufzuklären, welche Kosten für die Durchführung einer betrieblichen Altersvorsorge aufgewendet werden. Der Vorstand entscheidet über das Vermögensportfolio des Pensionsfonds basierend auf einer Asset-Liability-Studie und eigenen Investmentüberzeugungen. Gleichzeitig wird das abgestimmte Risikoprofil des Pensionsfonds in Betracht gezogen. Das Vermögensportfolio ist eines der wichtigsten Kostentreiber und steht direkt in Verbindung mit dem Risikoprofil und langfristigen Renditen. Pensionsverwaltungskosten basieren auf dem Servicelevel und der Komplexität des Pensionsfonds. Anders gesagt: Das Kostenniveau im Pensionsfonds ist das Resultat der Entscheidungen, die der Vorstand des Pensionsfonds trifft. Ein Pensionsfonds informiert die Mitglieder auch über die finanzielle Situation des Fonds und die realisierte Rendite auf Investitionen.

Der Text wurde übersetzt von Barbara Ottawa.

E. Veldpaus (✉)
Institutioneel Benchmarking Instituut, Amsterdam, Niederlande
E-Mail: eric.veldpaus@institutionalbenchmarking.org

T. Wijffels
Pensioenfederatie, DEN HAAG, Niederlande
E-Mail: wijffels@pensioenfederatie.nl

© Springer Fachmedien Wiesbaden GmbH 2017
U. Rieken et al. (Hrsg.), *Kostentransparenz im institutionellen Asset Management*,
DOI 10.1007/978-3-658-12832-6_11

Dieser Artikel beschreibt die Entwicklungen in der Kostentransparenz in den Niederlanden von 2011–2016. Wir erläutern zunächst, warum Kostentransparenz wichtig ist. Dann gehen wir auf die Schwierigkeiten ein, diese Transparenz zu erreichen und wie diese Probleme gelöst wurden. Wir beschreiben, wie wir zu einer Kostendefinitionen für Pensionsfonds gekommen sind und wie die Implementierung derselben abgelaufen ist. Wir bringen auch Vorschläge, wie Kostentransparenz angeregt werden kann. Wir führen außerdem aus, welche offenen Fragen und mögliche Lösungen aus der Pensionsfonds-Branche es in Bezug auf die Offenlegung von Kosten noch gibt.

11.1   Niederländische Pensionsfonds

Die große Mehrheit der Arbeitnehmer in den Niederlanden (80 %) sind Mitglieder in einem Pensionsfonds. Die meisten Arbeitnehmer sparen ihre Rente in einem branchen-spezifischen Pensionsfonds an; nur ein kleiner Teil in einem Unternehmens-Pensions-fonds. Rund 10 % der Arbeitnehmer sind über einen Tarifvertrag in einer Versicherung abgedeckt. Alle zahlen Beiträge in der Höhe von bis zu 20 % ihres Gehaltes.

Per Gesetz sind die Pensionsfonds in den Niederlanden als nicht-gewinnorientierte Stiftungen zu führen. Vertreter von Arbeitgebern und Arbeitnehmern haben einen Sitz im Vorstand. Der Sektor befindet sich in einer Konsolidierungsphase und dadurch nimmt die Zahl der Pensionsfonds sehr rasch ab. Vor zehn Jahren gab es 800 Pensionsfonds, heute sind knapp über 300 noch aktiv. Diese Pensionsfonds haben mehr als 1200 Mrd. EUR verfügbares Kapital. Die Größe der Einrichtungen weist eine enorme Bandbreite auf: Zwei Pensionsfonds aus dem öffentlichen Bereich verwalten hunderte Milliarden an Ver-mögen, aber wir haben auch Pensionsfonds mit nur wenigen hundert Millionen.

Die meisten der Pensionspläne können als leistungsorientiert (Defined Benefit) ein-gestuft werden. Die Ansparhöhe (Verpflichtung) ist generell an das Durchschnitts-einkommen gekoppelt. In den meisten Fällen ist der Arbeitgeber nur verpflichtet, jene Beiträge zu zahlen, die in einem Tarifvertrag festgelegt wurden. Daraus ergibt sich, dass das finanzielle Risiko der Pensionsfonds auf den Schultern der Mitglieder und der Rent-ner lastet. Deshalb sprechen einige auch von kollektiven beitragsorientierten Systemen (Collective Defined Contribution) anstatt von Defined Benefit.

Obwohl die niederländischen Pensionsfonds eine ungeheure Menge an Vermögen verwalten, ist die derzeitige finanzielle Situation (per Frühjahr 2016) nicht sehr positiv. Verpflichtungen müssen auf der Basis eines risikolosen Zinssatzes berechnet werden. Wegen der internationalen Entwicklungen, inklusive der Politik der Europäischen Zent-ralbank (EZB), sind die Zinssätze in Europa sehr niedrig, in manchen Fällen sogar nega-tiv. Die Verpflichtungen der niederländischen Pensionsfonds sind über die letzten Jahre rapide angestiegen. Der Deckungsgrad (Vermögen/Verpflichtungen) der meisten großen Pensionsfonds liegt mittlerweile unter 100 %. Die meisten Pensionsfonds können die Renten nicht jährlich anheben, um die Inflation auszugleichen, wie das bis 2008 jährlich üblich war.

11.2   Der Beginn der Diskussion

Im Jahr 2011 veröffentlichte die Finanzaufsichtsbehörde AFM einen Bericht, in dem sie feststellte, dass die Verwaltungskosten der Pensionsfonds weit höher sind, als in den jährlichen Bilanzen ausgewiesen. Eric Veldpaus, zu dieser Zeit angestellt bei APG Asset Management, dem Dienstleister für den größten Pensionsfonds des Landes, war eine der Personen, die von der AFM befragt worden waren. In dem Bericht wurden alle möglichen versteckten Kosten erwähnt, womit angedeutet wurde, dass die Gesamtkosten höher sind, als den Pensionsfonds bewusst sei. Diese Schlussfolgerungen waren für viele Leute überraschend, so auch für einige Mitglieder des Parlaments. Diese Abgeordneten verlangten rasche Maßnahmen und forderten neue Gesetze zur Kostentransparenz.

Die niederländischen Pensionsfonds waren ihrerseits überrascht über die Schlussfolgerungen der Aufsichtsbehörde. Die Bilanzen werden auf der Basis von Dutch GAAP erstellt. Die Bilanzierungsvorschriften schreiben u. a. vor, dass die Transaktionskosten von der Rendite abgezogen werden. Auch die Vermögensverwaltungsgebühren (indirekt gezahlt über den Nettovermögenswert [NAV] der unterschiedlichen Mandate) wurden nicht berücksichtigt. Deshalb wiesen die Gewinn- und Verlustrechnungen ohnehin bereits Nettorenditen anstelle von Bruttorenditen und den Vermögensverwaltungskosten aus.

11.3   Der Entstehungsprozess der „Empfehlungen zu Verwaltungskosten"

11.3.1 „Selbstregulierung durch die Branche"

Fast alle niederländischen Pensionsfonds sind Mitglieder des niederländischen Pensionsfonds-Verbandes (Pensioenfederatie). Dieser entschied selbst „Empfehlungen zu Verwaltungskosten" abzugeben, um zu verhindern, dass die Regierung neue Gesetze zur Kostentransparenz erlässt. Die Diskussion in den Niederlanden endete rasch zugunsten der Verfechter der Kostentransparenz. Die Gefahr neuer Gesetzgebung, die die Unterschiede zwischen den einzelnen Pensionsfonds nicht berücksichtigen würde, überzeugte die meisten Pensionsfondsvorstände bald davon, dass Selbstregulierung für alle vorteilhaft wäre.

11.3.2 Erhöhung des Kostenbewusstseins

Das war nicht der einzige Grund Kostentransparenz anzustreben. Der Verband wollte auch die Rechenschaftspflicht von Pensionsfonds erhöhen. Im Jahr 2008 wurde der Vertrauensverlust u. a. durch Vorfälle im Asset Management ausgelöst. Der Verband ist überzeugt, dass Pensionsfonds vollkommen transparent offenlegen sollen, wie sie das Geld ihrer Mitglieder ausgeben („Wir haben nichts zu verstecken!"). Der Verband wollte auch das Kostenbewusstsein erhöhen, in dem er die Kostenverantwortung des Vorstandes (als Teil der Empfehlungen) deutlich machte. Allerdings ist Kostenbewusstsein nicht gleich Kostenminimierung. Ein Pensionsfonds muss Geld ausgeben, um das beste Ergebnis für seine Mitglieder zu erreichen, angepasst an die spezifische Situation des Pensionsfonds.

Pensionsfonds sollten eine Vorstellung davon haben, welche Leistungen sie für ihre Mitglieder erbringen wollen. Welcher Servicegrad soll angeboten werden? Welche Investmentrendite ist notwendig, um die gesetzten Ziele zu erreichen? Wo liegt die Risikotoleranz des Pensionsfonds? All diese Fragen sollten vom Pensionsfonds beantwortet werden. Und als Ergebnis aus all diesen Fragen sollte der Pensionsfonds seine Strategie ableiten. Und zwar sowohl die Verwaltungsstrategie, die Kommunikationsstrategie, als auch – am allerwichtigsten – die Investmentstrategie. Die Kosten sind das Ergebnis dieser Strategien.

11.3.3 Schaffung einer „Unterstützungsgrundlage"

Wie können Pensionsfonds Kostentransparenz erreichen? Das war die Millionen-Euro-Frage, die in 2011 gelöst werden musste. Und es ist keine einfache Frage. Alle möglichen Probleme wurden von verschiedenen Menschen mit unterschiedlichen Interessen vorgebracht. Wir mussten Hilfestellungen zu Fragen aus der Vermögensverwaltungs- und Pensionsfondsbranche zur Verfügung stellen. Deshalb haben wir schon sehr früh eine „Unterstützungsgrundlage" geschaffen, durch Einbindung des Instituts der Wirtschaftsprüfer (NBA), der Vereinigung der Vermögensverwalter (DUFAS), von Vermögensverwaltern alternativer Investments und Vertretern einiger unterschiedlicher Pensionsfonds und Dienstleister.

Während der Konzeptionierung der Empfehlungen haben wir die Niederländische Zentralbank (DNB) und die Finanzaufsichtsbehörde (AFM) informiert. Letztendlich wollten wir, dass sie die Empfehlungen übernehmen.

11.3.4 (Un)Willen in der Branche

Einige argumentierten, dass die Nettorendite auf Investitionen die einzig wichtige Kennzahl für einen Pensionsfonds ist. Natürlich ist die Nettorendite bestimmend für den Betrag, der an die Rentner ausgezahlt wird. Aber das bedeutet nicht, dass Kosten irrelevant sind. Einige Assetklassen sind z. B. teurer als andere, obwohl sie nicht immer bessere Investmentrenditen aufweisen. Dieses unterschiedliche Kosten/Rendite-Verhältnis verändert auch das Risikoprofil. Zu Beginn wollten die meisten Asset Manager die Kosten nicht offenlegen, oder sie konnten es nicht. Außerdem waren sie überzeugt, dass Kosten keine Rolle spielen, es drehe sich alles um die Nettorendite. Asset Manager (und Branchenexperten) argumentierten, dass Transaktionskosten nicht offengelegt werden können. Alternative Assetklassen, wie Private Equity und Hedgefonds, haben diverse verschiedene Kostenebenen (bei Dachfondsmandaten); diese Kosten sind nicht leicht zugänglich. Wir haben ihnen erklärt, dass es keinen Ausweg gibt: Wir müssen Vermögensverwaltungskosten offenlegen. Transaktionskosten und Verwaltungsebenen dieser Anlagen, sind Teil der Vermögensverwaltungskosten und sollten offengelegt werden.

Interessanterweise haben einige dieser Asset Manager nach einer Zeit ihre Position geändert. Vor allem Fiduciary Manager verlangten immer mehr Transparenz, weil es ihnen in ihrem Geschäftsmodell half. Sie konnten anfangen, alle zugrunde liegenden Kosten offenzulegen, was die Kosten für den Fiduciary Manager reduzierte – zumindest jene, die für den Pensionsfonds sichtbar sind.

11.3.5 „Empfehlungen zu Verwaltungskosten"

Im Herbst 2011 stellte der Pensionsfondsverband die Empfehlungen vor. Eine zweite Ausgabe mit detaillierteren Anweisungen folgte im Frühjahr 2012. Im Oktober 2013 wurde eine weitere Neufassung veröffentlicht, erneut mit detaillierteren Anweisungen vor allem in Bezug auf die Kostenberechnung bei alternativen Anlagen.

> Pensionsfonds müssen die folgenden Kennzahlen offenlegen:
>
> 1. Kosten, die in Zusammenhang mit der Verwaltung des Pensionsfonds stehen, in Euro pro Mitglied. Die Zahl der Mitglieder ist die Summe von aktiven Mitgliedern und Rentnern.
> 2. Offenlegung der Vermögensverwaltungskosten als Prozentsatz der durchschnittlichen Assets under Management. Zusätzlich sollen diese Kosten auf folgende Punkte überprüft werden:
>   - der gewählte Investment-Mix und die damit verbundenen Benchmark-Kosten.
>   - die langfristige Rendite
> 3. Auf einer getrennten Berechnungsgrundlage sollen die Transaktionsgebühren als Prozentsatz des durchschnittlich verwalteten Vermögens offengelegt werden.

11.3.6 Medien

Anfänglich hatten die Pensionsfonds Angst vor einem öffentlichen Vergleich der Kostenniveaus. Journalisten könnten die Jahresberichte durchleuchten und die Resultate veröffentlichen. Eine einfache Liste der Kostenniveaus würde keinen fairen Vergleich der verschiedenen Pensionsfonds erlauben, es wäre eher wie ein Vergleich zwischen Äpfeln und Orangen. Wie bereits erläutert, unterscheiden sich die Kostenniveaus je nach Pensionsfonds und den Unterschieden in der (Investment)-Strategie. Ein Pensionsfonds mit 45 Basispunkten an Vermögensverwaltungskosten muss nicht unbedingt einen besseren Ertrag erzielen, als ein Pensionsfonds, der 35 Basispunkte an Kosten offenlegt. Der Pensionsfonds mit den höheren Kosten kann einen höheren Ertrag erzielen oder er schafft es, den gleichen Ertrag zu erzielen, aber mit einem geringeren Risikoprofil.

In den Jahren 2011 und 2012 organisierte der Verband Workshops mit Fachjournalisten, um dieses Thema zu besprechen. Wir konnten erklären, dass eine Liste mit Kostenniveaus die Komplexität des Kostenthemas nicht wirklich abbilden würde.

11.3.7 Probleme und Lösungen

Je besser ein Pensionsfonds darin ist Informationen über Vermögensverwaltungskosten einzuholen, desto höher werden die offengelegten Kosten sein. Also werden Pensionsfonds, die Kostentransparenz ernst nehmen und sich darum bemühen, das Kostenniveau mit externen Managern zu diskutieren, dafür „bestraft", dass sie relativ hohe Kosten offenlegen.

Allerdings hat dieses Transparenz-Paradoxon in den Niederlanden wegen des quasi-obligatorischen Systems nicht wirklich zu Problemen geführt. Mitglieder können ihren Pensionsplan nicht verlassen und Pensionsfonds haben mehrere Jahre Zeit, die Empfehlungen voll umzusetzen. Das ist völlig anders in Ländern, wo Mitglieder den Pensionsfonds selbst auswählen können. In diesen Ländern könnte das ausgewiesene Kostenniveau große Auswirkungen haben.

11.3.8 Vergleichbarkeit

Wie kann man die Kosten eines Pensionsfonds mit jenen eines anderen vergleichen? Laut den Empfehlungen sollen Pensionsfonds drei wichtige Kennzahlen offenlegen:

- Verwaltungskosten
- Vermögensverwaltungskosten
- Transaktionskosten

Wie im vorhergehenden Abschn. 11.3.6 erwähnt, hat der Verband Informationsveranstaltungen für Fachjournalisten abgehalten, um ihnen zu erklären, dass hohe Kostenniveaus nicht unbedingt schlecht sind. Leider haben die Medien die Kostenniveaus veröffentlicht und daraus haben sich dann Listen mit den 10 teuersten Pensionsfonds ergeben etc. Das ist gefährlich für die Pensionsfondsbranche. Eine Folge daraus ist, dass es schon Pensionsfonds gibt, die sich aus teuren Assetklassen zurückgezogen haben. Aber es sollte um Kostentransparenz gehen! Diese Zahlen werden offengelegt und deshalb auch verglichen, aber in Wahrheit können diese Zahlen nicht ohne weiterführende Informationen miteinander verglichen werden. Die Asset Management-Kosten sind zum größten Teil durch die Investmentstrategie beeinflusst. Die Verwaltungskosten eines Pensionsfonds werden hauptsächlich durch seine Größe beeinflusst: Je mehr Mitglieder, desto geringer werden die Verwaltungskosten sein.

Pensionsfonds sollten erläutern, wie sie das Geld ausgeben und warum diese Ausgaben den Mitgliedern zugutekommen. Nur wenn diese Information berücksichtigt wird, ist ein Vergleich der Kosten in einem Pensionsfonds sinnvoll.

11.4   Branchenexperten bestehen auf einer Benchmark

Im Mai 2013 veröffentlichte eine Arbeitsgruppe bestehend aus führenden niederländischen Branchenexperten (den Vorsitz hatte J. Frijns, bis 2005 Investmentchef beim größten niederländischen Pensionsfonds ABP und später Vorsitzender einer Rentenkommission) einen Bericht im Auftrag von Transparency International. Er erschien unter dem Titel „Looking in the Mirror" und darin forderten sie die Einführung einer Benchmark für Pensionsfondskosten. Auch die Empfehlungen des Pensionsfondsverbandes schlagen die Anwendung einer Benchmark vor. Eine Benchmark-Kostenzahl weist die gesamten Asset Management-Kosten auf Basis des durchschnittlichen Kostenniveaus der Assetklasse im Peergroup-Vergleich multipliziert mit der Assetallokation des Pensionsfonds aus. Dabei werden alle Parameter berücksichtigt, die das Kostenniveau beeinflussen. Bei der Ausarbeitung der Empfehlungen haben wir darauf bestanden, dieses Konzept mit aufzunehmen. Damit sollte verhindert werden, dass Listen mit den teuersten Pensionsfonds veröffentlicht werden. Im Frühjahr 2016 mussten wir feststellen, dass nicht viele Pensionsfonds die Benchmark-Kosten in ihren Jahresberichten veröffentlichen.

11.5   Messung der Benchmark-Kosten

Im Jahr 2013 wurde das Institutional Benchmarking Institute gegründet, als logischer nächster Schritt im Streben nach Kostentransparenz. Das Institut vergleicht Pensionsfonds, um die Asset Management-Kosten in Relation zum (langfristigen) Ertrag, den Risiken und den Gesamtkosten zu setzen. Für jeden Kostentreiber hat das Institut einen eigenen Index entwickelt. Das ermöglicht es den Pensionsfonds, die unterschiedlichen Kostenniveaus für Asset Manager zu erklären. Die Pensionsfonds-Verwaltungskosten stehen mit dem Dienstleistungsniveau für Asset Management in Verbindung. Die Pensionsfonds-Verwaltungskosten werden durch Dienstleistungen und andere Kostentreiber bestimmt, die in den Empfehlungen ausgewiesen werden.

Damit diese Benchmark-Resultate glaubwürdig sind, muss ein Institut unabhängig sein und Außenstehenden deutlich machen, dass das Institut, das die Benchmark erstellt, kein anderes Einkommen hat als die Gebühr, die den Pensionsfonds für die Dienstleistung in Rechnung gestellt wird.

11.6   Erfolgsfaktoren

Die Empfehlungen waren ein Erfolg. Die Pensionsfonds haben sie nach ein paar Jahren umgesetzt. 2015 hat die niederländische Regierung die Empfehlungen in Gesetzesform gegossen. Obwohl es das Hauptziel der Selbstregulierung war, neue Gesetze zu vermeiden, waren die Pensionsfonds nicht gegen das neue Gesetz. Und zwar deshalb, weil die Regierung die Empfehlungen und Definitionen übernommen hat, die die meisten Pensionsfonds bereits angewendet haben.

Andere Erfolgsfaktoren waren:

- Eine gut organisierte Pensionsfondsbranche (nur wenig Leuten mussten mit einbezogen werden)
- Mit Schätzungen anfangen (um Diskussionen zu vermeiden, wie man z. B. Transaktionskosten berechnet)
- Die Größe der Branche (mit genug Einfluss, um die niederländische Asset Management-Branche zu überzeugen)
- Schaffung einer „Unterstützungsgrundlage" (unter Einbeziehung von wichtigen Organisationen)
- Alle Beratungen wurden von einem kleinen Team mit viel Erfahrung durchgeführt (Tomas Wijffels als Vertreter des Pensionsfondsverbandes und Eric Veldpaus' Netzwerk als Brancheninsider mit 30 Jahren Erfahrung als Asset Manager).

11.7   Erfahrungen nach den ersten fünf Jahren

Wir haben erfolgreich in nur wenigen Jahren die Kostentransparenz in den Niederlanden umgesetzt. Kosten stehen bei den Vorständen auf der Agenda und sind auch Teil der nationalen Gesetzgebung (Dutch GAAP und nationale Gesetze).

Während der vergangenen Jahre führte die AFM zusätzliche Untersuchungen zur Veröffentlichung von Asset Management-Kosten in den Jahresberichten der Pensionsfonds durch. In den Resultaten der Untersuchungen wurde die Wichtigkeit der Veröffentlichung der Verwaltungskosten nochmals herausgestrichen. Allerdings glauben wir, dass die Vorschläge der AFM zu weit gehen und der Industrie schaden können. (siehe Kommentar-Box von Eric Veldpaus).

Im Frühjahr 2016 legte der Pensionsfonds-Verband eine neue Version der Empfehlungen vor. Außerdem erhielt der Verband einen Preis der International Transparency Task Force (Eric und Tomas sind beider Teil dieser britischen Initiative zur Kostentransparenz).

Kostentransparenz wird nun u. a. an niederländischen Universitäten gelehrt. An der Nyenrode Business University ist sie Teil des Executive Pensions Program für neue Vorstandsmitglieder in Pensionsfonds.

Zu viel Offenlegung ist unnötig und verwirrend (Eric Veldpaus)

Als Ergebnis der Kostentransparenz sind Pensionsfonds verpflichtet, drei verschiedene Kennzahlen offenzulegen. Es ist wichtig, dass der Pensionsfonds diese Zahlen unter Verwendung der Benchmark-Kosten erläutert und diese Kosten in Bezug auf Risiken und Erträgen für Asset Management, Dienstleistungen und die Komplexität der Pensionsfonds-Verwaltungskosten erläutert. In Bezug auf die Asset Management-Kosten glaube ich, dass es das Beste ist, wenn ein Pensionsfonds seine Investment-Überzeugungen nutzt, um das Kostenniveau zu erklären. Wenn man z. B. an aktives Management glaubt, kann man erwarten, dass das Kostenniveau, aber auch die (langfristigen) Erträge höher sind. Letztendlich kommt das den Mitgliedern zugute. Eine Tabelle mit allen Details der verschiedenen Assetklassen zu veröffentlichen, ist unnötig und verwirrend. Die nächste Frage ist: Warum sind die Asset Management-Kosten für Schwellenländer zwei Basispunkte höher als die anderen im Pensionsfonds? Der nächste Schritt ist zu erläutern, das Pensionsfonds unterschiedliche Strategien in ihren Asset-Kategorien anwenden oder dass der Ertrag von ESG-Entscheidungen beeinflusst wird. Man muss auch bedenken, dass Kostenniveaus teilweise nicht-öffentliche Informationen sind. Sie wurden mit Asset Managern und anderen Dienstleistern, wie Custodians ausgemacht.

Der Vorstand ist für die Umsetzung der Strategie verantwortlich, die im jährlichen Investmentplan vereinbart wurde. Er sollte relevante und detaillierte Informationen erhalten und abschätzen, ob sich die Kosten im Rahmen bewegen. Basierend auf diesen Informationen kann er entscheiden, ob eine Optimierung der Kosten notwendig ist.

Über die Autoren

Eric Veldpaus CA: Gründer und Geschäftsführer des Institutional Benchmarking Institute (IBI) und Strategy Director bei Novarca Benelux. Er war während seiner ganzen Karriere immer am Puls der Kostentransparenz. Vor seiner derzeitigen Position war er Stratege bei APG, wo sein Fokus auf allen Aspekten von Kosten und Kostentransparenz lag. Dies umfasste auch die Zusammenarbeit mit Prüfern und der niederländischen Zentralbank (DNB). Vor APG hatte er hochrangige Positionen bei Robeco und PwC inne. Eric ist Autor diverser bekannter Publikationen zur Kostentransparenz und er hat auch an der Ausarbeitung der „Empfehlungen zu Verwaltungskosten" mitgearbeitet, die vom niederländischen Pensionsfonds-Verband herausgegeben worden sind. Er ist außerdem Vortragender an der Nyenrode Business University in den Niederlanden.

Das unabhängige **Institutional Benchmarking Institute** wurde 2013 gegründet. Gemeinsam mit sechs Pensionsfonds (PFZW, PME, Pensionsfonds Vervoer, PNO Media, Pensionsfonds TNO, Pensionsfonds Randstad) und der Nyenrode Business University hat das Institut einen Benchmark-Report geschaffen, der auf nationaler Gesetzgebung, geprüften Zahlen und den „Empfehlungen zu Verwaltungsgebühren" des Pensionsfondsverbandes basiert. Für die unterschiedlichen Kostentreiber im Asset Management und der Pensionsfondsverwaltung haben wir Indizes entwickelt um die unterschiedlichen Kostenniveaus zu verstehen (und zu erklären). Im Jahr 2015 umfasste die Benchmark des Instituts den Großteil des von der niederländischen Pensionsfondsbranche verwalteten Vermögens.

Der niederländische Pensionsfondsverband, **Pensioenfederatie,** vertritt rund 260 Pensionsfonds mit rund 5,6 Mio. aktiven Mitgliedern, fast 3 Mio. Rentnern und 8,3 Mio. vorzeitig ausgeschiedenen Mitgliedern. Rund 80 % der Arbeitnehmer in den Niederlanden sind Mitglied in einem Pensionsfonds, der dem Verband angehört.

Tomas Wijffels MSc: Strategischer Berater der Pensioenfederatie. Er graduierte 1996 an der Delft University of Technology als Bauingenieur. Von 1996 bis 2007 arbeitete er am niederländischen Institut für angewandte Wissenschaften, TNO. 2011 und 2015 koordinierte er die Ausarbeitung der „Empfehlungen zu Verwaltungskosten" des niederländischen Pensionsfondsverbandes.

Schweiz: (K)eine Hochpreisinsel – Institutionelle Vermögensverwaltungskosten in der beruflichen Vorsorge

12

Benita von Lindeiner und Ueli Mettler

Einleitung

Während die Schweiz nicht gerade für ihre Geschwindigkeit und Entschlusskraft in Bezug auf legislative Anpassungen bekannt ist und international in der Vergangenheit lange für die Intransparenz seines Bankensektors gerügt wurde, so nimmt das Land in Bezug auf die Transparenz seiner Vermögensverwaltungskosten in der beruflichen Vorsorge eine Vorreiterrolle in Europa ein. Nach einem Abstimmungsdebakel 2010 zu strukturellen Anpassungen in der beruflichen Vorsorge wurden nicht nur innert kürzester Zeit die Ursachen analysiert und mit einer Kostenstudie publiziert – sondern es wurden auch in atemberaubendem Tempo neue Vorschriften verabschiedet und umgesetzt, mit denen die Vermögensverwaltungskosten offengelegt wurden und die Transparenz massiv erhöht wurde. Vermögensverwalter gerieten in Bedrängnis und reagierten entsprechend – zugunsten der Versicherten, die sich mit zunehmender Kostentransparenz hoffentlich auch über zunehmende Kosteneffizienz freuen können. Es ist davon auszugehen, dass dieser Transparenzschub auch auf institutionelle bzw. öffentliche Anlegersegmente übergreift.

B. von Lindeiner (✉) · U. Mettler
c-alm AG, Zürich, Schweiz
E-Mail: benita.vonlindeiner@c-alm.ch

U. Mettler
E-Mail: Ueli.Mettler@c-alm.ch

© Springer Fachmedien Wiesbaden GmbH 2017
U. Rieken et al. (Hrsg.), *Kostentransparenz im institutionellen Asset Management*,
DOI 10.1007/978-3-658-12832-6_12

12.1 Hintergrund

Die in der Schweiz obligatorische berufliche Vorsorge, auch Zweite Säule der Altersvorsorge genannt, stellt aufgrund ihrer Kapitaldeckung und ihrem Volumen von 720 Mrd. Schweizer Franken per 31.12.2013 (verteilt auf 1957 [teil-]autonome Vorsorgeeinrichtungen, siehe Pensionskassenstatistik 2013) ein Mekka für institutionelle Vermögensverwalter dar.

Zur Erfüllung der gesetzlich vorgeschriebenen Leistungen müssen mit dem Vermögen der Zweiten Säule Renditen erzielt werden, die nicht risikofrei erreichbar sind; gleichzeitig ist die Risikofähigkeit in einem System, das auf Solidaritäten beruht und durch eine Versicherungspflicht über den Arbeitgeber gekennzeichnet ist, deutlich höher als beim klassischen Geschäft der Lebensversicherer. Der oft relativ große Handlungsspielraum der beauftragten Vermögensverwalter, die gute Risikofähigkeit und das Milizsystem des Stiftungsrates als Führungsorgan der Pensionskasse ließen die Zweite Säule für die Finanz- und Bankbranche jahrelang ein äußerst attraktives – und lukratives – Beschäftigungsfeld sein.

Der Ausbruch der Finanzkrise markierte einen entscheidenden Wendepunkt in diesem für Vermögensverwalter „goldenen" Zeitalter. Es wurde deutlich, dass sich die Schweiz als „Insel der Seligen" nicht von globalen Verwerfungen an den Finanzmärkten abkoppeln kann; vermeintlich sichere oder marktunabhängige Anlagestrategien mussten starke Verluste hinnehmen. Viele Pensionskassen gerieten in eine Schieflage, die zusammen mit steigender Lebenserwartung zu einer äußerst angespannten Finanzlage führte.

Der Schweizerische Bundesrat diskutierte daraufhin über Maßnahmen, diese Probleme zu lindern und beschloss 2009, die gesetzlich vorgeschriebene Mindestaltersrente – gemeinhin als „Umwandlungssatz" bezeichnet – schrittweise von 6,8 % auf 6,4 % der angesparten Kapitalien zu senken (vgl. Bundesrat 2006). Gegen diese Entscheidung wurde von der politischen Linken das Referendum ergriffen; der Bundesrat musste die „Vorlage zur Senkung des Umwandlungssatzes" dem Souverän am 7. März 2010 zur Abstimmung vorlegen. Im Abstimmungsvorfeld wurden sehr emotionale Kampagnen unter Schlagwörtern wie „Rentenklau" gegen die Initiative geführt. Der Begriff „Rentenklau" wurde vor allem von Gewerkschaften und linken Parteien geprägt (siehe z. B. Medienkonferenz SGB 2010). Die Abstimmung endete in einem für den Bundesrat katastrophalen Ergebnis – 72,7 % der Wähler lehnten die Vorlage ab. Dieses Resultat wurde zu Recht als starkes Misstrauensvotum gegen das System der betrieblichen Altersvorsorge als Ganzes gesehen.

Im Abstimmungskampf wurde zudem deutlich, dass in weiten Teilen der Bevölkerung ein tiefes **Misstrauen gegenüber der Banken- und Finanzbranche** vorherrschte. Die Vermögensverwaltungskosten sowie Managergehälter und -boni waren zentraler Bestandteil der öffentlichen Diskussion (vgl. z. B. Vontobel 2010). Sowohl Befürworter als auch Gegner der Vorlage waren sich einig, dass die in der Gewinn- und Verlustrechnung von Pensionskassen ausgewiesenen Vermögensverwaltungskosten nicht der ganzen Wahrheit entsprechen konnten. Da über das Ausmaß der Diskrepanz zwischen ausgewiesenen und tatsächlich angefallenen Kosten jedoch große Unklarheit und Uneinigkeit herrschte, beschloss der Bundesrat nach der deutlichen Ablehnung der Vorlage, eben diese Vermögensverwaltungskosten näher unter die Lupe zu nehmen, um das Vertrauen der Bevölkerung in die berufliche Altersvorsorge zu stärken. Im September 2010 hat das Bundesamt für Sozialversicherungen (BSV) als zuständige Aufsichtsbehörde daher nach einem öffentlichen Ausschreibungsprozess der c-alm AG die Aufgabe erteilt, in einer Studie diesen Vermögensverwaltungskosten genauer auf den Grund zu gehen und die Differenz zwischen tatsächlichen und ausgewiesenen Kosten zu quantifizieren. Das Ergebnis dieser im Mai 2011 durch das BSV publizierten Studie (siehe BSV 2011) bestätigte die Vermutungen – dass die tatsächlichen Kosten im Endeffekt jedoch vier Mal so hoch wie die ausgewiesenen Kosten waren, führte landesweit zu Empörung und zu lauten Forderungen nach mehr Transparenz und mehr Regulierung bei der Verwaltung der Pensionskassengelder.

12.2   Die BSV Kostenstudie

12.2.1 Das Kostenkonzept der c-alm AG

Um breite Akzeptanz der Resultate der Studie in der Öffentlichkeit und der Presse sicherzustellen, war es wichtig, zunächst eine klare und umfassende Definition der Vermögensverwaltungskosten vorzunehmen. Bis dato gab es nämlich kein einheitliches Verständnis des Begriffs „Vermögensverwaltungskosten". Der zu prägende Kostenbegriff sollte nicht nur die Kosten enthalten, die der Pensionskasse effektiv in Rechnung gestellt wurden und so in der Gewinn- und Verlustrechnung ausgewiesen werden konnten – sondern eben sämtliche Kostenkomponenten, die sich im Rahmen der laufenden Vermögensbewirtschaftung negativ auf die Anlagerendite auswirkten. Namentlich sollte ein Ansatz entwickelt werden, der auch die innerhalb von Kollektivanlagen (ETF, Fonds, Strukturierte Produkte, Spezialfonds) anfallenden Kosten an die Oberfläche befördern sollte. Die c-alm hat daher als erstes eine umfassende und auf alle Anlageklassen und Bewirtschaftungsebenen anwendbare Kostendefinition entwickelt, um Konsistenz und Vergleichbarkeit der Ergebnisse sicherzustellen.

Diese Kostendefinition unterscheidet die folgenden drei Kostenaggregate:

- **Bestandsabhängige Gebühren** (Abkürzung „TER"): Die „Total Expense Ratio" ist die international in der Regulierung von Fonds- und Kollektivanlagen anerkannteste und am weitesten verbreitete Kostendefinition. Sie umfasst Gebühren, die periodisch in Abhängigkeit des Vermögensbestands belastet werden; namentlich Managementgebühren, Fondsleitungsgebühren, Depotgebühren, Administrationsgebühren, Performancegebühren.

▶ Die Definition der TER orientiert sich unmittelbar an der maßgebenden Richtlinie der Swiss Fund Association, siehe **SFA** (2008)

- **Transaktionsabhängige Gebühren und Steuern (Abkürzung „TTC"):** Diese Kostenkomponente beinhaltet Kosten-, Gebühren- und Steuerkomponenten, die von Dritten erhoben werden. Dabei handelt es sich um Gebühren, die im Wertschriftenhandel entstehen und um Steuerbelastungen; namentlich explizite Transaktionskosten wie Handelskommissionen und Börsenplatzgebühren, implizite Transaktionskosten wie Geld-Brief-Spannen und „Market Impact", länderspezifisch anwendbare Transaktionssteuern sowie in- und ausländische Steuern auf Kapitalerträge.
- **Kosten auf übergeordneter Stufe (Abkürzung „SC"):** Zusätzlich entstehen für den Betrieb einer Anlageorganisation übergeordnete Kosten, die nicht direkt der Bewirtschaftung der einzelnen Vermögensteile zugeordnet werden können, so beispielsweise Kosten für Asset- & Liability-Management, Risikomanagement & Investment Controlling, Strategie- und Organisationsberatung, Mandatsselektionen oder Rechtsberatungen.

Wird dieses dreiteilige Kostenkonzept so weit wie möglich in allen Anlagesegmenten und über alle Durchführungswege beziehungsweise Bewirtschaftsebenen der Vermögensanlage verwendet, so werden auch nicht fakturierte Vermögensverwaltungskosten erfasst, die beispielsweise innerhalb von Kollektivanlagen anfallen und direkt mit der Rendite des Anlagegefäßes saldiert werden. Die nachfolgende Darstellung fasst das c-alm Konzept zur Erhebung der Vermögensverwaltungskosten zusammen und verdeutlicht, welche Kostenbestandteile bis anhin – also zum Zeitpunkt der Veröffentlichung der Studie 2011 – in der Betriebsrechnung der Pensionskassen enthalten waren und welche Bestandteile nur teilweise (grau hinterlegt) oder gar nicht (schwarz hinterlegt) ausgewiesen wurden (siehe Abb. 12.1: Während die TTC-Kosten auf erster Investitionsebene [grau hinterlegt] teilweise offengelegt werden, sind die schwarz hinterlegten Kostenkomponenten nicht Bestandteil der Betriebsrechnungen).

An dieser Stelle ist ein Caveat anzubringen: obwohl sich die BSV Kostenstudie um Vollständigkeit bemüht, gibt es Berciche, in denen mit Schätzungen gearbeitet werden musste oder die – falls Schätzungen nicht möglich waren – von dieser Analyse ausgenommen wurden. So wurden beispielsweise für die TER-Kosten von Hedge Funds, Privatmarktvehikel sowie von strukturierten Produkten qualifizierte Annahmen getroffen und mit Fachspezialisten abgesichert. Bei Performanceabhängigen Gebühren hingegen wurde aufgrund zu großer Ungenauigkeit und der geringen Bedeutung innerhalb der zweiten Säule auf eine Quantifizierung verzichtet; Transaktionskosten im Bereich alternativer Anlagen und Direktimmobilien wurden nicht erhoben.

Der Vollständigkeit halber sei hier noch aufgeführt, dass die Eidgenössische Emissionsabgabe bei Primäremissionen von Obligationen sowie die kantonal festgelegten Handänderungssteuern bei Liegenschaftsübertragen nicht berücksichtigt wurden. Einmalige

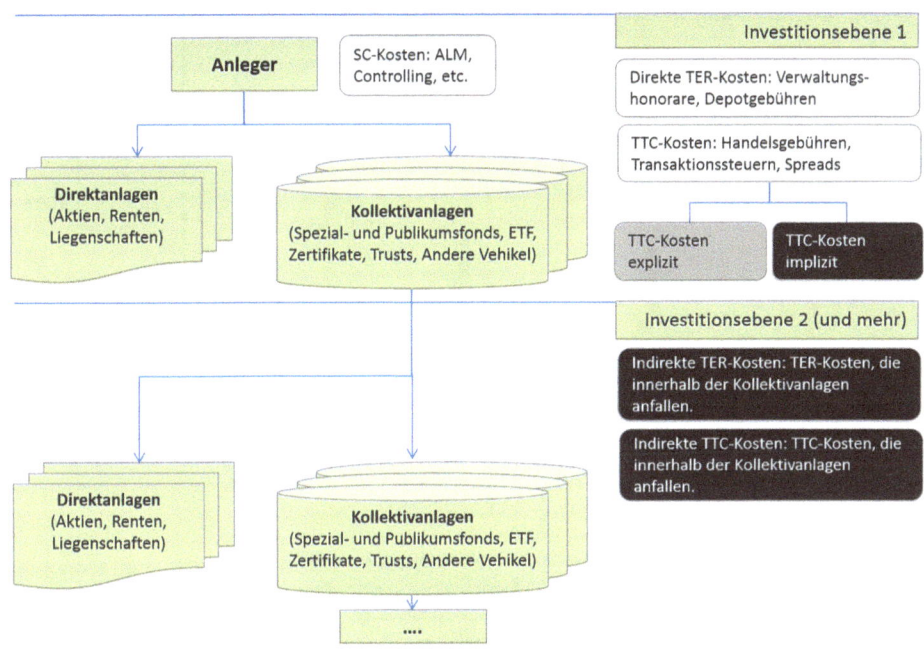

Abb. 12.1   Kostenbestandteile in- bzw. außerhalb der Betriebsrechnung: Schema. (© c-alm AG)

Kosten bei Reorganisation der Anlageorganisation wurden zudem vernachlässigt, da das Hauptaugenmerk auf den wiederkehrenden Kosten liegt (vgl. BSV Vermögensverwaltungskosten, S. 18 f.).

12.2.2   Die wichtigsten Ergebnisse der BSV Kostenstudie

Für die Kostenstudie wurde von der c-alm AG eine Primärdatenerhebung über 73 Vorsorgeeinrichtungen mit einem Bilanzvermögen von insgesamt 230 Mrd. Schweizer Franken durchgeführt. Dies entspricht etwa einem Drittel des kumulierten Vorsorgevermögens in der 2. Säule (siehe: BFS Pensionskassenstatistik 2009). Zudem wurden die Staffeltarife von 28 führenden Vermögensverwaltern in allen relevanten Anlagekategorien und Umsetzungsarten erhoben. Die Ergebnisse bargen enormen politischen Zündstoff:
Große Differenz zwischen ausgewiesenen und tatsächlichen Kosten: Die tatsächlichen Vermögensverwaltungskosten, die mit dem neuen Kostenkonzept quantifiziert worden sind, waren mit 56 Basispunkten oder 0,56 % des verwalteten Vorsorgevermögens (volumengewichteter Durchschnittswert) rund vier Mal so hoch wie die in den entsprechenden Gewinn- und Verlustrechnungen der Stichprobe ausgewiesenen Vermögensverwaltungskosten. Die in den Jahresrechnungen der Vorsorgeeinrichtungen zu diesem Zeitpunkt ausgewiesenen Kosten betrugen lediglich 14 Basispunkte oder 0,14 % (siehe Abb. 12.2).

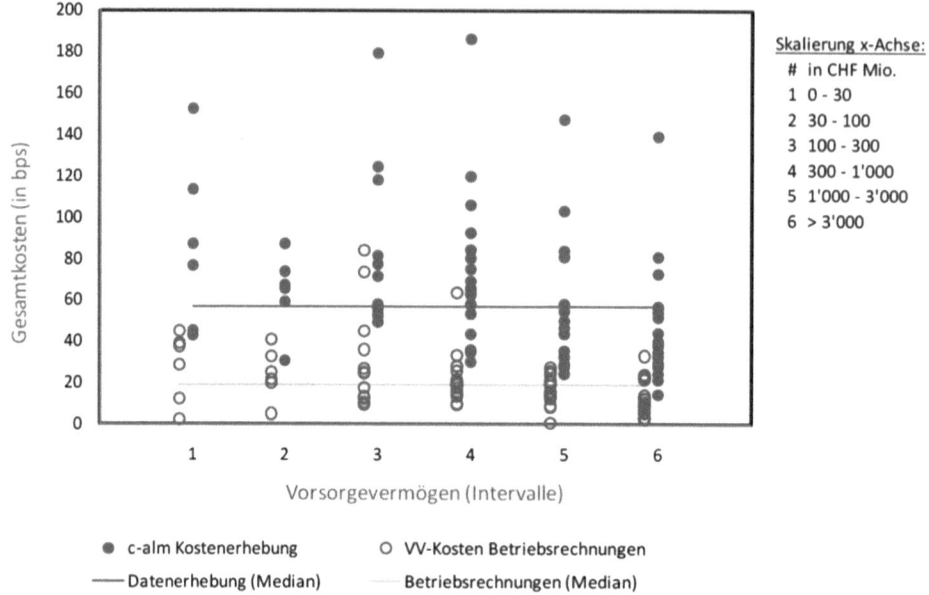

Abb. 12.2 Konsolidierte Vermögensverwaltungskosten der einzelnen Vorsorgeeinrichtungen. (© c-alm AG)

Erschreckend an diesem Ergebnis ist zudem die Tatsache, dass die in der Gewinn- und Verlustrechnung dargestellten Kosten somit zum damaligen Zeitpunkt sehr wenig über die effektive Kostensituation einer Vorsorgeeinrichtung aussagten. Wurde gezielt nur in Kollektivanlagen investiert, so ließen sich die ausgewiesenen Kosten sogar auf Null oder – im Fall von Rückvergütungen – auf einen negativen Wert senken.

Kosteneffiziente Strukturen mit besserer Rendite: Dieses Ergebnis der Kostenstudie wurde in den Medien und der Öffentlichkeit am kontroversesten diskutiert. Vergleicht man die in der Stichprobe ermittelten Vermögensverwaltungskosten mit den von 2005 bis 2009 erzielten Nettorenditen, so zeigt sich ein stark signifikanter Zusammenhang. Man könnte erwarten, dass eine teurere Anlageorganisation – beispielsweise aufgrund intensiverer oder aktiver Bewirtschaftung – auch eine höhere Nettorendite (nach Gebühren!) erwirtschaftet hat. Das Gegenteil war jedoch der Fall: eine teure Anlageorganisation hat im Allgemeinen zu tieferen Nettorenditen geführt. Anders ausgedrückt: Kosteneffizienz wurde in der von uns untersuchten und repräsentativen Stichprobe belohnt (siehe Abb. 12.3, Jährliche Nettorenditen 2005 bis 2009 der teilnehmenden Vorsorgeeinrichtungen).

Kostentreiber: Auf Basis dieser Daten sind noch weitere Zusammenhänge statistisch untersucht worden. So können insgesamt 60 % der beobachteten Kostenunterschiede zwischen den 73 Vorsorgeeinrichtungen anhand der Faktoren „Bilanzgröße" und „Anteil Alternative Anlagen" erklärt werden. Damit wird suggeriert, dass zum einen

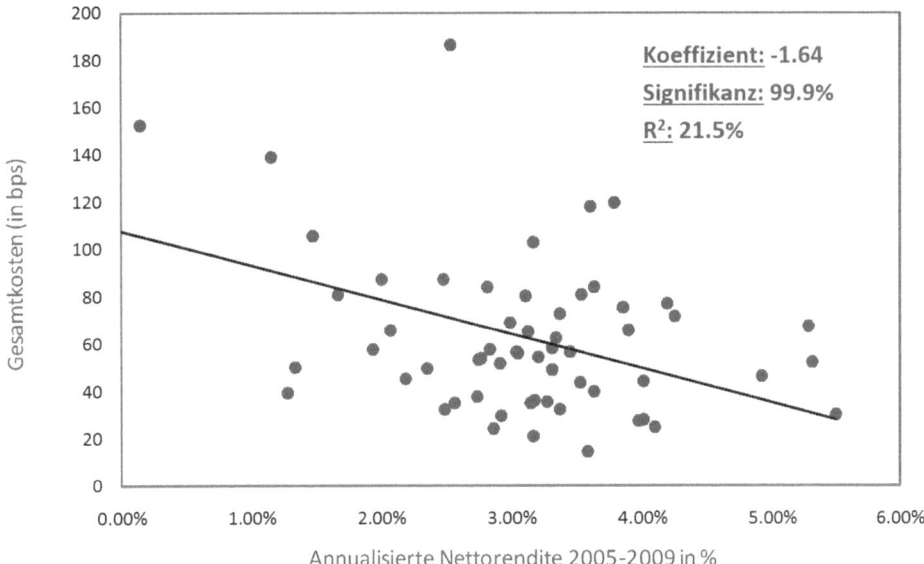

Abb. 12.3 Zusammenhang zwischen Kosten und Nettorendite. (© c-alm AG, Primärdatenerhebung Vorsorgeeinrichtungen)

Skalenunterschiede bestehen und größere Vorsorgeeinrichtungen kosteneffizienter arbeiten können als kleinere Vorsorgeeinrichtungen. Diese Vermutung wird von den Staffeltarifen bei den von den Anbietern erhobenen TER-Kosten gestützt. Zum anderen können Alternative Anlagen unter den in der Studie getroffenen Annahmen als großer Kostentreiber identifiziert werden – ohne dass sie dies mit einer zusätzlichen Rendite zu rechtfertigen scheinen.

Funktionierender Anbieterwettbewerb: Die gute Nachricht jedoch zum Schluss: die Untersuchung der Anbieterseite im Rahmen der Kostenstudie hat gezeigt, dass der Wettbewerb in der 2. Säule funktioniert und das Angebot der Vermögensverwalter im internationalen Vergleich – und im Vergleich zum Privatkundensegment – sehr kompetitiv ist. Die von den Anbietern erhobenen Staffeltarife für Vermögensverwaltungsdienstleistungen sind ein sehr guter Proxy für die aktuellen Markttarife (abzüglich Verhandlungsmarge), wie untenstehende Grafik anhand der Gegenüberstellung dieser Staffeltarife und der Kosten für effektiv von der c-alm AG ausgeschriebene und verhandelte Mandate zeigt. Diese Tarife – und damit allem Anschein nach die Marktpreise in der Schweiz – liegen leicht unter den internationalen institutionellen Durchschnittswerten (Anmerkung: Für den internationalen Vergleich wurden die im Rahmen der Studie erhobenen Anbieterpreise mit dem Mercer Global Asset Manager Fee Survey 2010 verglichen, für den Mercer weltweit produktspezifische Angaben von über 3000 Vermögensverwaltern erhebt.). Sie liegen damit um ein Vielfaches unter den Gebühren im Privatkundensegment, zumindest in den untersuchten Anlagekategorien Aktien und Nominalwerte. Im

Bereich der alternativen Anlagen ist keine Aussage möglich, da hier zum Zeitpunkt der Studie keine transparente Kostendarstellung verfügbar war (siehe Abb. 12.4).

Zusammenfassend lassen sich die wichtigsten Ergebnisse der BSV-Kostenstudie wie folgt darstellen (siehe Abb. 12.5):

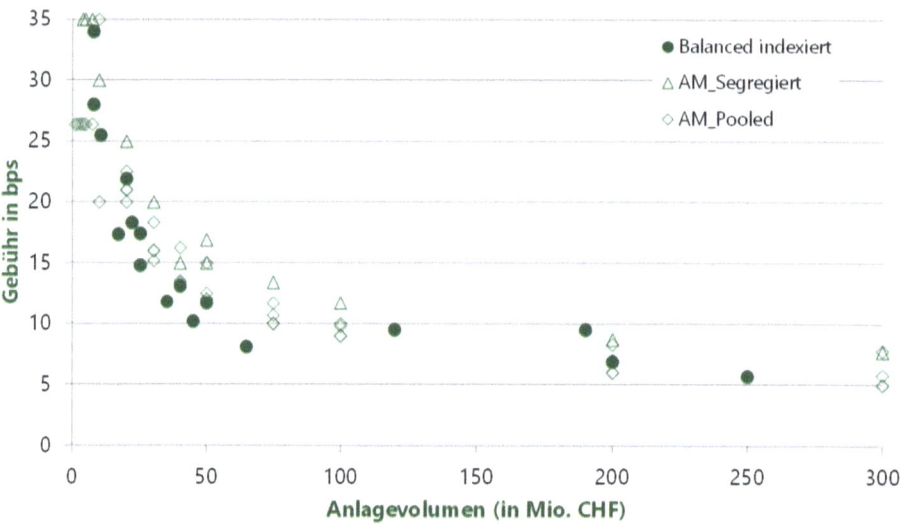

Abb. 12.4 Anbieter – versus Marktpreise für globale, passive Gemischtmandate. (© c-alm AG, Anbietertarife [AM] gemäß Kostenstudie 2011; Tarife Balanced indexiert gemäß tatsächlichen von der c-alm AG vorgenommenen Ausschreibungen und Verhandlungen zwischen 2012–2015)

Ausgewiesene Vermögensverwaltungskosten in der 2. Säule	in CHF Mio.	1'081
Autonome Vorsorgeeinrichtungen	in CHF Mio.	795
Kollektivversicherte Vorsorgeeinrichtungen	in CHF Mio.	286
Effektive Vermögensverwaltungskosten in der 2. Säule	**in CHF Mio.**	**3'900**
Vermögensverwaltungsgebühren ("TER")	in CHF Mio.	2'863
Transaktionskosten und Steuern ("TTC")	in CHF Mio.	866
Vermögensverwaltungskosten im weiteren Sinn ("SC")	in CHF Mio.	172
Statistische Zusammenhänge gemäss c-alm Stichprobe		
zwischen effektiven Kosten und Nettorendite 2005-2009		negativ
zwischen effektiven Kosten und Bilanzsumme		positiv
Gebührenniveau in der 2. Säule		
im Vergleich zu institutionellen Staffeltarifen im Ausland		leicht tiefer
im Vergleich zu institutionellen Staffeltarifen in der 2. Säule im Jahr 2003		ähnlich
im Vergleich zu Gebühren im Privatkundensegment		wesentlich tiefer

Abb. 12.5 Zusammenfassende Ergebnisse der BSV-Kostenstudie. (© Pensionskassenstatistik 2009, Konsolidierte Gewinn- und Verlustrechnung BV der Lebensversicherer 2009, Primärdatenerhebung c-alm; Kostenstudien von MERCER 2010, ECOFIN 2003 und LIPPER 2008)

12.3 Die Strukturreform

12.3.1 Der Paragraf 48a BVV2

Nachdem diese Ergebnisse der breiten Öffentlichkeit zugänglich gemacht worden waren, wurden vor allem beim Gesetzgeber Stimmen laut, die mehr Regulierung forderten – bis hin zu einem klaren Verbot alternativer Anlagen als intransparenten Kostentreibern. Anstatt jedoch Gebote und Verbote zu erlassen, beschränkte sich der Schweizer Regulator – zumindest einmal bis zum heutigen Tag – auf Vorschriften zur Erhöhung der Transparenz. Die Einleitung von effektiven Maßnahmen zur Optimierung des Kosten-Nutzen-Verhältnisses sollte aber weiterhin in der Entscheidungsautonomie der Kassenwarte liegen. Erklärtes Ziel dieses Vorgehens war es, den Stiftungsrat in seinem eigenverantwortlichen Handeln zu unterstützen und die **Voraussetzungen für informiertes Handeln** zu schaffen. Nur wenn Klarheit über die tatsächlich auf allen Ebenen angefallenen Kosten herrscht, kann das Führungsorgan über Kosten/Nutzen einer Anlagestrategie und -organisation entscheiden. Indirekt erhoffte sich der Regulator zudem einen Kostendruck auf die Anbieter und mittelfristig tiefere Vermögensverwaltungskosten durch diese Erhöhung der Transparenz.

Im Rahmen einer umfassenden Strukturreform in der Zweiten Säule, die vom Parlament bereits 2010 und vom Bundesrat im Juni 2011 verabschiedet worden war, sollten Transparenz und Governance in der Verwaltung der Vorsorgeeinrichtungen verbessert werden sowie eine Verstärkung der Aufsicht durch die Einsetzung einer unabhängigen Oberaufsichtskommission (OAK) erfolgen. Als direkte Reaktion auf die Kostenstudie wurde folgender Paragraf in die Verordnung über die berufliche Alters-, Hinterlassenen- und Invalidenvorsorge (BVV2) aufgenommen:

> Können die Vermögensverwaltungskosten bei einer oder mehreren Anlagen nicht ausgewiesen werden, so muss die Höhe des in diese Anlagen investierten Vermögens im Anhang der Jahresrechnung separat ausgewiesen werden. Die betreffenden Anlagen sind einzeln unter Angabe der ISIN (International Securities Identification Number), des Anbieters, des Produktenamens, des Bestandes und des Marktwertes per Stichtag aufzuführen. Das oberste Organ muss jährlich die Gewichtung analysieren.
> Art. 48a Abs. 3 BVV2.

Obwohl dieser Artikel relativ vage formuliert ist und der Konkretisierung bedarf, enthält er doch bereits den entscheidenden Punkt zur Erhöhung der Transparenz: nicht transparente Anlagegefäße werden auf einer „Black List" im Anhang der Jahresrechnung separat genannt und somit de facto an den Pranger gestellt. Dadurch wurde für Anbieter von Anlageprodukten und -lösungen ein unmittelbarer Anreiz gegeben, die Kosten in der gemäß Wortlaut des Artikels gewünschten Form auszuweisen und so der Stigmatisierung zu entgehen.

12.3.2 OAK-Weisung W-02/2013 „Ausweis der Vermögensverwaltungskosten"

Die Umsetzung des Verordnungswortlauts gestaltete sich jedoch aufgrund der unklaren Formulierung des obigen Verordnungsartikels als nicht ganz einfach und ließ großen Interpretationsspielraum zu. Das BSV beauftragte im Rahmen eines Folgeauftrags die c-alm damit, konkrete Vorschläge zur Umsetzung/Präzisierung von Artikel 48a Abs. 3 BVV2 zu erarbeiten, um zu einer möglichst einheitlichen und praktikablen Anwendung zu gelangen. In einer Fachempfehlung (siehe OAK „Empfehlungen…") hat die c-alm den Artikel analysiert und ein markttaugliches Umsetzungskonzept erarbeitet.

Die Fachempfehlung wurde von der neu geschaffenen Oberaufsichtskommission (OAK) aufgegriffen und in der Weisung W-02/2013 „Ausweis der Vermögensverwaltungskosten" verbindlich konkretisiert. Die Weisung enthält Klärungen verschiedener noch offener Umsetzungsfragen.

Frage 1: Bei welchen Anlagen sind die in der Anlage enthaltenen Vermögensverwaltungskosten auszuweisen?

Weisungswortlaut: Von der neuen Regelung betroffen sind gemäß Weisung **Kollektivanlagen**, namentlich Fonds, Anlagestiftungen und „… insbesondere auch Ein-Anleger-Fonds, interne Sondervermögen, derivative Instrumente auf Kollektivanlagen, strukturierte Produkte sowie Investment-, Beteiligungs- und Immobiliengesellschaften" (Vgl. Weisungen OAK BV, W-02/2013, Ziffer 2.1).

Frage 2: Was versteht der Gesetzgeber unter dem Begriff der Vermögensverwaltungskosten?

Weisungswortlaut: **Vermögensverwaltungskosten** wurden eingegrenzt auf „nach anerkanntem Kostenkonzept" berechneten TER-Kosten und TTC-Kosten auf erster Bewirtschaftungsebene (Vgl. Weisungen OAK BV, W-02/2013, Ziffer 3.1 und 4.1). Die Anerkennung von TER-Kostenquoten-Konzepten erfolgt durch die OAK selbst, die auf Gesuch eines in- oder ausländischen Fachverbandes hin global oder für eine bestimmte Gruppe von Vermögensverwaltern oder Anbietern tätig wird, wenn das Konzept die Anforderungen der Weisung sinngemäß erfüllt. Die aktuell von der OAK anerkannte Liste von TER-Kostenquoten wird weiter unten in Abschn. 12.4.1 thematisiert.

Frage 3: Wie werden die ermittelten Kosten der Kollektivanlagen buchhalterisch verarbeitet?

Transparente Kollektivanlagen sollen durch Verwendung des Brutto-Prinzips in der Erfolgsdarstellung offengelegt werden: „Zusätzlich sind die TER-Kosten von kostentransparenten Kollektivanlagen … ebenfalls in der Betriebsrechnung als Vermögensverwaltungskosten auszuweisen. Die Erträge der jeweiligen Kategorien von Vermögensanlagen sind entsprechend zu erhöhen" (Vgl. Weisungen OAK BV, W-02/2013, Ziffer 5.1).

Diese neuen Vorschriften mussten per 31.12.2013 erstmalig in die Jahresabschlüsse der Vorsorgeeinrichtungen integriert werden. Sie haben sich als gut umsetzbar erwiesen; größere Probleme sind bei der erstmaligen Umsetzung ausgeblieben.

12.4   Entwicklung der Vermögensverwaltungskosten in den letzten Jahren

Die Pensionskassenstatistik des Bundesamtes für Statistik (BFS) stellt Struktur und Entwicklung der beruflichen Vorsorge in der Schweiz auf Basis einer jährlichen Gesamterhebung dar. Obwohl die Ergebnisse für 2014 zum aktuellen Zeitpunkt (April 2016) noch nicht verfügbar sind, liefern doch bereits die Ergebnisse für 2013 (erschienen im Mai 2015) ein klares Indiz dafür, ob die Ziele der Transparenzverordnung – namentlich 1) die Erhöhung der Kostentransparenz und dadurch 2) die Verbesserung der Kosteneffizienz – erreicht werden konnten oder nicht. Der quantitative Effekt des Kostenartikels Art. 48a Abs. 3 BVV2 lässt sich somit erstmalig bemessen und beurteilen.

12.4.1 Der Transparenzeffekt

Gemäß Pensionskassenstatistik 2013 belaufen sich die in den Jahresrechnungen 2013 ausgewiesenen Vermögensverwaltungskosten in der 2. Säule auf 41,7 Basispunkte – dies entspricht 0,417% des gesamten Vorsorgevermögens. Im Vergleich zum Vorjahr, als lediglich Kosten von 13,2 Basispunkten ausgewiesen wurden, ist dies ein deutlicher Anstieg, der direkt auf den neuen Verordnungsartikel zurückzuführen ist. Vergleicht man diese Zahlen mit den in der BSV-Studie errechneten Gesamtkosten von 56 Basispunkten (nach Bereinigung des Größeneffektes), so ist der Anteil der ausgewiesenen Kosten an den Gesamtkosten von 23,6 % auf 74,5 % gestiegen (siehe Abb. 12.6).

Die Zunahme der Transparenz, die der Differenz der ausgewiesenen Kosten entspricht und sich auf 29 Basispunkte beläuft, lässt sich hauptsächlich auf drei Effekte zurückführen:

- **Direkter TER-Effekt:** Viele Kollektivanlagen haben bereits vor der Strukturreform eine transparente und anerkannte TER Kostenkennzahl veröffentlicht, die jedoch nicht in die Betriebsrechnungen aufgenommen werden konnte. Werden diese bereits bekannten Kosten nachträglich in die Betriebsrechnungen integriert, so lässt sich der direkte TER-Effekt des Kostenartikels näherungsweise quantifizieren. Gemäß Schätzungen der c-alm AG macht er ca. 12 Basispunkte aus, was rund 20 % der Gesamtkosten laut Kostenstudie entspricht und die ausgewiesenen Kosten – gemäß Pensionskassenstatistik 2009 bei 13,3 Basispunkten – bereits knapp verdoppelt.

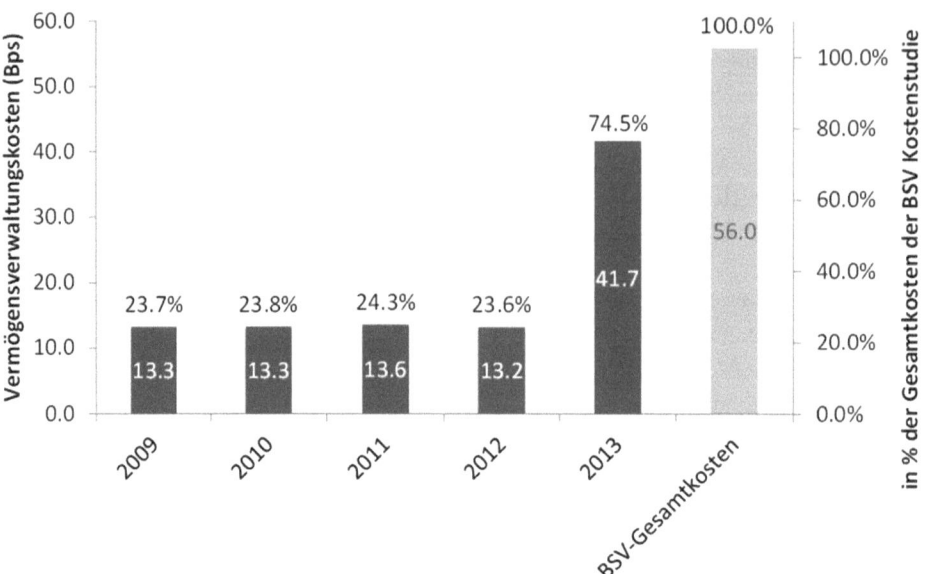

Abb. 12.6 Die Vermögensverwaltungskosten in der 2. Säule. (© 1) Pensionskassenstatistik 2009–2013, Bundesamt für Statistik, Dezember 2014; 2) c-alm AG, Ergebnisse der BSV Kostenstudie basierend auf Angaben von 73 Vorsorgeeinrichtungen mit einer kumulierten Bilanzsumme von 230 Mrd. Schweizer Franken, veröffentlicht im Mai 2011)

- **TTC-Effekt:** Bis anhin konnten Vorsorgeeinrichtungen – wie dies unter dem internationalen Accounting Standard IFRS üblich ist – Transaktionskosten mit dem Transaktionspreis saldieren und nur den Nettopreis buchen. Die Transaktionskosten sind damit als Kostenbestandteil nicht mehr sichtbar. Die OAK Weisung verbietet neu diese Saldierungs-Möglichkeit, sodass auch diese Kosten nun als Vermögensverwaltungsaufwand zu buchen sind. Dieser Sachverhalt befördert gemäß c-alm Schätzung weitere drei Kosten-Basispunkte ans Licht.
- **Indirekter TER-Effekt:** Der verbleibende Transparenzgewinn ist klar auf einen indirekten TER-Effekt bzw. auf eine Verhaltensbeeinflussung der Produktanbieter zurückzuführen, die vermutlich mit der Existenz der „schwarzen Liste" zusammenhängt. Gemäß Art. 48a Abs. 3 BVV2 und gemäß OAK Weisung sind nicht transparente Vehikel im Anhang einzeln aufzulisten und somit kenntlich zu machen. In der Industrie wurden daraufhin sehr schnell unerwartet große Anstrengungen unternommen, anerkannte Kostenkennzahlen zu entwickeln und somit intransparente Produkte mit den Transparenzbestimmungen der OAK in Einklang zu bringen:
  - **Für Anlagestiftungen** wurden bereits im August 2012 – kurz nach der Publikation der Fachempfehlung zur Umsetzung des Art. 48a Abs. 3 BVV2 – vom zuständigen Dachverband „Richtlinien zur Berechnung und Publikation der Betriebsaufwandsquote TER KGAST" (siehe KGAST 2013) veröffentlicht. Das Konzept wurde von

der OAK anerkannt und bildete somit Bestandteil der in der Weisung referenzierten Liste der anerkannten TER-Kostenquoten.

- **Für Dachfonds bzw. Fund-of-Funds** besteht bereits seit längerer Zeit mit der zusammengesetzten bzw. synthetischen TER-Kostenquote ein anerkanntes Kostenkonzept, das in der Vergangenheit von den meisten Dachfonds jedoch nicht offengelegt wurde. Dies änderte sich 2012/2013, als die meisten Großbanken anfingen, diese Kennzahl zu publizieren.
- **Für Privatmarktanlagen** wurden im 3. Quartal 2013 – trotz Schwierigkeiten bei der Berechnung und Interpretation – Richtlinien zur Berechnung und Offenlegung der Kosten von Fonds für Privatmarktanlagen veröffentlicht (siehe SECA 2016). Diese sogenannte „TER SECA" wurde ebenfalls von der OAK als transparent anerkannt.

Anmerkung: Es ist nach wie vor zu diskutieren, ob eine TER Kennzahl für einen Private Equity Fonds Sinn machen kann, bei der angefallene Kosten mit investiertem Vermögen verglichen werden. In der Anfangsphase eines geschlossenen Fonds ist der Anteil des investierten Vermögens gering, während Gebühren auf gesprochenem Kapital erhoben werden. Die TER Kennzahl kann daher für junge Fonds Richtung unendlich streben. Unzweifelhaft fördern solche Kennzahlen jedoch die Diskussion um die Verhältnismäßigkeit des Gebührenkonzeptes in der Privatmarktbranche.

Eine Übersicht über die aktuell von der OAK als transparent anerkannten TER-Kostenquote-Konzepte ist in der untenstehenden Grafik ersichtlich (siehe Abb. 12.7).

Berücksichtigt man diese drei Effekte, so verbleiben geschätzte 14 Basispunkte Differenz zwischen den in der Kostenstudie berechneten Vollkosten und den ausgewiesenen Kosten. Diese Differenz ist vermutlich vor allem auf implizite Transaktionskosten im Zins- und Devisengeschäft sowie durch Transaktionskosten und Steuern innerhalb von Kollektivanlagen zu erklären, die auch mit den neuen Transparenzverordnungen noch keine Berücksichtigung finden.

12.4.2 Der Kosteneffekt

Während das direkte Ziel der neuen Regulierung – die Erhöhung der Transparenz – klar erreicht worden zu sein scheint, so ist eine Beurteilung des indirekten Effektes – eine Erhöhung der Kosteneffizienz – schwieriger zu beurteilen und vermutlich erst mittelfristig erkennbar. Es gibt jedoch einige Anzeichen, dass der Trend in die richtige Richtung zu gehen scheint und dass die Erhöhung der Kostentransparenz mittelfristig mit einer verbesserten Kosteneffizienz einhergehen wird.

Zunächst einmal darf die Kostenregulierung vermutlich deshalb als Erfolg für die Kosteneffizienz verbucht werden, weil es dem Regulator gelungen ist, ein **einheitliches und nachvollziehbares Konzept** zu entwickeln. Alle Kosteninformationen, die gemäß Art. 48a erhoben werden, beruhen auf eindeutig bezeichneten und revidierten

TER-Kostenquoten-Konzept	Fachverband	Einschränkungen
Richtlinie zur Berechnung und Offenlegung der Total Expense Ratio (TER) von kollektiven Kapitalanlagen *Ausgabe vom 16.05.2008* *Stand: 20.04.2015* www.sfama.ch	Swiss Funds & Asset Management Association SFAMA Dufourstrasse 49 4002 Basel	Nicht anwendbar für Immobilienfonds.
Richtlinie für die Immobilienfonds *Ausgabe vom 02.04.2008* *Stand: 20.04.2015* **Fachinformation Kennzahlen von Immobilienfonds** *Ausgabe vom 23.10.2013*	Swiss Funds & Asset Management Association SFAMA Dufourstrasse 49 4002 Basel www.sfama.ch	Anwendbar für Immobilienfonds. Die Fondsbetriebsaufwandquote ist auf Basis des Nettofondsvermögens zu berechnen (vgl. Rz 34 der Fachinformation Kennzahlen von Immobilienfonds).
Richtlinien zur Berechnung und Publikation der Betriebsaufwandquote TER KGAST **Fachinformation Nr. 2** *Ausgabe vom 28.08.2012*	KGAST Konferenz der Geschäftsführer von Anlagestiftungen Frankentalerstrasse 33 8049 Zürich www.kgast.ch	Anwendbar für Anlagestiftungen gemäss Art. 53g BVG, mit Ausnahme der Immobilien-Anlagegruppen.
Kennzahlen von Immobilien-Sondervermögen (Anlagegruppen) in Anlagestiftungen **Fachinformation Nr. 1** *Ausgabe vom 23.08.2013*	KGAST Konferenz der Geschäftsführer von Anlagestiftungen Frankentalerstrasse 33 8049 Zürich www.kgast.ch	Anwendbar für Immobilien-Anlagegruppen bei Anlagestiftungen gemäss Art. 53g BVG. Die Betriebsaufwandquote ist auf Basis des Nettovermögens zu berechnen (vgl. Kapitel 4 der Fachinformation Nr. 1).
Ongoing Charges + Performance-abhängige Gebühren Verordnung (EU) Nr. 583/2010 der europäischen Kommission, Art. 10(2) b) und c) CESR's guidelines on the methodology for calculation of the ongoing charges figure in the Key Investor Information Document CESR/10-674 vom 1. Juli 2010	-	Anwendbar für Organismen für gemeinsame Anlagen in Wertpapieren (OGAW, engl.: UCITS) gemäss EU-Richtlinie 2009/65/EG. Performance-abhängige Gebühren gemäss EU-Verordnung 583/2010 Art. 10(2)c) müssen in der Betriebsaufwandquote enthalten sein.
Annual Fund Operating Expenses Total Annual Fund Operating Expenses gemäss Form N-1A der U.S. Securities and Exchange Commission (SEC)	-	Anwendbar für offene Investmentfonds in den USA, welche Form N-1A SEC auszufüllen haben.
Richtlinien zur Berechnung und Offenlegung der Kosten von Fonds für Privatmarktanlagen *Ausgabe vom 07.03.2016*	Swiss Private Equity & Corporate Finance Association SECA Grafenauweg 10 Postfach 4332 6304 Zug www.seca.ch	Anwendbar für Kollektivanlagen, welche in Privatmarktanlagen investieren.

Abb. 12.7 Übersicht über aktuell anerkannte TER-Konzepte. (© OAK BV 2016)

Quellinformationen, nämlich den Jahresberichten der Kollektivanlagen. Ebenfalls zugelassen sind laufende Kosten (Ongoing Charges) gemäß Key Information Documents

(KID, wesentliche Informationen für den Anleger), zu denen jedoch angefallene Performancegebühren hinzugerechnet werden müssen, sowie Annual Fund Operating Expenses für US domizilierte Anlagevehikel. Dadurch ist gewährleistet, dass die Kosteninformationen verschiedener Vorsorgeeinrichtungen nicht nur bezüglich Höhe der Kosten, sondern auch bezüglich der zugrunde liegenden Datenqualität direkt vergleichbar sind.

Pensionskassen und einzelne Versicherte können mit diesen vergleichbaren Kosteninformationen das Thema Vermögensverwaltungskosten nun sehr viel besser angehen und mit der erzielten (Netto-)Rendite vergleichen. So haben denn auch zahlreiche Vorsorgeeinrichtungen in der jüngsten Vergangenheit ihre Anlageorganisation auf der Basis der neuen Erkenntnisse optimiert bzw. angepasst. Bestehende Informationsasymmetrien zwischen Investor (Pensionskasse) und Vermögensverwalter wurden dadurch beseitigt. In diesem Sinn hat der neue Kostenartikel 48a Abs. 3 BVV2 die Grundlage geschaffen, über die Etablierung von Kostentransparenz die Kosteneffizienz zu erhöhen.

12.4.3 Verbleibende Black Spots

Das Kosten-Nutzen-Verhältnis einer Investition sollte jedem Investor bekannt sein – und insofern sollten Pensionskassen ihre Kosten auch jenseits der gesetzlich geforderten Offenlegungsangaben kennen. Gemäß Schätzungen der c-alm AG werden rund zwei Drittel der tatsächlichen Kosten mit dem neuen Artikel 48a Abs. 3 BVV2 erfasst. Nicht erfasst werden nach wie vor implizite Transaktionskosten im Devisen- und Zinshandel sowie Transaktionskosten und Steueraufwendungen, die innerhalb von Kollektivanlagen anfallen.

Im Devisen- und Zinshandel fallen verschiedene Kostenarten an. Zum einen muss ein Investor, der beispielsweise sein Währungsrisiko absichern will, die Zinsdifferenz zwischen seinem Land und dem Land der abzusichernden Währung beachten. Diese Differenz – aus Sicht der Schweizer Frankens fast weltweit ein Kostenfaktor – stellt ökonomische Kosten dar, die nicht umgangen werden können und nicht vermeidbar sind. Zusätzlich fallen jedoch Transaktionskosten an, da der Währungshändler eine Marge für sein Engagement berechnet, die dem Unterschied zwischen Kauf- und Verkaufspreis (Geld-Brief-Spanne) entspricht. Aktuelle Analysen der c-alm AG zeigen, dass die Differenz zwischen einer bestmöglichen Umsetzung (best execution) und der tatsächlichen Umsetzung erschreckend groß ist und auf Ineffizienzen der Anlageorganisation beruht. Hier können Transaktionskostenanalysen ganz klar Abhilfe schaffen und sollten im Hinblick auf die Interessen der Versicherten auch vorgenommen werden (siehe Abb. 12.8).

Während solche Analysen für Vorsorgeeinrichtungen klar zu empfehlen sind, so sind die Konsequenzen für den **Gesetzgeber** doch anders zu verstehen. Selbstverständlich kann der Gesetzgeber grundsätzlich überlegen, auch diese „Black Spots" in der Regulierung zu erfassen, was wir jedoch nicht empfehlen. Für die Erfassung dieser Black Spots stehen nämlich weder heute noch in Zukunft revidierte und verlässliche Unterlagen zur Verfügung, anhand derer eine Quantifizierung möglich wäre. Vielmehr können diese

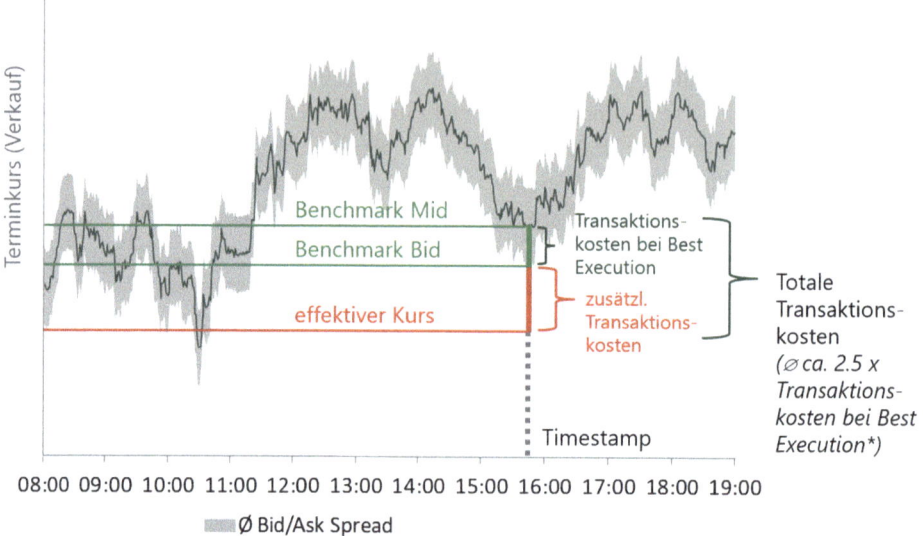

Abb. 12.8 Kostenzerlegung Transaktionskosten am Beispiel Verkauf Forward. (© c-alm AG.
*Schätzung der c-alm basierend auf einer Stichprobe von 43 Transaktionen, Stand: 30.9.2015)

Kostenbestandteile nur näherungsweise geschätzt werden, was der Qualität und damit auch der Vergleichbarkeit der resultierenden Kostenkennzahl massiv schaden würde. Hinzu kommt, dass der Erhebungsaufwand in diesen hochkomplexen Gebieten enorm wäre und gerade kleinere Pensionskassen auf externe Beratung angewiesen wären.

12.5 Gegenüberstellung und Ausblick

Wir beschließen den Artikel am Beispiel der Niederlande mit einer kurzen Gegenüberstellung mit internationalen Tendenzen im Bereich der Kostentransparenz. In den Niederlanden wird mit dem Konzept der „Total Cost Ownership" (TCO) ein Ansatz verfolgt, in dem neben den direkt in Rechnung gestellten Transaktionskosten, die auch in der Schweiz berücksichtigt werden, auch Transaktionskosten auf untergeordneter Ebene erfasst werden. Konkret müssen per 31.12.2015 in den Niederlanden sowohl die Vermögensverwaltungskosten als auch die Transaktionskosten als Prozentsatz des durchschnittlich verwalteten Vermögens in den Jahresberichten ausgewiesen werden (siehe Federation 2016), wobei die Basis für die Erfassung der Transaktionskosten in den kommenden Jahren noch ausgeweitet wird. Während das Volkostenkonzept durchaus im Sinne der Transparenz zu begrüßen ist, so basiert doch vor allem die Erfassung der indirekten Transaktionskosten wie dem Bid-Ask Spread im Nominalwertbereich auf (heterogenen) Schätzungsmethoden, die nicht nur Schwierigkeiten in der Anwendung mit sich bringen, sondern auch die Vergleichbarkeit der Kostendaten unseres Erachtens nach einschränken können.

Der Schweizer Ansatz ist im Gegensatz zu demjenigen der Niederlande inhaltlich zwar weniger umfassend, dafür sind die Anforderungen an die Daten- und Informationsqualität der offenzulegenden Kosten ungleich höher. Sämtliche neu zu erhebenden Kostenpositionen müssen gemäß dem Schweizer Ansatz anhand revidierter Produktdokumentation (Jahresberichte; KID) belegt sein. Diese Dokumentationspflicht hat aufseiten der Produktanbieter einen enormen Transparenzschub ausgelöst und auch für Produktgruppen im Bereich der alternativen Anlagesegmente Hedgefonds oder Private Equity – bei denen Kostentransparenz bislang europaweit ein Fremdwort war – transparente Kostenkonzepte hervorgebracht. Vermögensverwaltungskosten sind keine Black Box mehr und das Vertrauen der Bevölkerung in die berufliche Vorsorge ist hoffentlich entsprechend gestärkt worden. Gleichzeitig bleibt zu hoffen, dass diese Diskussion – grenzübergreifend – auch auf andere institutionelle Anlegersegmente übergreift.

Die aktuelle Diskussion in der Schweiz zeigt jedoch, dass auch hier die Transparenzregelung noch nicht abgeschlossen ist und vor allem im Hinblick auf verbleibende Black Spots im Vergleich zur Vollkostenanalyse nach wie vor Diskussionen in Gang sind. Es gibt laute Stimmen, die für eine klare Gebots-/Verbotsregulierung anstatt für die aktuelle Transparenzregulierung sind; der Ausgang dieser Diskussion, die vor allem auf alternative Anlageklassen wie Hedgefonds und Private Equity abzielt, ist zum heutigen Zeitpunkt noch offen. Die bisherigen Erfahrungen mit der Umsetzung der Transparenzregulierung und dem erfolgten Transparenzschub bestätigen uns aber in der Auffassung, von Geboten und Verboten abzusehen und bei der reinen Offenlegungspflicht zu verbleiben. Die Nutzung der durch die Transparenzvorschriften neu gewonnen Informationen sollte unseres Erachtens weiterhin dem eigenverantwortlichen Handeln der Kassenorgane überlassen werden.

Literatur

BFS (2013) Pensionskassenstatistik 2013, Bilanz 2013. http://www.bfs.admin.ch/bfs/portal/de/index/news/publikationen.html?publicationID=6582

BSV (2011) „Vermögensverwaltungskosten in der 2. Säule", BSV 2011. http://www.bsv.admin.ch/aktuell/medien/00120/?lang=de&msg-id=39385

Bundesrat (2006) Botschaft vom 22. November 2006 über die Änderung des Bundesgesetzes über die berufliche Alters-, Hinterlassenen- und Invalidenvorsorge (Anpassung des Mindestumwandlungssatzes). https://www.parlament.ch/de/ratsbetrieb/suche-curia-vista/geschaeft?AffairId=20060092

Federation of Dutch Pension Funds (2013) „Recommendations on Administrative Costs", revidierte Version 2016. http://www.pensioenfederatie.nl/Document/Publicaties/Servicedocumenten/Recommendations-on-Administrative-Costs.pdf

KGAST Richtlinie für Kennzahlen von Immobilienvermögen von Anlagestiftungen vom 23. August 2013. www.kgast.ch

Medienkonferenz des SGB (Schweizerischen Gewerkschaftsbundes) vom 11. Januar 2010. http://www.unia.ch/uploads/media/100111_Nein_zur_Rentensenkung_Rechsteiner.pdf

Oberaufsichtskommission Berufliche Vorsorge OAK BV: „Empfehlungen zur Erhöhung der Kostentransparenz gemäß Art. 48a Abs. 3 BVV2". http://www.oak-bv.admin.ch/fileadmin/dateien/themen/Kostentransparenz_DE.pdf

OAK (2016) „Liste der anerkannten TER-Kostenquoten-Konzepte für Kollektivanlagen" per 15.3.2016. http://www.oak-bv.admin.ch/fileadmin/dateien/Weisungen/02_2013_Weisungen_VVK_Beilage_Liste_der_anerkannten_TER-Kostenquoten-Konzepte_DE_EN.pdf

SECA (2016) „Richtlinien zur Berechnung und Offenlegung der Kosten von Fonds für Privatmarktanlagen", aktueller Stand per 7. März 2016. www.seca.ch

SFA (Swiss Fund Association) (2008) „Richtlinien zur Berechnung und Offenlegung der TER und PTR von kollektiven Kapitalanlagen", 2008. https://www.sfa.ch/self-regulation/transparency

Vontobel W (2010) „Die zweite Säule schützt vor allem Banker", erschienen im „Blick" am 16.1.2010. http://www.blick.ch/news/wirtschaft/zwei-monatsrenten-gehen-fuer-die-verwaltung-drauf-die-zweite-saeule-stuetzt-vor-allem-die-banker-id40746.html

Über die Autoren

Dr. Benita von Lindeiner Senior Consultant, ist seit 2011 bei der c-alm AG. Sie studierte Volkswirtschaftslehre an den Universitäten Köln, Lausanne und Bonn. Sie doktorierte in Finanzwissenschaften an der Universität St. Gallen. Von 2007 bis 2011 war sie bei der Partners Group AG im Private Markets Research und als Investment Consultant tätig und maßgeblich am Aufbau des Investitionsbereiches Private Infrastructure beteiligt.

Dr. Ueli Mettler ist seit 2010 als Partner bei der c-alm AG. Er studierte Volkswirtschaftslehre an der Universität St. Gallen und doktorierte an der Universität Zürich. Er ist Autor der BSV Kostenstudie und der BSV Fachempfehlungen zur Umsetzung von Art. 48a Abs. 3 BVV 2. Des Weiteren übt er einen Lehrauftrag an der Hochschule Luzern (HSLU) aus und ist Mitglied der Schweizerischen Gesellschaft für Finanzmarktforschung (SGF).

Die **c-alm AG** berät vornehmlich Vorsorgeeinrichtungen und andere institutionelle Anleger zu Asset-Liability-Lösungen sowie für anlageseitige und aktuarielle Fragestellungen. Das Unternehmen ist im Jahr 2005 als Spin-off der Universität St. Gallen entstanden und ist heute vollständig im Besitz der operativen Partner.

Großbritannien: Über die Offenlegung von Investmentmanagement-Kosten

13

David Blake

Einleitung

Es gibt keinen guten Grund, warum letztendlich nicht **alle** Kosten für die Vermögensverwaltung, sowohl die sichtbaren als auch die versteckten, vollumfänglich offengelegt werden können. Sie sind immerhin die wahren Kosten, die vom Investor getragen werden.
Außerdem haben jüngste Studien gezeigt, dass versteckte Kosten zumindest genauso
hoch sind wie die sichtbaren, wenn nicht noch viel höher. Volle Transparenz könnte stufenweise eingeführt werden.

13.1 Ausgangssituation

Am 13. Mai 2014 hatte die Financial Conduct Authority (der Behörde, die den Umgang
britischer Finanzdienstleister mit Kunden reguliert, Anm.) die Investmentindustrie
dafür kritisiert, dass sie die Gebühren, die sie Investoren verrechnen, nicht offen genug
darlegen. Vor allem wurde kritisiert, dass die jährliche Managementgebühr (Annual
Management Charge, AMC) den Investoren „keine klare Zahl zu den gesamten Gebühren liefert". Als Alternative schlug die Finanzbehörde die Veröffentlichung der laufenden

---

Dieser Artikel wurde von Barbara Ottawa aus dem Englischen übersetzt und teilweise
auf einen neueren Stand gebracht. Originaltext: Discussion Paper PI-140: On the Disclo-
sure of the Costs of Investment Management, David Blake, May 2014, ISSN 1367-580X,
http://www.pensions-institute.org/

D. Blake (✉)
The Pensions Institute, Cass Business School, City University London, London,
Großbritannien
E-Mail: d.blake@city.ac.uk

© Springer Fachmedien Wiesbaden GmbH 2017   181
U. Rieken et al. (Hrsg.), *Kostentransparenz im institutionellen Asset Management*,
DOI 10.1007/978-3-658-12832-6_13

Kosten, der Ongoing Charges Figure (OCF), vor. Diese würde neben den Gebühren des Vermögensverwalters auch wiederkehrende operationelle Kosten beinhalten, wie z. B. für die Pflege eines Investorenregisters, die Wertberechnung der Fondsanteile oder -einheiten und Depotkosten.

Anders gesagt misst die OCF jene Kosten, die ein Investmentmanager zu zahlen hätte, wenn keine Käufe oder Verkäufe von Vermögenswerten erfolgen und wenn die Märkte sich über das Jahr nicht bewegen.

Am nächsten Tag, am 14. Mai, stimmte der Financial Reporting Council (der britische Rat für Finanzberichtswesen, Anm.) dem Vorschlag der Vereinigung der britischen Vermögensverwalter (früher Investment Management Association IMA, seit 2015 Investment Association, IA) zu, dass nicht nur die OCF offengelegt werden sollen, sondern auch alle Handelskosten und Stempelgebühren, die ein Investmentmanager zu entrichten hat, wenn er Vermögenswerte aus dem Fondsportfolio verkauft oder solche zukauft.

Der Geschäftsführer der IMA, Daniel Godfrey, sagte dazu: „Unsere neue Maßnahme ist einfach, leicht zu verstehen und deckt jeden Penny ab, der von einem Fonds ausgegeben wird … sie wird Investoren das Vertrauen geben, dass nichts versteckt wurde."

Leider wird es auch trotz der neuen Informationen, die veröffentlicht werden sollen, weiterhin versteckte Kosten geben. Dabei handelt es sich um indirekte Transaktionskosten die Investoren über geringere Nettoerträge bezahlen. Die Höhe dieser indirekten Kosten hängt von den jeweiligen Assetklassen im Fonds ab und davon wie hoch der Anteil des aktiv verwalteten Kundenvermögens ist. Sicher ist aber, dass die substanziell sein können – auch wenn die Investitionen passiv verwaltet werden – und dass sie den Nettoertrag, der beim Investor ankommt, signifikant beeinflussen können. Der Großteil dieser Kosten wird derzeit dem Investor gegenüber nicht offengelegt.

In der Folge spreche ich drei wichtige Fragen an: 1) Was sind diese Kosten?, 2) Wie weit könnten sie derzeit offengelegt werden und 3) in Bezug auf welche Kosten besteht weiterer Handlungsbedarf, um eine Offenlegung auf kosteneffizienter Basis zu ermöglichen?

13.2   Die indirekten Kosten der Vermögensverwaltung

Die indirekten Kosten der Vermögensverwaltung können in zwei Kategorien eingeteilt werden: sichtbare (explizite) und versteckte (implizite)

Eine der ersten Studien, die diese versteckten Kosten bezifferte, ist jene von Keim und Madhaven (1998). Eine Schätzung der Höhe dieser beiden Kategorien von indirekten Kosten lieferte die Plexus Group im Jahr 2005. Sie wurde von Madhavan et al. (2007) diskutiert. Die Information wurde in Form eines Eisbergs dargestellt, wobei die sichtbaren Kosten über Wasser gezeigt werden und die versteckten Kosten unter der Wasseroberfläche. Die sichtbaren Kosten machen dabei zwischen 15 % und 20 % aus und die versteckten somit zwischen 80 % und 85 %.

Der Plexus-Eisberg unterteilt die indirekten Kosten wie folgt (die Kostenschätzungen stammen aus der Studie der Plexus Group aus 2005):

- sichtbare Kosten (Neun Basispunkte des verwalteten Vermögens oder 18 % der Gesamtkosten)
  - Provisionen
  - Steuern
  - Verwahrkosten
  - Anschaffungskosten
- versteckte Kosten (42 Basispunkte des verwalteten Vermögens oder 82 % der Gesamtkosten)
  - Geld-Brief-Spanne (Bid-Ask-Spread)
  - Transaktionskosten in den zugrunde liegenden Fonds
  - Unveröffentlichte Umsätze
  - Marktbeeinflussung (Market Impact)
  - Market Exposure
  - Durchsickern von Informationen
  - Versäumte Handelschancen oder Market Timing-Kosten
  - Verzögerungskosten

In einer Studie von rund 1800 offenen US-Aktienfonds aus den Jahren 1995 bis 2006 leiteten Edelen et al. (2013) Gesamthandelskosten von 1,44 % des verwalteten Vermögens ab, verglichen mit einer Aufwandsquote (Expense Ratio) von 1,19 %. In ihrer Studie machen versteckte Kosten also 55 % der Gesamtkosten aus und sichtbare Kosten 45 %. Bogle (2014) schätzt die Gesamthandelskosten auf 1,15 % des verwalteten Vermögens für offene US-Aktienfonds mit einer Aufwandsquote von 1,12 %. Das entspricht einer Kostenquote von 51:49. In diesen beiden Studien ist also der Anteil der versteckten Kosten wesentlich geringer, aber immer noch höher als jener der sichtbaren Kosten.

Sogar die *sichtbaren Kosten* sind nicht unbedingt so einfach zu identifizieren, wie es zunächst scheint. Nehmen wir z. B. die Provisionen, die von Brokern in Rechnung gestellt werden, wenn Wertpapiere gekauft und verkauft werden. Investmentmanager erhalten oft „Gratis"-Dienstleistungen im Austausch für diese Provisionen, wie etwa Broker-Recherchen, Marktdaten oder Unternehmenszugang (zu Managern des Unternehmens). Es gibt Schätzungen, wonach 500 Mio. Pfund des für Kunden verwalteten Vermögens im Jahr 2012 für Unternehmenszugang gezahlt wurde (Financial Times fm, 20. Januar 2014, S. 8) Aber diese „Gratis"-Dienstleistungen werden tatsächlich vom Kunden bezahlt.

Der erhaltene Servicegrad steigt mit der Zahl der Geschäfte, die man an einen Broker vergibt. Dadurch entsteht ein Anreiz, das Portfolio des Kunden umzuschichten.

Außerdem fassen Investmentmanager häufig Handelstätigkeiten für diverse Kunden zusammen, um den besten Preis zu erhalten. Diese kollektiven Handelstätigkeiten werden dann durch einen bestimmten Broker getätigt. Das heißt, dass einige dieser Kunden indirekt für Recherchen dieses Brokers zahlen, von denen sie keinen Nutzen haben (z. B. weil der Broker auf Recherchen in einem Marktsegment spezialisiert ist, in dem der Kunde nicht investiert ist). Anschaffungskosten sind Transaktionskosten, die beim Ankauf von Vermögenswerten (exkl. Anleihen oder Aktien) anfallen, so wie etwa bei Direktinvestitionen in Immobilien.

Von den *versteckten Kosten* ist die **Geld-Brief-Spanne**, am einfachsten zu verstehen. Diese wird von einem Händler oder Marketmaker beim Ankauf oder Verkauf eines Wertpapieres verrechnet oder von einer Investmentbank z. B. für eine Währungsabsicherung. Die gesamten durch diese Geld-Brief-Spanne entstehenden Kosten (Spread-Kosten), die über das Jahr anfallen, wirken sich auf den Portfolioumschlag des Jahres aus. Portfolioumschlag meint den Prozentsatz der Wertpapiere in einem Investmentportfolio, die während eines Jahres gekauft und verkauft werden. Eine Berechnungsmethode ist, die kleinere der Summen der Bewertungen aller Wertpapiere, die während des Jahres gekauft worden waren, sowie die Summe der Bewertungen aller verkauften Wertpapiere zu addieren und das Ergebnis durch das durchschnittliche Fondsvermögen über das Jahr zu dividieren. Eine weitere ist 50 % der Summe der Bewertungen aller gekauften Wertpapiere mit 50 % jener der verkauften Wertpapiere zu addieren und dann durch das durchschnittliche Fondsvermögen über das Jahr zu dividieren. (Anm.: Die IMA [jetzt IA] legte im Februar 2015 einen Vorschlag für eine standardisierte Norm zur Berechnung der Portfolioumschlagsrate [PTR] vor und zwar jene mit der niedrigeren Summe aller Bewertungen. Wobei auch festgehalten wurde, dass alle Methoden zu einem relativ ähnlichen Ergebnis mit ähnlichen Fehlermargen führen.)

Wenn der Investmentmanager Fonds für den Investor kauft, werden die Transaktionskosten, die in diesen Fonds anfallen (anders als die expliziten Gebühren), derzeit nicht einmal dem Investmentmanager offengelegt. Sie werden aber trotzdem vom Investor über eine niedrigere Nettorendite bezahlt.

Der Investmentmanager könnte auch von nicht-offengelegten Umsätzen profitieren, wie etwa einbehaltenen Zinsen auf zugrunde liegenden Bargeldguthaben oder einbehaltenen Profiten aus dem Aktienverleih. Es kann diskutiert werden, ob nicht-ausgewiesene Umsätze eher als Ertragsreduktion denn als Kosten angesehen werden sollen. Aber um sie mit den anderen Posten vergleichbar zu machen, sehen wir sie als Kosten an.

Die anderen versteckten Kosten sind Nicht-Bargeldkosten, die in Zusammenhang mit dem aktiven Management eines Investorenportfolios stehen.

Marktbeeinflussung bezeichnet die Reaktion des Marktes auf eine große Transaktion, wie z. B. einen Paketverkauf von Wertpapieren. Der Marktpreis wird im Verlauf des Verkaufes fallen und der durchschnittliche Veräußerungspreis wird unter dem Preis vor dem Verkauf liegen. Wenn Investmentmanager versuchen, eine größere Transaktion in kleineren Tranchen abzuwickeln – z. B. durch Bekanntgabe von Handelstransaktionen, um Käufer anzulocken, oder um das Interesse auszuloten –, dann führt das zu einem

Durchsickern von Informationen und wird weitgehend den gleichen Effekt wie Marktbe-
einflussungen haben.

Market Exposure heißt, dass ein Investor dem ausgeliefert ist, was am Markt passiert
während die Transaktion erfolgt. Nehmen wir an, ein Investmentmanager plant für einen
Kunden Wertpapiere zu kaufen. Der Kunde ist dem Risiko ausgesetzt, dass die Marktpreise steigen bevor die Transaktion ausgeführt ist.

Versäumte Handelschancen oder **Market Timing-Kosten** sind die Kosten, die
dadurch entstehen, dass eine Transaktion nicht zum bestmöglichen Preis erfolgt.

Schlussendlich gibt es noch **Verzögerungskosten** in Zusammenhang mit der War-
tezeit bis zum Abschluss einer Transaktion (z. B. die Hinterlegung des Kaufpreises auf
einem Konto zur Nullverzinsung).

Gegen einige dieser Nicht-Bargeld-Kosten kann man sich absichern – z. B. gegen
jene, die durch ungünstige Marktbewegungen entstehen – aber die Absicherungskosten
sind dann eine explizite Größe der versteckten Kosten.

Laut dem eingangs erwähnten Plexus-Eisberg werden die sichtbaren Kosten auf
15 % bis 20 % der gesamten indirekten Kosten geschätzt, während die versteckten Kosten auf 80 % bis 85 % geschätzt werden. Die versteckten Kosten sind also signifikant.
Das wurde von den folgenden Studien bestätigt: Keim und Madhaven (1997), die die
wirtschaftliche Bedeutung der Handelskosten aufgezeigt haben; Keim und Madhaven
(1996), die die wirtschaftliche Bedeutung von Preisbewegungen vor Handelstagen her-
ausstreicht; und Keim und Madhaven (1995) über die wirtschaftliche Bedeutung der
Opportunitätskosten, in Zusammenhang mit Verzögerungen bei der Ausführung von
Großaufträgen.

Um es zu wiederholen: Alle diese Kosten fallen zusätzlich zu den expliziten Kosten,
inklusive der AMC an.

Das Ausmaß der anfallenden Transaktionskosten korreliert stark mit der Anzahl der
Transaktionen. (Anm.: Bryant und Taylor (2012) zeigen eine annähernd lineare Beziehung zwischen Transaktionskosten und der Portfolioumschlagsrate [PTR]: eine PTR
von 50 % pro Jahr kostet im Durchschnitt 0,2 % des verwalteten Vermögens, während
eine PTR von 250 % pro Jahr durchschnittlich 0,8 % des verwalteten Vermögens kostet.) Deshalb sollte es zur guten Praxis gehören, die Portfolioumschlagsrate (PTR) auszuweisen. Das ist in den USA schon Pflicht. Es war vormals auch eine Empfehlung der
IMA in Großbritannien, wurde aber aus dem Vorschlag der IMA zu Empfohlenen Praktiken (SORP) zu Offenlegungspflichten von zugelassenen Fonds (Financial Statements of
Authorised Funds) 2013 gestrichen.

13.3 Welche Kosten könnten offengelegt werden

Alle indirekten Kosten, die im vorangegangenen Kapitel aufgezählt wurden, hängen mit der
Effizienz des Investmentmanagementprozesses zusammen und alle guten Investmentmanager
sollten diese Kosten abschätzen können. Einige sind aber einfacher abzuschätzen als andere.

Die folgenden indirekten Kosten sollten einfach über die Informationen, die von den internen Systemen des Investmentmanagers gesammelt werden, abzulesen oder zu schätzen sein:

- sichtbare Bargeldkosten (die ich als Level-1-Kosten bezeichne)
  - Provisionen
  - Steuern
  - Gebühren
  - Depotkosten
  - Anschaffungskosten
- versteckte Bargeldkosten (Level-2-Kosten)
  - Geld-Brief-Spanne
  - Transaktionskosten in den zugrunde liegenden Fonds
  - Unveröffentlichte Umsätze

Anmerkung zur Geld-Brief-Spanne: Britische Staatsanleihen und Devisen können in Großbritannien provisionsfrei gehandelt werden.

Für diese Posten muss also die Differenz zwischen der Provision (die dem Level 1 zuzurechnen ist) und dem reinen Spread zugeteilt werden.

Provisionen, Steuern, Gebühren, Depotkosten und **Anschaffungskosten** sind Bargeldkosten, die explizit ausgezahlt werden müssen. Unveröffentlichte Umsatzposten werden auf das eigene Konto des Investmentmanagers einbezahlt.

Der Posten **„Geld-Brief-Spanne"** könnte gleichzeitig mit dem Portfolioumschlag berechnet werden, solange die Geld-Brief-Spanne für jedes Wertpapier zu dem Zeitpunkt erhoben wird, wenn dieses Wertpapier gekauft wird. Alternativ könnte der Investmentmanager die Spreads zum Zeitpunkt der Abstoßung heranziehen (das würde noch immer eine zuverlässige Schätzung ermöglichen, wenn sich die Spreads über den Zeitraum nicht zu sehr verändern – was für normale Marktverhältnisse als vernünftige Annahme gelten kann). In diesem Fall wäre der Posten „Geld-Brief-Spanne" gleich der niedrigeren der Summen der Spreads auf alle Wertpapiere, die im Jahresverlauf gekauft wurden und die Summe der Spreads auf alle Wertpapiere, die im Jahresverlauf verkauft wurden. Der Wert könnte als Anteil dargestellt werden, indem man ihn durch den durchschnittlichen Wert des Fonds über das Jahr teilt (dieser würde mithilfe des Marktpreis-Mittels bestimmt werden, e.g. dem Durchschnitt zwischen dem Angebots- und dem Briefkurs).

Der Posten **„Transaktionskosten** in den zugrunde liegenden Fonds" ist nichts Anderes als die oben erwähnte Information, aber zur Verfügung gestellt von den Investmentmanagern der zugrunde liegenden Fonds. Wenn die Transaktionskosten in zugrunde liegenden Fonds nicht offengelegt werden, ist das eindeutig eine potenzielle Möglichkeit jegliche Vorschriften zur Offenlegung von Transaktionskosten zu umgehen.

Die folgenden indirekten Kosten sind Nicht-Bargeldkosten und es wäre eine größere Herausforderung diese zu berechnen, weil dafür die Analyse von Informationen notwendig ist, die nicht unbedingt automatisch von den eigenen Systemen des Investmentmanagers erfasst werden:

- versteckte Nicht-Bargeldkosten (Level-3-Kosten)
  - Marktbeeinflussung (Market Impact)
  - Market Exposure
  - Durchsickern von Informationen
  - Versäumte Handelschancen oder Market Timing-Kosten
  - Verzögerungskosten

Es gibt jedoch Organisationen, die auf die Beratung von Investmentmanagern in Bezug auf die Effizienz ihrer Investmentprozesse spezialisiert sind.

13.4 Gegenargumente zur lückenlosen Veröffentlichung

Es wurden eine Reihe von Argumenten gegen die lückenlose Veröffentlichung von Kosten vorgebracht:

Argument 1: Vollkommene Offenlegung ist technisch unpraktisch und zu teuer
Brancheninsider haben mich informiert, dass eines der Probleme mit der Offenlegung in Großbritannien darin besteht, dass viele britische Investmentmanager nicht die Software installiert haben, um die oben erwähnten Level-2-Kosten auszuweisen. Allerdings hielten andere Branchenkenner fest, dass die Kosten für die Installation einer solchen Software für die Offenlegung von Level-2-Kosten nicht allzu hoch wären.

Das Thema der Level-3-Kosten ist sicherlich wesentlich schwieriger. Schätzungen von Level-3-Kosten können schon von spezialisierten Beratern vorgenommen werden. Die Frage ist, ob die Systeme der Fondsmanager so konfiguriert werden können, dass sie diese Informationen kostengünstig offenlegen können. Das müsste innerhalb eines vernünftigen Zeitrahmens eingeführt werden und in Zusammenarbeit mit Partnern, die keinem möglichen Interessenskonflikt unterliegen. Eine Alternative, möglicherweise als Übergangsmaßnahme, könnten regelmäßige Überprüfungen durch externe Berater sein.

Argument 2: Teilweise Offenlegung ist ausreichend
Der Vorschlag der IMA zu Empfohlenen Praktiken (SORP), der vom Financial Reporting Council am 14. Mai 2014 angenommen wurde, sieht vor, dass Fondsmanager die folgenden Transaktionskosten Offenlegung sollen: Börsenumsatzsteuern, Provision (Ausführung), Provision (Recherche) und Beträge, die bei der Auflage und Stornierung von Fondsanteilen erhoben wurden.

Die IMA empfiehlt jedoch nicht die Veröffentlichung der folgenden Transaktionskosten: Die Transaktionskosten, die in den zugrunde liegenden Fonds anfallen, die Gewinne, die Fonds durch Aktienverleih erzielen, und Zinsen, die von Fondsmanagern aus Kassenbeständen zurückbehalten werden. Sie schlägt auch nicht die explizite Offenlegung der Portfolioumschlagsrate vor. Bezüglich Geld-Brief-Spanne sagt die IMA: „Es sollte auch eine Schätzung der durchschnittlichen Handelsspanne im Portfolio am Bilanzstichtag erfolgen". Aber es ist nicht klar, wie diese Zahl genutzt werden kann, um die gesamten Spread-Kosten abzuschätzen, die über das Jahr aufgrund von Portfolioumschichtungen anfallen.

Argument 3: Es gibt keine Standarddefinitionen und Richtwerte für Transaktionskosten

In Großbritannien hat die Branche keinen gemeinsamen und bindenden Ansatz für Standarddefinitionen und Richtwerte für Transaktionskosten. Allerdings wurde dieses Problem kollektiven Handelns von der britischen Regierung in Angriff genommen: In dem Dokument „Better Workplace Pensions: Further Measures for Savers" vom März 2014, hatte die britische Regierung ihre Absicht festgehalten, gemeinsame Standards für die Offenlegung von Transaktionskosten zu schaffen, die durch Investitionen für die betriebliche Altersvorsorge entstehen (S. 87):

„Ab 2015, werden Pensionsfonds-Vorstände und unabhängige Governance-Komitees neue Aufgaben rund um die Abschätzung und Offenlegung von Kosten und Gebühren haben. Vorsorgeeinrichtungen und Anbieter sollten sofort Fortschritte in diesen Bereichen machen."

(Anmerkung: In Großbritannien wird seit 2012 schrittweise, beginnend mit den größten Firmen, ein verpflichtendes beitragsorientiertes bAV-System eingeführt. Nach Erscheinen des Artikels sind nun auch KMU verpflichtet, für ihre Belegschaft eine betriebliche Altersvorsorge anzubieten. Die Kosten für einen Standardfonds, in den Arbeitnehmer automatisch zugeteilt werden, wenn sie keine eigene Wahl treffen, sind mit 0,75 % begrenzt. An weiteren Transparenzstandards wird noch gefeilt. Im März 2016 waren Stimmen laut geworden, in Großbritannien die niederländischen Standards anzuwenden.)

Ein freiwilliger Standard für die Offenlegung von Gebühren und Kosten in Pensionsfonds war in den Niederlanden von der Federation of Dutch Pension Funds 2011 (siehe Federation 2011) eingeführt worden. Die Initiative wird von der Pensionsfonds-Vereinigung (Pensioenfederatie) angeführt und von der Zentralbank (DNB), dem Komitee für Rechnungslegungsstandards (RJ), dem Institut der Wirtschaftsprüfer (NBA) und der Vereinigung der Vermögensverwalter (DUFAS) unterstützt. Ursprünglich beinhalteten die offengelegten Transaktionskosten nicht alle Level-1- bis Level-3-Kosten, die ich oben angeführt habe. Aber die Pensionsfondsvereinigung strebt volle Transparenz bei Transaktionskosten an.

Argument 4: Kosten können nicht isoliert betrachtet werden

Immer wieder wird angeführt, dass Kosten nicht unabhängig von der zugrunde liegenden Investmentstrategie betrachtet werden können (vgl. z. B. Bryant und Taylor 2012).

Das bedeutet, dass Kosten nur gemeinsam mit dem Risiko, dem zu erwartenden Ertrag und dem Portfolioumschlag betrachtet werden sollten. Allerdings könnten auch in diesem Fall die Kosten auf Basis von historischen Daten ausgewiesen werden. So wären sie direkt mit den erzielten Erträgen und der Portfolioumschlagsrate vergleichbar.

Argument 5: Investoren können mit Komplexität nicht umgehen
Die Offenlegung von Transaktionskosten und der Portfolioumschlagsrate muss nicht komplex sein und kann für unterschiedliche Zielgruppen angepasst werden. Es macht Sinn diese Informationen nicht nur jenen Investoren zur Verfügung zu stellen, die diese nutzen können, um Vergleiche zu ziehen, sondern auch interessierten Dritten. Wie es Lord Lawson im House of Lords formulierte: „Es gibt Teile der Presse, die ausgezeichnete Ratschläge an Konsumenten in Finanzfragen erteilen, und nicht nur die Presse: Es gibt den wunderbaren Paul Lewis mit seinem Radioprogramm ‚Money Box'. All diese Menschen benötigen Informationen. Sie müssen von der Kostenoffenlegung profitieren, damit sie zum Vorteil der Versorgungsplanmitglieder so effektiv wie möglich sein können" (siehe Lord Lawson 2014).

13.5 Unterstützung für volle Transparenz

Meiner Ansicht nach hat das Prinzip der vollen Transparenz allerhöchste Bedeutung. Außerdem macht es wenig Sinn Transparenz zu fordern, wenn die ausgewiesene Kennzahl für ‚Kosten' nicht alle Kosten beinhaltet, oder kurzfristig zumindest all jene, die derzeit kosteneffizient ausgewiesen werden können.

Diese Ansicht wird von einer Reihe von Branchenvertretern geteilt, die anonymisiert im Bericht „VfM: Assessing Value for Money in Defined Contribution Default Funds" des britischen Pensions Institute interviewt wurden (vgl. Harrison et al. 2014):

- „Pensionspläne und Vermögensverwalter brüsten sich, dass sie mit so niedrigen Kosten arbeiten, sodass kein Profit mehr bleibt. Das ist Unsinn – das einzige was niedrige Gebühren uns sagen ist, dass die wahren Vermögensverwaltungskosten aus den Fonds abfließen bevor die Mitgliedergebühr erhoben wird." *(Unabhängiger Berater)*
- „Eine Gebührenbegrenzung basierend auf einer unvollständigen Offenlegung wäre nicht nur einfach sinnlos, sie würde auch aktiv größere Intransparenz auf der Fondsebene fördern und schlechte Praktiken unter Vermögensverwaltern unterstützen." *(Personalvorsorgeberater)*
- „Wenn nicht alle eingenommenen Gebühren in die Kostenbegrenzung einbezogen werden, ist es nicht schwer zu erraten, dass Fondsmanager alternative Profitquellen nutzen werden (z. B. geldwerte Vorteile, also Soft-Commissions), so wie auch Aktienleihe, um die Kosten zu ersetzen, die durch eine verminderte AMC verloren gehen.

Es wird für Treuhänder schwer sein, diese Praxis zu identifizieren oder viel dagegen zu unternehmen. Wir sollten den Einfallsreichtum der Finanzdienstleistungsbranche nicht unterschätzen. Jegliche Möglichkeit ein Schlupfloch zu nutzen wird ergriffen. Deshalb ist es wichtig, dass ein ‚Cover All'-Passus in die Gesetzgebung eingebracht wird, der sowohl den Geist als auch die Einzelheiten des Gesetzes umfasst." *(Personalvorsorgeberater)*

- „Die meisten [aktiven] Fonds handeln zu viel. Es sollte eine Gebührenstruktur geben, die Fondsmanager davon abhält, unnötige Transaktionen durchzuführen. Wo ich mir wirklich unsicher bin, ist in der trüben Welt der Broker. Wir haben nie mit dieser Seite der Branche zu tun. Taugen sie [Brokers] etwas? Sind ihre Gebühren sinnvoll oder angemessen? Wirkt der Wettbewerb in diesem Segment? Wieso nutzen Manager deren Recherchen – sollten sie nicht ihre eigenen durchführen? Das Versäumnis Transaktionskosten auf Fondsebene zu verwalten … ist eine deutliche Handlungsaufforderung an die Regierung für eine Intervention." *(Personalvorsorgeberater)*
- „Wir müssen jeden Basispunkt in der Mitgliedergebühr durchleuchten und fragen, ob er Mehrwert für die Mitglieder bringt." *(Vermögensverwalter)*
- „Es gibt keine technische Hürde für die Offenlegung der Portfolioumschlagsrate." *(Fondsmanager)*

Einige weitere Unterstützer für volle Transparenz:

- Der *Pensions Regulator* (die britische Aufsichtsbehörde für bAV, Anm.) hält in seiner „Regulatory Guidance for Defined Contribution Scheme" (November 2013) auf Seite 12 fest: „In einem qualitativ hochwertigen Pensionsplan werden die Trustees sicherstellen, dass alle Kosten und Gebühren, die von den Mitgliedern getragen werden, transparent sind und im Auswahlprozess klar an den Arbeitgeber kommuniziert werden, um einen Vergleich des Preis-Leistungs-Verhältnisses zu ermöglichen und um die Fairness der Kosten und Gebühren in Bezug auf die Mitglieder einschätzen zu können."
- Die *Office of Fair Trading* (bis 2014 die britische Konsumentenschutzbehörde, Anm.) schreibt in ihrer „Defined Contribution Workplace Pension Market Study" (September 2013, überarbeitet Februar 2014) auf Seite 18: „wir befürchten, dass unsichtbare Gebühren die Gefahr des Aufkommens von Interessenskonflikten in der Wertschöpfungskette erhöhen. Denn solche Gebühren werden vielleicht nicht immer im Sinne der Mitglieder eines Vorsorgeplans niedrig gehalten". Wir haben keine konkreten Beweise für übertriebene Transaktionsgebühren. Eine Reihe von Branchenexperten hat auf Potenzial für Interessenskonflikte hingewiesen. „Die Offenlegung von Transaktionskosten und unabhängige Governance von Pensionsplänen könnten dabei helfen sicherzustellen, diese potenziellen Interessenskonflikte in den Griff zu bekommen."
- Das *Work and Pensions Select Committee of the House of Commons* (der parlamentarische Unterausschuss für Arbeit und Renten, Anm.) hat seine Untersuchungen bezüglich Governance und Best-Practice in der beitragsorientierten bAV wieder

aufgenommen. Einer der zentralen Punkte auf die sich das Komitee konzentrieren wird ist die „Transparenz von Gebühren und Kosten", wie das Branchenmagazin Professional Pensions am 19. Oktober 2013 berichtete.

- Eine *Gruppe von Parlamentsmitgliedern* aus mehreren Parteien hat einen Brief an die Aufsichtsbehörde Financial Reporting Council geschrieben, in dem sie die FRC auffordern, „sicherzustellen, dass die Rechnungslegungsstandards, die von Fondsmanagern angewandt werden, angemessen und fair sind … Ein System, das angibt Transaktionskosten offenzulegen, aber große Teil der Transaktionskosten auslässt, erfüllt diese Anforderungen nicht", schrieb die Financial Times am 10. November 2013.

- *Adrian Boulding,* Pensions Strategy Director beim Finanzunternehmen Legal & General hat angemerkt: „Kosten sind Kosten und sie alle belasten das Vermögen der Mitglieder", hieß es 2013 im bereits zitierten Artikel in der Financial Times.

- *Lord Freud,* der im House of Lords den Antrag der Regierung zur Einführung einer Kostenoffenlegungspflicht unterstützt hat, sagte: „… die ganze Bandbreite von Transaktionskosten, die von [Pensionsfondsmitglieder] vielleicht getragen werden müssen, sollten offengelegt werden" (siehe Lord Freud 2014).

- *Lord Turner* (früher Vorsitzender der Pensions Commission, die zur Jahrtausendwende u. a. das jetzt in Kraft getretene „Auto Enrolment"-System zuerst angedacht hat, Anm.): „Eine Obergrenze für explizite Kosten ist zwar wichtig, aber nicht ausreichend. Deshalb hat der Antrag von Lord Lawson, alle Kosten einzubeziehen, die nicht unter die expliziten Fondsmanagement-Gebühren fallen, meine volle Unterstützung. Mit diesen anderen Kosten hatte sich auch die Pensions Commission beschäftigt. Wir waren besorgt, dass es sehr viele andere Kosten hinter jenen gibt, die in der jährlichen Management-Gebühr für einen Fonds ausgewiesen werden. Das ist genau jene Art von Kosten, die im ,Amendment 28', dem Antrag von Lord Lawson, angeführt werden. Diese beinhalten Kosten und performanceabhängige Gebühren, die an Investmentmanager gezahlt werden … bezahlte Kommissionen und Differenzen in der Geld-Brief-Spanne … Gebühren, Umsatzanteile und Geld-Brief-Spannen, die an die Depotbank gezahlt werden. Diese sind wichtig, werden aber nicht wirklich verstanden. In der Pensions Commission hatten wir versucht herauszufinden, ob es dazu Forschungen gibt und wie hoch diese Kosten sind. Interessanterweise gab es eine Arbeit, die von der FSA im Jahr 2000 gesponsert wurde und, nach langen Recherchen, von einem Mann namens Kevin James (James 2000, Anm.) veröffentlicht worden war. Darin versuchte er zu eruieren wie hoch diese Kosten in Großbritannien und den USA waren. Wir nannten sie implizite Kosten, die zusätzlich zu den expliziten Kosten anfallen. Im Bericht der Pensions Commission gibt es einen Info-Kasten, der diese Analyse und das Ausmaß der Kosten erläutert. Seine Analyse, die wir interpretiert haben, deutet an, dass einige dieser Kosten bei bis zu 90 Basispunkten liegen könnten, zusätzlich zu den offengelegten, expliziten Kosten. Für unser Modell mussten wir letztendlich im Durchschnitt 65 Basispunkte an impliziten Kosten zusätzlich zu den expliziten Kosten annehmen – mehr für aktiv verwaltete Fonds, weniger für

Indexfonds. So versuchten wir zu verstehen, was zwischen der Bruttorendite auf Aktien, die aus dem FTSE-All-Share-Index jedes Jahr ablesbar ist, und dem was der Sparer erhält, verloren geht. Es kann sein, dass diese Kosten seit der Analyse und seit wir diese durchgesehen haben zurückgegangen sind – es hat z. B. eine leichte Verringerung der Geld-Brief-Spanne gegeben – aber sie sind hoch genug und so ist es wichtig, hier einen Schwerpunkt zu setzen, sie nicht zu ignorieren und, wenn man so will, das Desinfektionsmittel ‚Transparenz‘ auf diesen Teil der Kostenbasis anzuwenden. Lassen Sie uns annehmen, dass die 65 Basispunkte stimmen. Das heißt, dass wenn jemand glaubt, dass er 0,85 % in expliziten jährlichen Verwaltungsgebühren zahlt, zwischen der Bruttorendite am Markt und dem, was er tatsächlich erhält, würde er eigentlich 85 Basispunkt plus 65 Basispunkte zahlen, was uns auf 1,5 % bringt und das bedeutet, dass 34 % seines Kapitals verschwinden (siehe Lord Turner 2014)."

- Die *Europäische Kommission,* die im April 2014 ankündigte, dass sie neue Offenlegungs-Vorschriften in die Richtlinie über Aktionärsrechte einbringen will, nach denen institutionelle Investoren, wie etwa Pensionsfonds, öffentlich darlegen müssen, wie sie ihre Asset Manager bezahlen. (Das Europäische Parlament hat im Sommer 2015 diversen Änderungen zur Richtlinie zugestimmt, inklusive der Veröffentlichung des ‚Alignment of Interest‘ oder eventuellen Anreizzahlungen für Asset Manager. Die geänderte Richtlinie sollte noch 2016 in Kraft treten, Anm.)

13.6 Fazit

Meiner Ansicht nach sind keine guten Gründe vorgebracht worden, warum letztendlich nicht **alle** Vermögensverwaltungskosten, sowohl die sichtbaren als auch die versteckten, nicht offengelegt werden sollten. Sie sind immerhin die wahren Kosten, die vom Investor getragen werden. Außerdem haben jüngste Studien gezeigt, dass versteckte Kosten zumindest genauso hoch sind, wie die sichtbaren, wenn nicht noch viel höher. Volle Transparenz könnte stufenweise eingeführt werden.

Zunächst könnten die folgenden indirekten Bargeldkosten sowohl in Form einer „Kostenquote" offengelegt werden, die dann von der Bruttorendite abgezogen werden können, um eine Nettorendite zu erhalten, als auch in Form eines Geldbetrages, der dann mit dem Geldwert des Investorportfolios verglichen werden kann:

- sichtbare Bargeldkosten (Level-1-Kosten)
  - Provisionen
  - Steuern
  - Gebühren
  - Depotkosten
  - Anschaffungskosten

- versteckte Bargeldkosten (die als Level-2-Kosten bezeichnet werden)
  - Geld-Brief-Spanne
  - Transaktionskosten in den zugrunde liegenden Fonds
  - Unveröffentlichte Umsätze

Dann, sobald die System der Vermögensverwalter damit umgehen können, könnten die folgenden indirekten Nicht-Bargeldkosten abgeschätzt und in der gleichen Form offengelegt werden:

- versteckte Nicht-Bargeldkosten (Level-3-Kosten)
  - Marktbeeinflussung
  - Market Exposure
  - Durchsickern von Informationen
  - Versäumte Handelschancen oder Market Timing-Kosten
  - Verzögerungskosten

Es bedarf weiterer Arbeit, um die Offenlegung von Level-3-Kosten zu erlauben. Die Regierung sollte ankündigen, dass Level-3-Kosten in einem bestimmten Zeitraum untersucht werden. Und dass vorgeschlagene Lösungen am Ende dieser Periode einer Kosten-Nutzen-Analyse unterzogen werden.

Wenn die gesamten Investmentkosten letztendlich nicht vollständig ausgewiesen werden, dann bleiben zwei offene Fragen: 1) Wie kann es jemals eine effektive und sinnhafte Kostenobergrenze geben? 2) Wie können aktive Manager jemals den tatsächlich von ihnen generierten Mehrwert bestimmen?

Literatur

Bogle J (2014) The arithmetic of "All-In" investment expenses. Financ Anal J 70(1):13–21, January/February

Bryant C, Taylor G (2012) Fund management charges, investment costs and performance, Investment Management Association, Statistics Series Paper 3, May

Edelen R, Evans R, und Kadlec G (2013) Shedding Light on "Invisible" Costs: Trading Costs and Mutual Fund Performance. Financ Anal J 69(1):33–44, January/February

Federation of Dutch Pension Funds (2011) Recommendations on Administrative Costs, S 18. http://www.pensioenfederatie.nl/Document/Publicaties/Servicedocumenten/Aanbevelingen_uitvoeringskosten_2013_herziene_versie.pdf

Harrison D, Blake D, Dowd K (2014) VfM: assessing value for money in defined contribution default funds. Pensions Institute & Cass Business School, London

James K (2000) The Price of Retail Investing in the UK, Financial Services Authority, Occasional Paper Series 6, February

Keim D, Madhaven A (1995) Anatomy of the trading process: empirical evidence on the behaviour of institutional trades. J Financ Econ 37:371–398

Keim D, Madhaven A (1996) The upstairs market for large-block transactions: analysis and measurement of price effects. Rev Financ Stud 9:1–36

Keim D, Madhaven A (1997) Transactions costs and investment style: an inter-exchange analysis of institutional equity trades. J Financ Econ 46:265–292

Keim D, Madhaven A (1998) The cost of institutional equity trades. Financ Anal J 54(4):50–69

Lord Freud Hansard at column 956, House of Lords Official Report, Vol. 752, No. 119, Wednesday 26 February 2014

Lord Lawson Hansard at column 958, House of Lords Official Report, Vol. 752, No. 119, Wednesday 26 February 2014

Lord Turner Hansard at column 966, House of Lords Official Report, Vol. 752, No. 119, Wednesday 26 February 2014

Madhavan A, Treynor JL, und Wagner WH (2007) 'Execution of portfolio decisions'. In: Maginn JL, Tuttle DL, McLeavey DW, Pinto JE (Hrsg) Managing investment portfolios: a dynamic process, Wiley, Hoboken, S 637–681)

Über den Autor

Prof. David Blake ist Direktor des Pensions Institute an der Cass Business School der City University London und Vorsitzender von Square Mile Consultants, einem Beratungsunternehmen für Ausbildungs- und Forschungszwecke. Seit 2014 hat er den Vorsitz der Independent Review of Retirement Income, deren Bericht „We Need a National Narrative: Building a Consensus around Retirement Income" im März 2016 veröffentlicht wurde.

Das **Pensions Institute** wurde 1996 als erste akademische Forschungseinrichtung gegründet, die sich ausschließlich mit der Rententhematik in Großbritannien beschäftigt. Das Institut veröffentlicht seine Forschungsergebnisse, steht der Vorsorgebranche als Berater zur Verfügung und will ein internationales Netzwerk für Forscher verschiedenster Disziplinen zum Thema Vorsorge schaffen.

Glossar

BaFin Bundesanstalt für Finanzdienstleistungsaufsicht Vereint in Deutschland die Aufsicht über Banken und Finanzdienstleister, Versicherer und den Wertpapierhandel. In den Niederlanden gibt es auch eine gemeinsame Finanzmarktaufsicht, die Authority for the Financial Markets (AFM). In Großbritannien ist das Äquivalent die Financial Services Authority (FSA). In der Schweiz ist die Oberaufsichtskommission (OAW) nur für die betriebliche Altersversorgung (bAV) zuständig.

IFRS International Financial Reporting Standards Diese internationalen Rechnungslegungsstandards werden von vielen börsenotierten Unternehmen angewandt. In Deutschland ist darüber hinaus weiter die Handelsgesetzbuch (HGB) verbreitet; in der Schweiz Swiss GAAP und in den Niederlanden Dutch GAAP.

IORP Institutions for Occupational Retirement Provision Im Deutschen auch EbAV für „Einrichtungen der betrieblichen Altersversorgung" genannt. Diese Kategorien umfassen bestimmte Durchführungswege der deutschen und europäischen bAV.

KAGB Kapitalanlagegesetzbuch In Deutschland wurde die Alternative Investment Fund Manager Directive (AIFMD) der EU durch das KAGB umgesetzt. Es wurde dadurch das deutsche Investmentgesetz (InvG) ersetzt.

KVG Kapitalverwaltungsgesellschaft Mit der Umsetzung der Alternative Investment Fund Manager Directive (AIFMD) der EU in Deutschland durch das KAGB (siehe dort) wurden die bisherigen Kapitalanlagegesellschaften (KAG) in Kapitalverwaltungsgesellschaften (KVG) umbenannt. In Österreich wird noch der Begriff KAG verwendet.

Regulatorien Hier nur ein paar der im Text genannten Regularien, die institutionelle Anleger und Dienstleister im Moment besonders beschäftigen: **EMIR** („European Market Infrastructure Regulation"), **MIFID2** („Markets in Financial Instruments Directive") und die dazugehörigen Regularien **MIFIR, AIFMD** (siehe KVG), **UCITS4** („Undertakings for Collective Investment in Transferable Securities", im Deutschen OGAW für „Organismen für gemeinsame Anlagen in Wertpapieren"), **SFTR** („Securities Financing Transactions Regulation" der EU), **Solvency II** (neue Versicherungsaufsichtsstandards, die in Deutschland auch zu einer Anpassung des

© Springer Fachmedien Wiesbaden GmbH 2017
U. Rieken et al. (Hrsg.), Kostentransparenz im institutionellen Asset Management,
DOI 10.1007/978-3-658-12832-6

Versicherungsaufsichtsgesetzes [VAG] sowie der dazugehörigen Anlageverordnung geführt haben), **MaRisk** („Mindestanforderungen an das Risikomanagement" mit dem **InvMaRisk** dem Rundschreiben der BaFin [siehe dort] zum Thema), CRD4 (Überarbeitung der „Capital Requirements Directive" der EU)

Staatliche Rente GRV, OAW, AHV In Deutschland ist die Gesetzliche Rentenversicherung (GRV) für die staatliche Rente zuständig. In den Niederlanden erhalten Arbeitnehmer eine gesetzliche Altersrente, die *„Algemene Ouderdomswet"* (AOW). In der Schweiz ist der AHV-Ausgleichsfonds als Puffer für Finanzierungsengpässe im staatlichen Rentensystem eingerichtet worden.

Schlagworte

A

Absolute Return, 28

Active Share, 66

Administration, viii, 5, 22, 23, 25, 36, 62, 87, 95, 143, 145, 151, 165

Aktien, 3, 31, 32, 36, 37, 39, 88, 169, 184, 192

Aktienverleih, 184, 188

Aktives Management, 6, 30–33, 39, 53, 66, 74, 80, 82, 147, 161, 182, 184, 189, 191, 193

Alternative Anlagen, 29, 32, 95, 111, 156, 157, 166, 168–171, 179

Anleihen, 3, 6, 28, 31, 32, 86, 89, 184

Anschaffungskosten, 183, 184, 186

Asset-Liability-Management, 19, 22, 26, 31, 153, 166

B

Back-Office, 87, 92, 101

BaFin, 18, 19, 23, 24, 40, 113–116, 126, 128, 129, 131, 133, 135, 142, 151

Broker, xii, 5, 35, 36, 59, 63, 67, 68, 86–89, 148, 183, 190

C

Cap/Deckelung, 11, 30, 53, 130, 131, 191, 193

Custodian, 27, 38, 88, 161

D

Depotbank, 5, 23, 24, 27, 35, 36, 38, 59, 61, 89, 129, 165, 182, 186, 191, 192

Derivate, 38, 134, 172

E

Erfolgsabhängige Gebühren, 3, 26, 30, 71, 75, 77, 81, 82, 113, 118, 119, 130, 132

ETF, 34, 165, 192

F

Fiduciary Manager, 147, 148, 157

Fixe Gebühren, 26, 27, 29, 30, 96, 102, 129

G

Gebührenstaffel, 7, 8, 35, 167, 169

Geld-Brief-Spanne, 36, 88, 166, 177, 183, 184, 186, 188, 191–193

Governance, 152, 171, 188, 190

Gratis-Dienstleistungen, 87, 183

H

Handelskosten, 28, 35, 86, 88, 151, 182, 185

Hedgefonds, 29, 32, 72, 127, 157, 166, 179

High-Water Mark, 30, 76, 81

Hurdle Rate, 76, 79

I

Immobilien, 4, 25, 28, 31, 32, 92, 93, 95, 102, 113, 130, 131, 134, 166, 172, 184

Infrastruktur, 6, 25, 29, 32, 92

Insourcing, 28, 100

IT-Kosten, 25, 96, 98, 99, 104, 126, 187

Zeitfracht Medien GmbH
Ferdinand-Jühlke-Straße 7
99095 Erfurt, Deutschland
produktsicherheit@kolibri360.de